오베이북스

세력의 매집원가 구하기 완결판

초판 1쇄 발행 2024년 6월 25일
초판 6쇄 발행 2025년 11월 11일

지은이 전 석
펴낸이 전 석
펴낸곳 도서출판 오베이

기획 및 책임편집 전 석
제작 전 석
마케팅 전 석
디자인 더블디앤스튜디오

출판등록 2017년 1월 25일 | 제 2024-000009호
주소 경기도 고양시 덕양구 권율대로 672 3호선 원흥역 봄오피스텔 302호(원흥동)
전화 070-7576-4770 | **팩스** 0503-8379-2477
이메일 obeybooks2@naver.com
홈페이지 https://cafe.naver.com/antuniversity
ISBN 979-11-961195-0-8 03320

저작권법에 의해 보호를 받는 저작물이므로 무단 복제 및 무단 재배포를 금합니다.
이 책의 판권은 지은이와 도서출판 오베이에 있습니다.
이 책 내용의 전부 또는 일부를 재사용하려면 반드시 저작권자와 도서출판오베이 양측의 서면 동의를 받아야 합니다.

SINCE 2010
개미대학

세력의 매집원가 구하기

완결판

오베이북스

1 매집비 프로그램 사용법

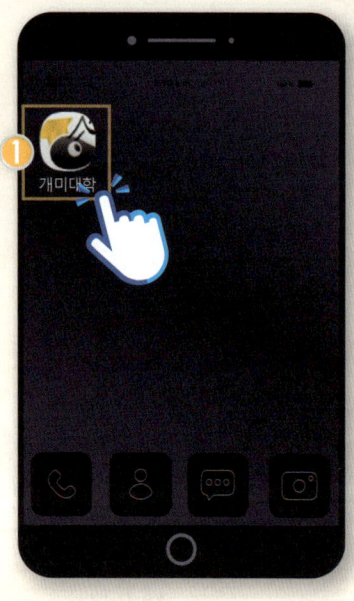

① **매집비 App 실행**
설치 후 매집비 App을 실행하세요

2 종목 & 날짜 입력

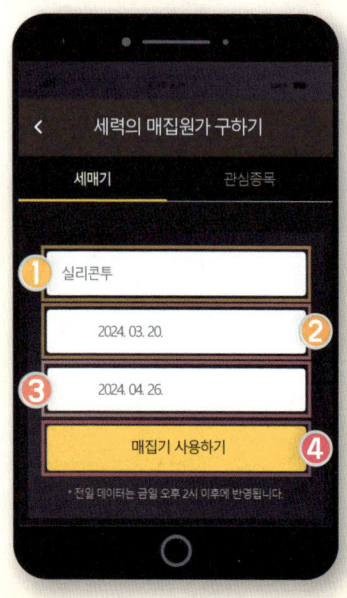

① **종목 입력**
종목을 입력하세요

② **시작 날짜 입력**
시작 날짜를 입력하세요

③ **종료 날짜 입력**
종료 날짜를 입력하세요

④ **매집기 클릭**
매집기 사용하기를 누르세요

3 세력의 매집비 계산!

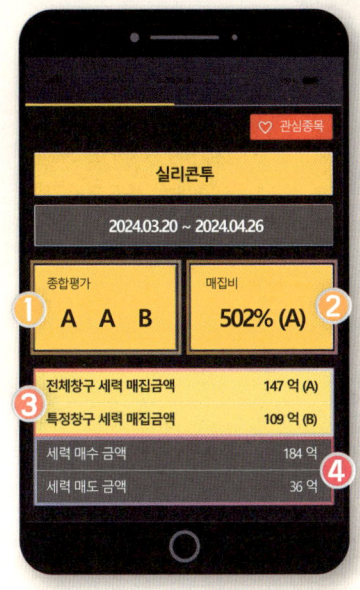

① **종합 평가**
매집을 등급으로 표시합니다

② **매집비**
매집을 비율로 표시합니다

③ **매집 금액**
세력의 매집 금액을 표시합니다

④ **매수 & 매도 금액**
매수와 매도 금액을 표시합니다

4 높은 매집비와 상승!

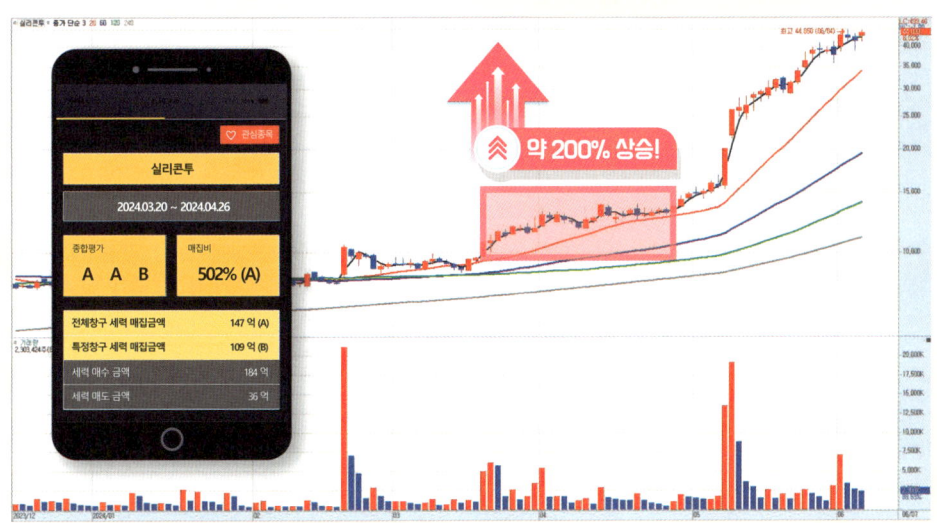

지은이의 말

3권을 출간하면서

2017년 8월 1일에 '(개미대학) 세력의 매집 원가 구하기'를 출판하고 4년이 지나 2021년 4월 6일에 '주식초보 졸업하고 진짜 수익내자'를 출간하였습니다. 그리고 3년이 지난 현재 2024년 2월 13일에 3권 '(가제)세력이 만든 파동으로 수익내기'를 집필하기 시작했습니다.

독자들이 3권 책이 언제 출간이 되냐고 물을 때마다 '5월에 출간이 됩니다' 혹은 '6월에 출간이 됩니다'라고 회피성(?) 발언을 한 후 5월 혹은 6월에 책을 기다리는 독자분들에게 '아직 년 도는 정해지지 않았다' 고 하며 3년을 도망(?)을 다니다가 더 이상 미룰 수 없어 집필을 시작하였습니다.

3권을 집필하는 동안 한 가지 마음속으로 굳게 다짐한 것이 하나 있습니다. 1권 책을 쓸 때 그리고 2권 책을 쓸 때도 가졌던 마음, 제 개인의 주식 전문가로서 경력 혹은 이력을 쌓는 데 책을 사용하는 것이 아니라 실제 개인투자자분들에게 도움이 되는 책을 쓰겠다는 마음은 3권 책을 집필하는 동안에도 변함이 없었습니다.

한 가지 추가된 마음은 지난 7년간 개미대학 주식투자 시리즈를 사랑해 주신 독자분들과 개인투자자분들에 대한 감사의 마음과 게을러터진 작가의 책을 기다려주신 독자분들에 대한 미안한 마음 까지 담았습니다.

책의 내용은 크게 두 가지로 구분이 됩니다.

첫 번째는 개인투자자들이 가장 어려워하는 매도에 관한 매뉴얼을 담았습니다. 지난 14년간 온라인 혹은 오프라인으로 강의하다 보면 수강생분들이 항상 궁금해하는 것이 바로 매도 시점에 관한 것입니다. 그럴 때마다 저는 매도는 하느님도 모른다고 말씀을 드리며 목표 수익률을 달성하면 매도하라고 조언을 드렸습니다. 그렇게 조언했던 이유는 정말 매도에 관한 시점은 어려울 뿐만 아니라 개개인이 가지고 있는 자금의 현황 혹은 주식투자 성향에 따라 그 선택의 경우의 수가 매우 많기 때문에 특정 패턴에 따라 매도를 알려주는 것은 무의미하다고 생각했기 때문입니다.

그리고 이러한 생각은 지금도 변함이 없습니다. 다만 개인투자자들이 각자의 자금 현황 혹은 주식투자 성향에 따라 이 책에서 알려드리는 매도 매뉴얼을 적용하면 최소한 수익을 지키는 데는 커다란 도움이 될 거라 생각을 해서 이 책에 내용을 싣기로 했습니다.

두 번째는 세력이 만들어가는 파동에 대한 설명과 서술입니다.

여기서 세력의 의미는 작전을 통하여 주가 조작을 통해 주가를 상승시키고 이익을 추구하는 통상적인 의미의 세력뿐만 아니라 시장의 마켓리더인 외국인과 기관투자자들을 일컫습니다. 그들이 중장기적으로 주가를 크게 상승시키면서 반드시 만들 수 밖에 없는 파동이 있는데 이를 알고 투자를 하는 것과 모르고 투자하는 것은 크게 차이가 있을 수 밖에 없습니다.

1권(개미대학 세력의 매집 원가 구하기)에서 상승하는 파동과 하락하는 파동에 관해서 설명하였습니다. 상승하는 파동은 천국으로 가는 차트, 그리고 하락하는 파동은 지옥으로 가는 차트라고 이름 지어 설명했는데, 2권에서는 이 두 가지(천국으로 가는 차트, 지옥으로 가는 차트)를 아주 자세하게 설명하여 각 파동의 마디마디마다 매수할 수 있도록 자세하게 설명하였습니다.

그뿐만 아니라 각 파동에 대한 문제를 내고 이에 대해 답을 할 수 있는 문제지까지 만들어 메타인지를 가능하도록 책을 구성하였습니다.

공부는 세 가지 단계가 있습니다. 배우는 단계, 아는 단계, 적용 단계입니다. 모르는 것을 배우게 되면 대부분의 사람은 보통 아는 단계까지 갑니다. 적용 단계까지 가려면 남에게 설명할 수 있어야 하는데 이를 거창한 단어로 메타인지라고 합니다. 차트는 그 어떤 것도 똑같은 차트는 없습니다. 캔들의 크기가 다르고 거래량도 다르며 이동평균선의 흐름도 다릅니다. 그뿐만 아니라 가격도 모두 다 다릅니다. 즉 우리가 매수하려고 하는 순간에 차트의 모습은 매 순간마다 다르기 때문에 아는 단계를 넘어 적용 단계가 되어야 주식투자를 하실 수 있습니다. 적용 단계라고 하는 것은 남에게 설명하는 단계를 말합니다.

만약에 내가 매수하려고 하는 종목을 남에게 설명을 못 한다면 매수하면 안 됩니다. 그것은 그 종목에 전개되고 있는 차트 속의 정보를 내가 파악하고 인지를 못 하고 있다는 뜻입니다. 그뿐만 아니라 손절도 못 하게 되고 나중에는 더욱더 큰 손실에 후회와 고통을 맞이하게 됩니다.

그러한 피해를 막고자 본 도서에서는 차트가 그리는 파동의 원리에 대해서 상세하게 설명을 하고 또 예시 문제를 내어서 독자 분들이 혼자서 스스로 답을 얻고 그 답이 맞는지 틀리는지에 대한 해설까지 친절하게 제시하고 있습니다.

남에게 설명하기 위해서는 최소한 세 번은 읽어야 가능하다고 생각이 됩니다. 그래서 이 책을 구입하고 이제 공부를 시작하시는 독자분들은 최소한 세 번 정독 해주시길 바랍니다. 첫 번째 읽을 때 몰랐던 행간의 의미를 두 번째 읽을 때 발견하게 될 것입니다. 그리고 세 번째 읽을 때 더 많은 행간의 의미들이 명확하게 머릿속에 각인 될 것입니다. 그리고 시간이 흘러 한 번 더 4회 독을 하게 되면 각자 겪었던 실수 혹은 시행착오들이 책의 내용과 융합이 되어 몇 단계 더 업그레이드될 것입니다.

그럼 지금부터 한 페이지 한 페이지 천천히 아주 천천히 읽어보시기를 바랍니다. 빠르게 엉뚱한 길로 가는 것보다 느리지만 바른길로 가는 것이 모든 일에 중요하듯이 주식투자에서도 마찬가지라 생각됩니다.

이 책을 읽는 개인투자자분들의 건승을 기원합니다.

CONTENTS

지은이의 말 · 006

PART 01
매수하는 법과 매도하는 법 부터 바로 알고 가자

01 귀신같은 매도법은 없지만 최선의 매도법은 있다! ... 016
　매도! 매도! 매도! 너무 어려운 매도! 방법이 없을까? · 016
　예술적인 매도는 어려워도 기술적인 매도는 가능하다 · 017
　5일선이 우상향이란 의미 · 019
　주가가 상승하기 위하여 반드시 나타나는 모습은 바로 이것 · 020

02 어디에서 손절해야 할지 모른다면 여기에!!! ... 022
　손절 라인을 결정해 주는 상승변곡점 · 022
　승률 80%의 기법 · 026
　매뉴얼이 중요하다 - 보이느냐 안 보이느냐의 관점 · 028

03 남보다 먼저 빠르게 매수하고 싶다면 여기에!!! ... 031
　매뉴얼의 3요소 - 5일선 안착, 상승변곡점, 아래 꼬리 · 031
　매수 타이밍으로 1일선을 안쓰는 이유 · 032
　안착의 최소 단위 이동평균선은 3일선 · 033

04 3일선을 1분봉으로 환산하면 더 빠르다 ... 039

05 3일선을 1분봉으로 환산하면 급등주 매매가 아주 잘 보인다 ... 044
　급등주는 3일선을 타고 간다 · 044
　1일선과 3일선이 캔들을 물고 있는 모습 - 독사 매매법 · 046

06 알고 보면 아무것도 아닌 매수, 매도 매뉴얼 ... 054
　매수, 보유, 매도의 프로세스 정립 · 054
　매수의 반대는 매도 · 062

PART 02

어디에서 매수법과 매도법을 써야 할까?

01 세력의 매집 원가 부근에서 매수하기 ··················· 068
    도대체 어디서 매수해야 하나? · 068
    세력의 매집 원가 부근에서 3일선 안착하면 매수하라 · 069
    세력이 없으면 쌍봉이 된다 · 073
    박스권은 두 개의 저점과 두 개의 고점이 필요하다 · 074
    매수, 매도 매뉴얼을 적극적으로 적용해야 할 자리 · 077

02 물렸을 때 꼭 꺼내봐야 하는 지표- 매물대 ··················· 079
    매물대는 신규 매수 자리도 알려주고 물타기 자리도 알려준다 · 079
    매물대의 역할을 알아야 돈을 번다 · 081
    가장 많은 매물대를 주목하라 · 086
    매수, 매도 매뉴얼 정리 · 088

PART 03

고수일수록 매매법은 간단하다

01 20일선과 3일선으로 매수를 결정하다-1 092
일목균형표를 열공했지만 때려치운 이유 • 092
엘리엇 파동도 함께 때려치운 이유 • 095
최고의 튜닝은 순정이다 • 096
20일선 상승변곡점 + 3일선 쌍바닥 + 가장 많은 매물대 지지 + 매집봉 = 매수 타이밍 • 097
💡 문제 및 해설 • 099

02 20일선과 3일선으로 매수를 결정하다-2 111
작은 파동이 큰 파동을 이끌어낸다 • 111
세력의 본전을 확인하고 매수하는 방법 • 114
💡 문제 및 해설 • 119
세력의 매집 원가는 여기! 세력의 매도 원가는 여기! • 133
상승 파동을 거꾸로 뒤집으면 하락 파동 • 134
강력한 매물대는 20일선 하락변곡점과 그전에 만들어진 캔들의 최고점 • 135
💡 문제 및 해설 • 136

03 아직도 잘 모르겠다면 이것만 파라 146

PART 04

세력이 있는 종목을 보다 빠르게 보다 낮은 가격으로 매수하기

01 물려 있는 사람이 적어야 빨리 상승한다 152
이동평균선으로도 매물대를 알 수가 있다 • 152
💡 문제 및 해설 • 156
20일선 AB파동의 첫 번째 눌림목은 아주 좋은 매수 시점 • 158
💡 문제 및 해설 • 160

02 나는 더, 더, 더 빨리 눌림목 매매를 하고 싶다면! 168
더 빠르게, 더 낮은 가격으로, 그리고 안전하게 • 168
20일선 눌림목을 남들보다 빠르게 매수하는 법 • 173

PART 05
차트가 주는 정보를 점수로 환산하여 매수하다

01 3·20·60-1 매뉴얼 [탄력적인 종목을 매수하고 싶다면!] ··············· 184
　　3·20·60-1 매뉴얼 조건 • 186
　　💡 문제 및 해설 • 190

02 3·20·60-2 매뉴얼 [추세는 완성되었지만 조금 낮은 가격에 종목을 매수하고 싶다면!] ······· 198
　　3·20·60-2 매뉴얼 조건 • 198
　　💡 문제 및 해설 • 202

03 3·20·60-3 매뉴얼 [거의 바닥 부근에서 종목을 매수하고 싶다면!] ············· 216
　　3·20·60-3 매뉴얼 조건 • 216
　　💡 문제 및 해설 • 220

PART 06
대시세 초입을 파동과 거래량으로 알아보다

01 정배열과 역배열의 장점만 갖춘 파동-알파파동 ··············· 236
　　프로투자자는 정배열에 종목을 매수한다. 그러나! • 236
　　초보투자자는 역배열 종목을 매수한다 • 239
　　알파파동 - 역배열 차트의 장점과 정배열 차트의 장점만 갖춘 파동 • 241
　　알파파동에 매물대 차트를 활용하면 더 좋다 • 247
　　알파파동에 더욱 더 신뢰도를 주는 두 글자 AB • 250
　　대시세 종목을 알아보기 위한 체크리스트 • 253
　　💡 문제 및 해설 • 259

02 시세의 출발 진짜 매집봉 ··············· 274
　　진짜 매집봉과 가짜 매집봉을 구분하는 방법 • 274
　　재료가 유효하다면 반드시 나타나는 차트의 모습 • 275
　　💡 문제 및 해설 • 277

부록 • 296　　　　에필로그 • 308

PART 01

매수하는 법과
매도하는 법 부터
바로 알고 가자

- **01** 귀신같은 매도법은 없지만 최선의 매도법은 있다!
- **02** 어디에서 손절해야 할지 모른다면 여기에!!!
- **03** 남보다 먼저 빠르게 매수하고 싶다면 여기에!!!
- **04** 3일선을 1분봉으로 환산하면 더 빠르다
- **05** 3일선을 1분봉으로 환산하면 급등주 매매가 아주 잘 보인다
- **06** 알고 보면 아무것도 아닌 매수, 매도 매뉴얼

귀신같은 매도법은 없지만 최선의 매도법은 있다!

매도! 매도! 매도! 너무 어려운 매도! 방법이 없을까?

14년 동안 개미대학을 운영하면서 회원 혹은 독자분들을 만날 때마다 저에게 하는 질문은 "매도 타이밍은 언제인가요?"입니다. 그럴 때마다 저는 하느님도 매도 타이밍은 모르니 적당히 수익이 나면 매도하라고 권해드렸습니다. 적당히! 이 세 글자에 대한 수강생들 혹은 독자들의 반응은 대부분 마음에 들지 않는 표정과 마지못해 수긍하는 끄덕임이었습니다. 어떤 분들은 저 사람(개미대학)은 무언가 분명히 알고 있는데 안 가르쳐준다는 표정을 저에게 보낼 때가 있었는데 그때 내심 아주 뜨끔했습니다.

저는 바닥에서 매수하고 최고점에서 매도하는 법은 알지 못하지만(이는 분명 인간의 영역이 아닌 신의 영역입니다.) 상승할 때 반드시 나오는 모습과 하락할 때 반드시 나오는 모습을 알고 있기에 미심쩍은 표정으로 저를 바라보는 수강생들을 맞이할 때마다 죄송스럽기도 하고 미안한 마음이었습니다.

주식투자자들의 자금의 크기, 투자 성향, 투자 환경은 모두 다릅니다. 그뿐만 아니라 몇 년 전부터 유행하는 MBTI까지 고려하면 개인에 따라 보유하고 있는 주식을 매도하는 시점과 주가의 위치를 모두 아우르는 매도법은 있을 수

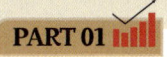

가 없습니다. 거기에 그 종목을 휘두르고 있는 세력 혹은 시장 상황까지 고려하면 더더욱 불가능합니다. 그래서 매수는 기술, 매도는 예술이라는 증시 격언이 존재합니다.

예술적인 매도는 어려워도 기술적인 매도는 가능하다

위에 기술한 것처럼 주가가 상승할 때 반드시 나오는 모습과 하락할 때 반드시 나오는 모습을 알면 예술적으로 매도는 어렵지만 기술적으로는 매도가 가능합니다. 제가 '반드시'라는 단어를 자꾸 반복하는데 이러한 반드시 나오는 모습을 알아보면 기술적인 매수와 매도가 가능합니다. '반드시'라는 단어와 한 묶음처럼 사용되는 두 개의 단어가 있습니다. 그것은 '안착'과 '이탈'이라는 단어입니다.

주식투자자분들이 아마 수만 번을 들어본 단어가 바로 '안착'이라는 단어일 것입니다. 유튜브 증권방송이나 혹은 책을 보면 '5일선 안착을 했다' 혹은 '20일선 안착을 했다'라는 차트 설명을 듣거나 보신 적 있으실 겁니다. 그러나 안착의 아주 구체적이고 디테일한 모습은 잘 보거나 듣지 못하였을 겁니다.

우리가 주식투자뿐만 아니라 어떤 일을 함에 있어서 디테일의 차이가 나중에 커다란 차이를 가져오게 됩니다. 안착의 디테일한 모습을 알아야 기술적인 매수가 가능하고 이를 응용하여 기술적인 매도까지 가능합니다. 이 안착이라는 단어는 주로 위에 설명한 것처럼 이동평균선에 사용하는 단어입니다. 그리고 상승할 때 쓰이는 용어입니다.

'안착하다(安着-)'의 사전적 의미는 '편안하게 자리잡다'입니다.

'안착'은 이동평균선에 쓰이는 단어라고 했습니다. 이동평균선의 종류는 크게 다섯 가지가 있습니다.

5일 이동평균선, 20일 이동평균선, 60일 이동평균선, 120일 이동평균선, 240일 이동평균선이 있습니다.

보통 5일 이동평균선을 단기 이동평균선이라고 하고, 20일 이동평균선을 중기, 그리고 60일 이동평균선 이상을 장기 이동평균선이라고 하며, 우리가 매수 타이밍에 쓰이는 이동평균선은 이 중에서 제일 기간이 짧은 5일 이동평균선을 안착이라는 단어에 사용합니다.

'안착하다'의 사전적 의미와 5일 이동평균선을 결부시키면 주가가 5일 이동평균선 위에 편안하게 자리잡은 모습을 '5일 이동평균선 안착'이라 하며 줄여서 '5일선 안착'이라고 합니다. 그러면 5일선 위에 편안하게 안착한 모습을 디테일하게 설명하도록 하겠습니다.

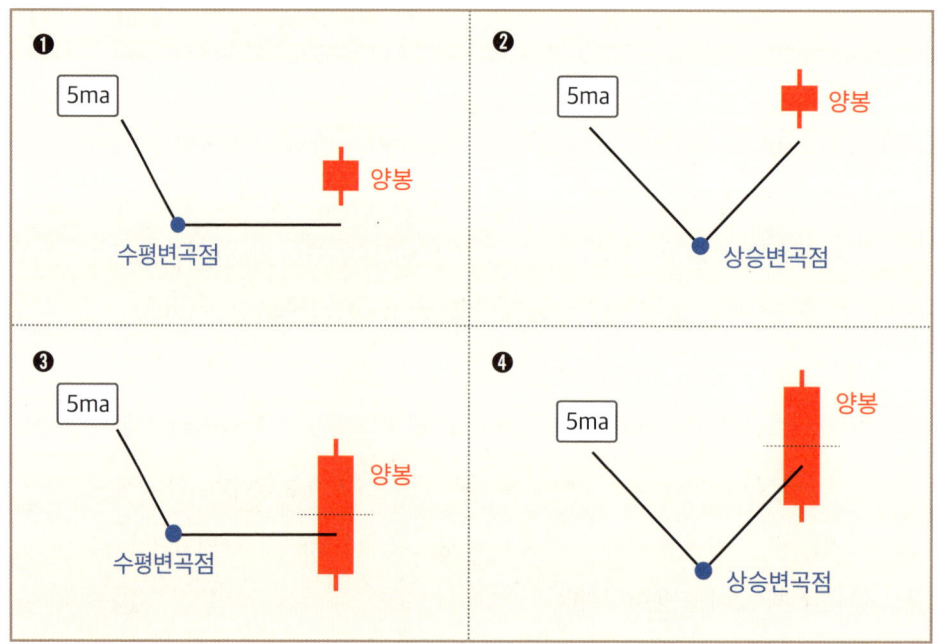

위 그림은 안착의 네 가지 경우의 수에 대한 설명입니다.

편안하다는 의미의 첫 번째 조건은 5일선이 최소 수평이거나 상승 추세라는 것입니다. 그리고 두 번째 조건은 최소 수평이거나 상승 추세인 5일선 위에

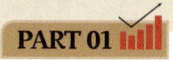

캔들이 완전히 위에 올라타거나 캔들의 몸통이 반 이상 올라탄 것이 두 번째 조건이며 이 두 가지 조건을 만족했을 때 안착이라고 합니다.

두 가지 조건 모두 굉장히 중요하며 이 두 가지 조건을 만족했을 때 바로 매수 타이밍이 되는 것입니다.

5일선이 우상향이란 의미

이동평균선의 의미는 해당 기간의 종가 합의 평균입니다. 1권 (개미대학-세력의 매집 원가 구하기)에서 서술했듯이 이동평균선의 의미를 이렇듯 산술적인 표현으로 이해하게 되면 차트가 주는 정보를 우리가 문장으로 이해하기가 힘듭니다. 이동평균선은 해당 기간 종가 합의 평균이라는 의미보다는 해당 기간 매수한 사람들의 평균 매수 가격의 의미로 접근해야 차트가 주는 정보를 정확히 받을 수 있습니다.

산술적 의미가 아닌 사람이 하는 일로 표현한 평균 매수 가격이라는 의미를 적용해야만 해당 종목을 매수한 사람들의 해당 기간 동안 심리를 알 수 있기 때문입니다. 만약에 5일 이동평균선이 아래를 향하고 있다면 5일 동안 그 종목을 매수한 사람들은 현재 손실을 보고 있다는 뜻입니다. 그리고 5일 이동평균선이 수평을 유지하고 있다면 5일 동안 그 종목을 매수한 사람들은 현재 수익도 안 나고 손실도 나지 않은 상태라는 것입니다. 5일 이동평균선이 만약에 상승 중이라면 5일 동안 그 종목을 매수한 사람들은 현재 수익 중이라는 이야기입니다.

안착이라는 개념을 쓰는 때는 바로 5일 이동평균선이 수평 혹은 상승일 때 입니다. 그리고 이때 이 종목을 거래하는 사람들의 5일 동안의 심리상태는 매도 욕구보다는 매수 욕구가 크다는 뜻이며, 기존 보유자라면 보유하고 싶은 욕구가 큰 상태를 뜻합니다.

==이러한 심리상태(5일선이 수평변곡점 혹은 상승변곡점을 만든 상태)에서 5일선 위에 양봉으로 안착했다는 것은 매수와 보유의 심리에 쐐기를 박는 모습입니다.==

5일선 안착의 의미를 줄다리기에 빗대어 설명을 해드리자면 홍팀인 매수팀과 청팀인 매도팀이 지금 줄다리기를 준비 중입니다. 홍팀(매수)쪽에서 줄을 당기는 사람이 3명이고 청팀(매도)쪽에서 당기는 사람이 2명이면 (각 팀의 1명당 힘이 똑같다는 가정하에) 줄다리기는 홍팀(매수)의 승리가 될 것입니다. 즉 주식은 매수세와 매도세의 힘겨루기인데 5일 동안 그 줄다리기의 결과, 매수세가 승리하면 5일선은 우상향이 되며 캔들은 그 5일선에 안착하게 됩니다.

주가가 상승하기 위하여 반드시 나타나는 모습은 바로 이것

5일선 안착은 위에 설명했듯이 하락하고 있는 어떤 주식이 어느 날 매수하는 사람들의 힘(돈)이 세지면서 나타나게 되는 최소 단위의 추세선으로 이를 주식투자에서 매수 타이밍으로 사용합니다.

5일선 안착은 하락하던 주식이 상승하기 위하여 반드시 출현하는 모습이며 안착 없이 상승하는 주식은 없습니다. 그래서 하락 추세를 막 벗어나기 시작한 종목을 매수하고자 할 때 5일선 안착하는 모습을 확인하고 매수를 한다는 것은 지금부터 과거 5일 동안 해당 종목에 매수와 매도가 힘겨루기를 했을 때 매수의 승리를 확인하고 매수하는 것과 같습니다. 캔들이 5일선 안착을 함과 동시에 반드시 나타나는 현상은 변곡점의 출현입니다.

변곡점이란 하락하던 추세가 바뀌는 시점을 이야기하며 3가지가 있습니다.

1. **수평변곡점** - 하락 혹은 상승으로 진행하다가 수평으로 바뀌는 변곡점
2. **상승변곡점** - 하락 혹은 수평으로 진행하다가 상승으로 바뀌는 변곡점
3. **하락변곡점** - 상승 혹은 수평으로 진행하다가 하락으로 바뀌는 변곡점

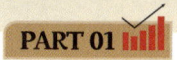

주가가 상승할 때는 반드시 하락변곡점 이후에 수평변곡점과 상승변곡점이 출현해야 합니다.

5일선 안착이란 5일선이 수평변곡점이나 상승변곡점을 만든 후 그 위에 캔들이 자리잡은 모습을 5일선 안착이라고 하며 이는 주가가 상승할 때 반드시, 예외 없이 나타나는 모습입니다.

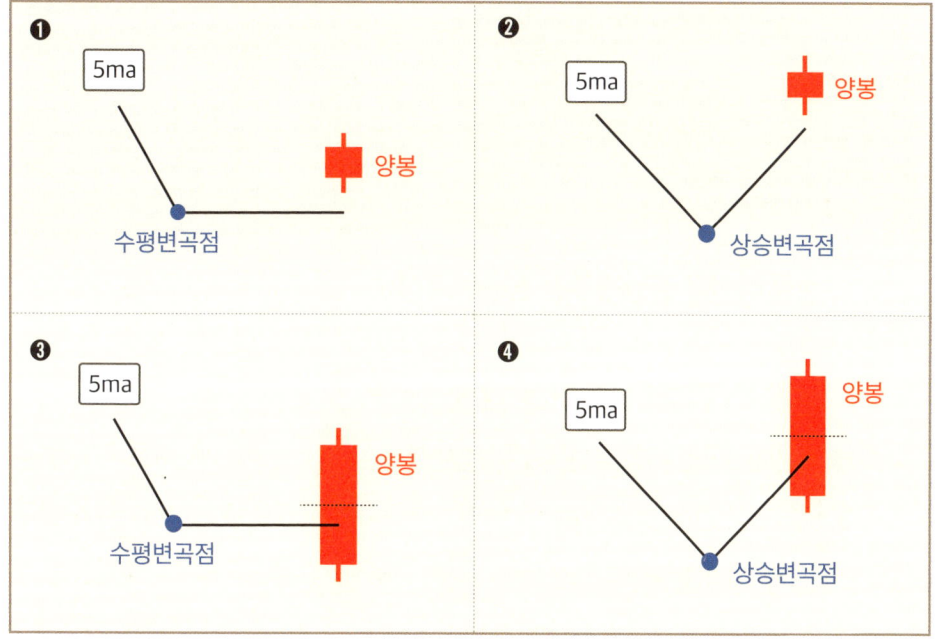

위 그림 1번을 보면 수평변곡점 출현 이후 캔들이 5일선 위에 자리잡은 모습을 보이고 있고, 2번 그림은 상승변곡점 출현 이후 캔들이 5일선 위에 안착한 모습을 보입니다.

3번 그림은 1번 그림과 같이 수평변곡점 이후에 캔들이 5일선에 완전히 안착하지 않고 몸통의 반 이상 걸치는 모습을 보이는데 이 또한 안착으로 간주합니다. 4번 그림도 상승변곡점 출현 이후 캔들 몸통의 반 이상 올라탄 모습 역시 5일선 안착입니다.

주가가 상승하기 위해서 나타나는 모습은 크게 4가지이며 이를 벗어나는 경우는 없습니다.

어디에서 손절해야 할지
모른다면 여기에!!!

손절 라인을 결정해 주는 상승변곡점

　변곡점은 주가가 힘겨루기할 때 매수와 매도의 힘이 바뀌는 순간에 나타나게 됩니다. 하락 이후 나타나는 수평변곡점은 매도를 이끌던 매도세가 더 이상 매도를 하지 않고 관망할 때 나오는 모습이며 상승변곡점은 매도세와 싸워 이긴 매수세가 만든 증표입니다. 그렇기 때문에 수평변곡점과 상승변곡점 두 개 중 더 강한 시그널은 상승변곡점이 됩니다. 수평변곡점이 단순히 매도세가 더 이상 매도를 하지 않아서 생기는 증거라면, 상승변곡점은 매도세를 이기고 나온 결과물이기 때문에 상승변곡점을 더 상승에 대한 강한 시그널로 인식을 해야 합니다.

　주가가 상승하거나 하락할 때 반드시 나타나는 변곡점 부근에는 그 변곡점의 시작을 알리는 저점이 있습니다. 이 저점은 매도세가 더 이상 매도를 그만둔 지점을 알려주거나 혹은 매수세가 매도세와 싸워서 이긴 첫 번째 지점을 알려주기도 합니다. **변곡점 부근에 캔들이 만든 저점은 5일선 안착을 사용 시 손절을 하는 기준이 됩니다.**

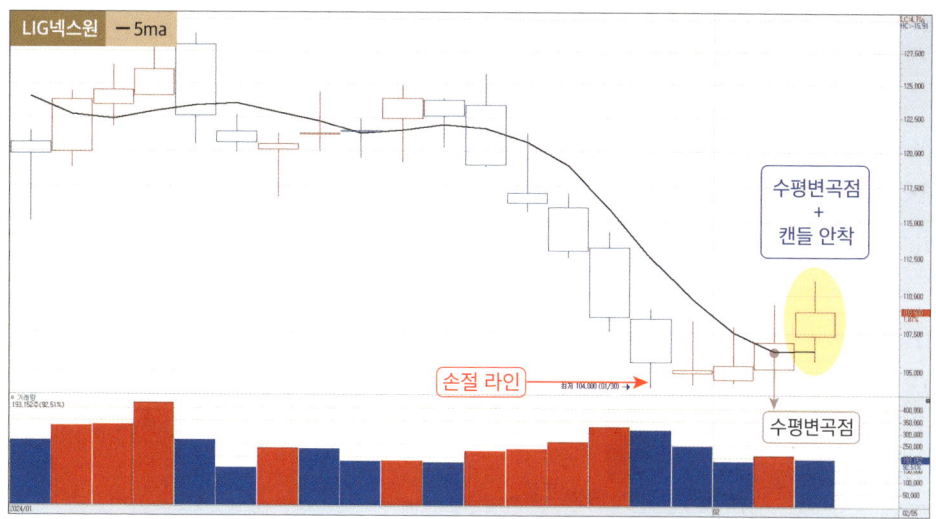

LIG넥스원이 5일선 수평변곡점 위에 캔들이 안착한 모습입니다.

5일선 수평변곡점을 만든 그 시작점은 손절 라인으로 표시한 캔들의 최저점입니다. 만약 수평변곡점 전에 만들어진 캔들의 최저점을 깨고 주가가 하락한다면 변곡점을 만든 세력과 새로 출현한 매도세의 싸움에서 매도세 승리가 된 것이기 때문에 이후 주가는 추가 하락을 할 수가 있습니다. 이러한 이유로 수평변곡점 전에 만들어진 캔들의 최저점을 손절 라인으로 하는 것이 합리적인 선택입니다.

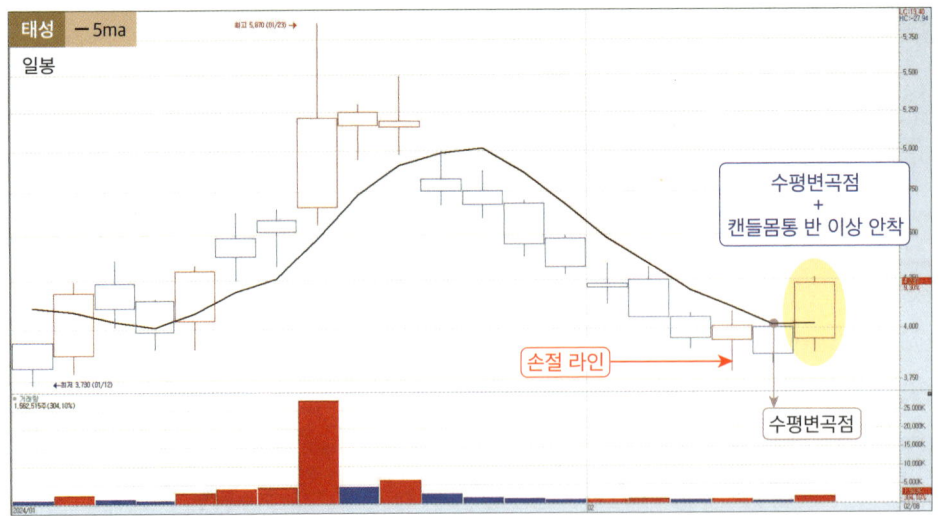

　　태성이 5일선 수평변곡점 위에 캔들의 몸통이 반 이상 안착한 모습입니다. 역시 수평변곡점이 만들어지기 전에 시작된 캔들의 최저점을 손절 라인으로 정하고 매수를 하면 됩니다. 수평변곡점이 만들어지기 전에 캔들의 아래 꼬리는 하락 추세 중에 나온 첫 번째 매수세이며 그 매수세가 꾸준하게 이어져서 수평변곡점이 나온 것입니다.

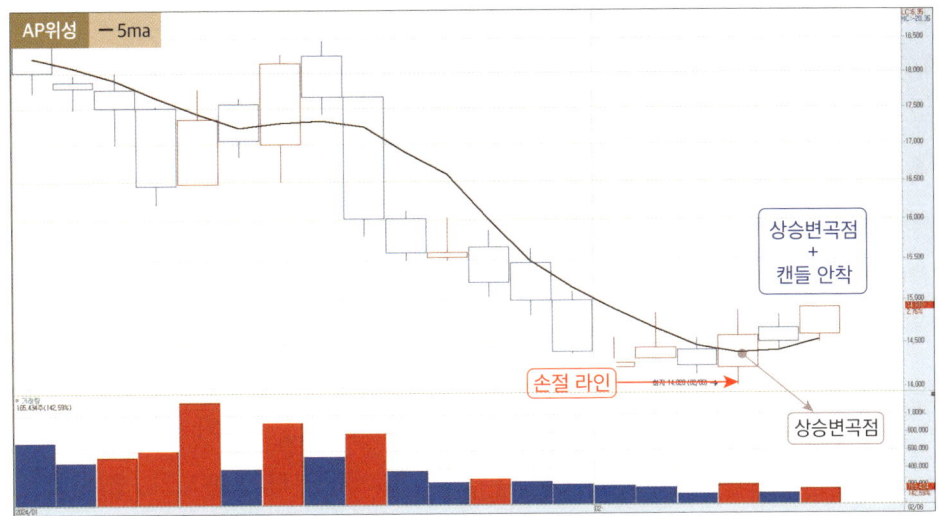

　　AP위성 차트도 상승변곡점 위에 캔들이 안착한 모습입니다. 손절 라인은 상승변곡점과 동시에 만들어졌으며 역시 상승변곡점이 출현한 부분의 최저점을 손절 라인으로 잡으면 됩니다.

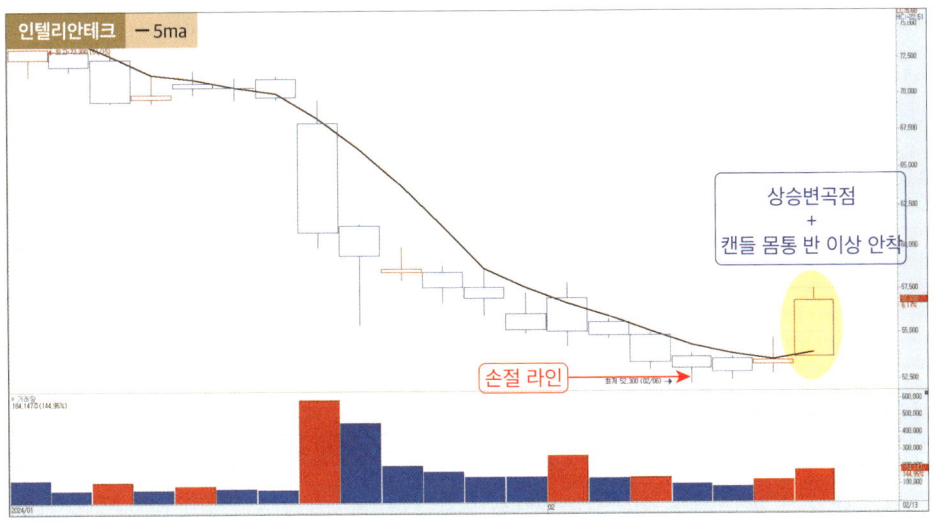

　　인텔리안테크도 상승변곡점과 캔들의 몸통 반 이상이 안착한 조합으로 역시 상승하는 과정에서 나오는 필요충분조건이며 변곡점이 생기기 전에 나온 캔들의 최저점을 손절 라인으로 잡으면 됩니다.

승률 80%의 기법

저는 주식을 매수 혹은 매도할 때 확률적인 접근법보다는 보이느냐 안 보이느냐 관점으로 접근하는 것이 맞다고 생각합니다. 개인투자자들이 흔히 겪는 그리고 힘들어하다가 끝내 극복하지 못하는 이유가 주식을 확률적인 방법으로 투자했다가 끝내 그 확률적인 방법에 대해서 본인 스스로 회의적인 생각이 들며 접게 되는 것으로 생각합니다.

보통 개인투자자가 처음에 주식을 시작할 때 본인 나름의 확률이 높은 기법을 가지고 싶어 합니다. 그래서 시간을 내어 공부하고 주식투자를 하라는 주변 주식투자 선배의 충고를 마음에 새기고 책이나 혹은 유튜브에서 배운 내용을 기반으로 본인만의 확률 높은 기법을 찾아내려고 노력합니다.

처음에는 소액으로 배운 내용을 적용합니다. 그리고 신중하게 오류를 발견하고 경험을 쌓으며 점점 확률이 높은 기법을 만들어갑니다. 실전 투자의 시기가 다가오고 이를 테스트하기 위하여 소액으로 시작을 합니다. 100만 원씩 10번을 거래했는데 그중 8번을 성공합니다. 개인투자자의 마음속에는 이제 주식 시장이 쉬워 보이며 주식투자로 돈을 잃는 게 잘 이해가 안 되기 시작합니다. 왜냐하면 본인은 승률 80%의 기법을 가졌기 때문입니다.

승률 80%의 기법을 가진 개인투자자는 이번에는 투자 금액을 늘립니다. 100만 원으로 8번 성공해서 수익금이 50만 원이었던 개인투자자는 계산합니다. 1,000만 원으로 투자하면 500만 원의 수익금이 생길 것을 상상하면서 본격적으로 투자를 진행합니다. 10번을 투자했는데 이번에는 무엇이 잘못됐는지 10번 중에 2~3번밖에 성공하지 못합니다. 큰 실의에 빠지고, 주식투자를 잠시 멈추고 다시 본인이 잘못했던 것을 곱씹는 시간을 가지며 더욱더 모자란 것을 찾아 공부합니다.

어느 정도 공부가 완성된 개인투자자는 본인이 잘못했던 것을 머릿속에 각인시키며 다시 소액 투자로 나름 철저하게 준비합니다. 100만 원씩 10번을 거래했는데 이번에도 10번 중 8번을 성공합니다. 다시 승률 80%의 기법을 가진 개인투자자는 한 번의 실패 경험과 그것을 극복한 과정에서 얻은 노하우로 다시 한 번 금액을 늘려 주식투자를 시작합니다. 마음속에는 이제 주식시장의 돈은 모두 본인이 쓸어 담을 것이라는 원대한 포부를 가지고 금액을 늘려 투자합니다.

1,000만 원 가지고 투자를 해서 잃었던 돈이 500만 원이 남고 이를 빨리 회수하고 싶고 또 나름대로 업그레이드 된 승률 80%의 기법이 있기 때문에 '실패란 있을 수 없다'라는 커다란 자신감으로 투자 금액을 두 배로 늘립니다. 2,000만 원으로 주식투자를 시작한 개인투자자가 드디어 첫 번째 수익을 냅니다. 자신감 가득한 상태로 두 번째 종목을 발굴하고 승률 80%의 기법으로 투자를 했는데 이번에는 실패를 합니다. 업그레이드된 승률 80%의 기법으로 첫 수익은 달콤했지만, 두 번째 손실은 이 투자자의 멘탈을 뒤흔들어 놓습니다. 분명히 승률이 높은 기법을 본인 나름대로 검증했다고 생각하고 투자했는데 맞이한 손실은 받아들이기가 조금 버겁습니다. 이후 세 번째 투자에서 실패한 승률 80%의 개인투자자는 이제 멘탈이 무너지기 시작합니다.

마음을 가다듬고 다시 소액으로 승률 80%의 기법을 테스트합니다. 지난 두 번의 소액 투자와 두 번의 비중을 늘린 투자에서 얻은 경험을 바탕으로 더욱 빈틈이 없어진 승률 80%의 기법으로 연습 매매를 한 결과 다시 수익이 나기 시작합니다. 마침내 완성된 승률 80%의 기법을 가진 이 투자자는 잃었던 돈을 찾아오기 위해, 그리고 원하는 수익을 얻기 위해 투자 금액을 늘려 5,000만 원으로 주식투자를 합니다.

만약에 5,000만 원 시드머니를 늘린 이 주식투자자가 실패했다면 이 주식투자자의 멘탈은 지금 어떻게 되어 있을까요? 불안한 멘탈로 다시 시작한 승률 80%의 개인투자자는 성공과 실패를 거듭하다가 실패 속에서 자꾸 솟아나는 본인이 만든 승률 80%라는 기법에 근본적인 회의와 의문을 가지고 주식시장을 떠나게 됩니다.

매뉴얼이 중요하다 - 보이느냐 안 보이느냐의 관점

주식투자를 해보신 분들은 알겠지만, 주식투자를 하면서 우리가 반드시 겪게 되는 것은 멘탈이 무너지는 경험입니다. 수년 동안 공부하고 나름 검증한 기법이 무용지물처럼 느껴지며 그 기법에 대한 근본적인 회의감이 몰려온 상태에선 다시 주식투자를 한다는 것은 굉장히 힘든 일입니다. 하지만 **주식투자를 할 때 확률의 관점보다는 보이느냐 안 보이느냐의 관점, 즉 매뉴얼의 관점으로 접근을 하면 멘탈이 무너진다 하더라도 쉽게 극복할 수 있습니다.**

만약에 매수한 다음 손실이 났을 때 이번 손실이 그냥 본인이 결정한 매뉴얼 혹은 프로세스 중에 일부였다면 다음에 똑같이 전에 내가 매수했던 자리가 보이면 매수할 수 있습니다. 하지만 확률적인 방법으로 접근했던 투자자는 전에 내가 수익을 내서 매수했던 자리와 비슷한 자리가 보이더라도 그 확률 자체에 근본적인 확신이 없기 때문에 매수를 주저하게 됩니다. 그래서 혹시나 하는 마음에 1주 혹은 아주 소액매매 예를 들어 5,000원 정도 매수하면 급등하게 되고 '아 저 때 비중을 실어 매수할걸'하는 후회를 하게 됩니다. 그리고 이번에는 비중을 늘려 5,000원이 아닌 수백만 원 단위로 투자를 하면 희한하게 주식이 내려가는 경험을 하면서 다시 한 번 본인의 기법에 대해 의구심을 가집니다.

하지만 매뉴얼로 접근한 투자자는 다시 비슷해 보이거나 똑같은 자리가 보이면 매수를 할 수 있습니다. 그리고 1주를 매수하면 급등하고 1,000만 원이란 큰 금액을 매수하면 하락하는 데서 오는 멘탈붕괴로부터 벗어날 수 있습니다.

이제 다시 앞서 언급했던 차트를 다시 한 번 보시기 바랍니다.

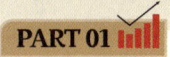

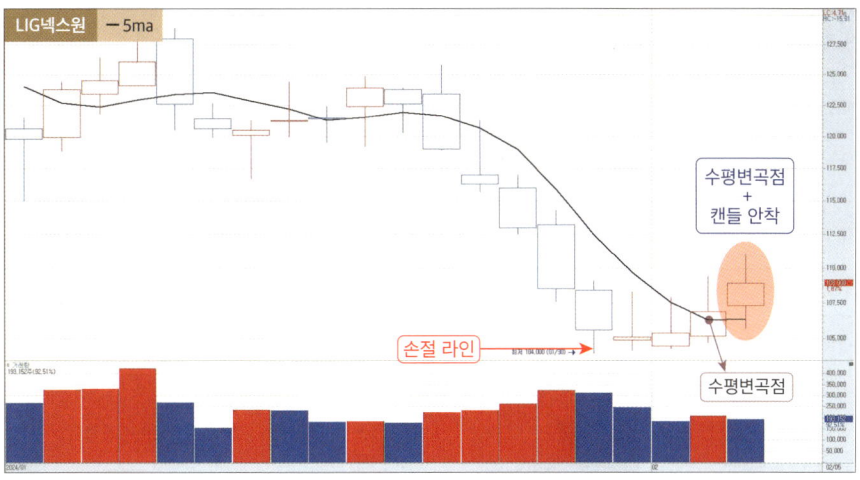

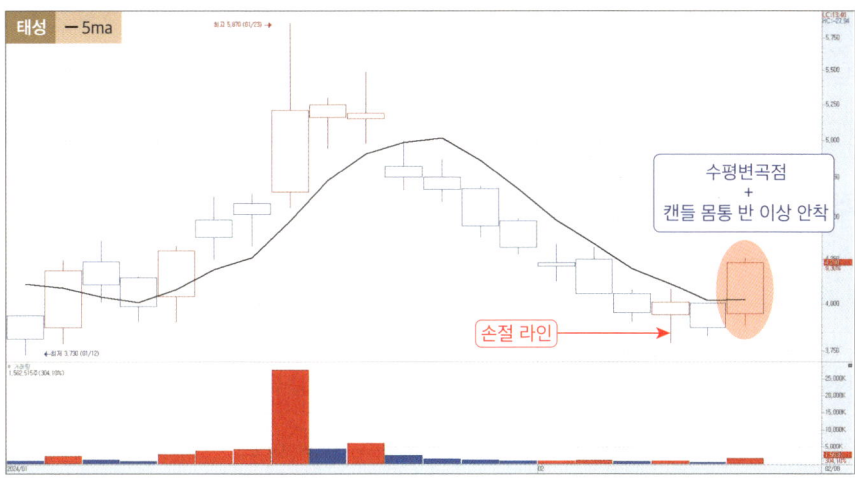

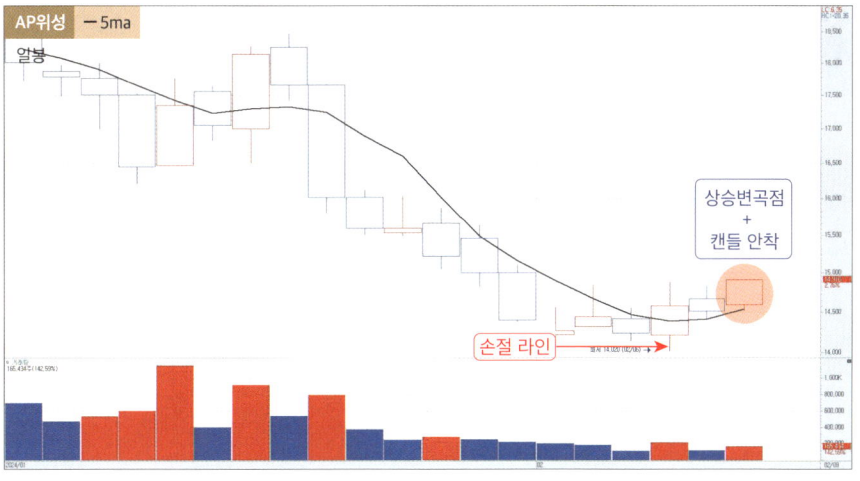

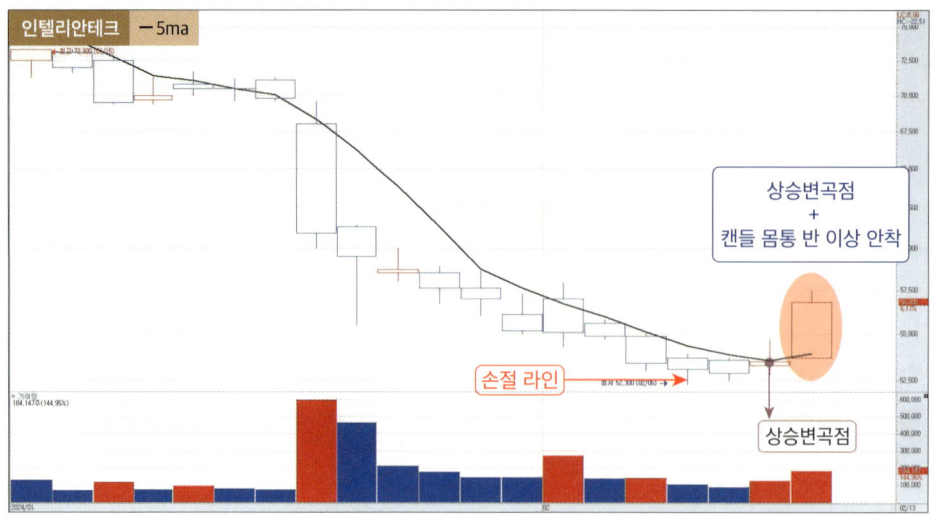

　4개의 차트를 천천히 보시면 매뉴얼이 보이실 겁니다.

　매수하는 자리는 5일선 위에 캔들이 안착한 순간이 매수 타이밍이며 그 매수의 선택이 틀려서 하락할 때 변곡점 전후에 만들어진 캔들의 아래 꼬리 혹은 최저점을 손절 라인으로 지키면 됩니다. 5일선 상승변곡점과 캔들의 안착 그리고 그 와중에 생기는 캔들의 아래 꼬리는 주가가 상승하기 위하여 반드시 나타나는 필요충분조건이며 이를 매뉴얼로 사용하는 것은 굉장히 합리적인 선택입니다. 그리고 멘탈을 잡는 데도 큰 힘이 됩니다.

남보다 먼저 빠르게 매수하고 싶다면 여기에!!!

매뉴얼의 3요소 - 5일선 안착, 상승변곡점, 아래 꼬리

5일선 안착, 상승변곡점 그리고 캔들의 아래 꼬리, 즉 매뉴얼이 보이면 매수를 하고 안 보이면 매수를 안 하면 됩니다. 이 매뉴얼의 3요소가 매수 타이밍과 상승의 시그널 그리고 손절 라인까지 우리에게 알려주는 것입니다. 5일선 안착과 상승변곡점은 매수 타이밍을 말하며 캔들이 만든 아래 꼬리는 손절 라인을 이야기합니다.

어떻게 보면 아주 당연하고 상식적인 이야기를 우리는 도외시한 채 무언가 아주 특별하고 환상적인 승률 높은 기법을 찾아 많은 시간을 허비하는 게 아닌지 때로는 안타까운 마음이 들기도 합니다. 뒤에서 다시 자세히 다루겠지만 이러한 매수 매뉴얼을 사용해야 할 때가 있는데 그때가 바로 세력이 만드는 상승 파동 위에서입니다. 무조건 5일선을 안착했다고 매수하면 안 됩니다. 하락 추세에서 5일선을 안착했다고 덜컥 매수를 했다가는 크게 물려서 고생합니다. 하락 추세에는 세력이 없고 개인 투자자들의 탈출 러쉬만 있기 때문에 손절을 못 했을 시에 짧은 시간에 아주 큰 손실이 있게 됩니다. 그래서 매수 매뉴얼을 쓰고자 할 때 반드시 상승 추세에 있는 종목에 적용해야 적은 기회비용으로 큰 수익을 얻을 수 있습니다. 그에 대해서는 뒤에 PART 05와 PART 06 에서 자세히 다루도록 하겠습니다.

매수 타이밍으로 1일선을 안쓰는 이유

지금까지 제 설명에 대해 이해하신 독자분들 중에는 때로는 가장 빠른 이동평균선인 1일선을 왜 매수 타이밍으로 쓰지 않는지에 대한 궁금증이 생기신 분도 있을 겁니다. 앞서 말씀드린 것과 같이 5일선 안착을 매수 타이밍으로 사용하는데 1일선은 안착이라는 단어를 쓸 수가 없기 때문입니다. 1일선은 종가를 연결하는 선이기 때문에 상승할 때는 1일선 밑에 캔들이 달린 모습을 보게 되며 하락할 때는 오히려 1일선 위에 캔들이 올라가 있는 것을 볼 수가 있습니다. 그렇기 때문에 1일선은 안착이라는 용어를 사용할 수가 없습니다.

두산로보틱스의 차트에 다른 이동평균선은 다 지우고 1일선만 남겨 놓았습니다. 주가가 상승할 때 1일선 위에서 상승하는 것이 아니라 1일선 밑에서 매달리면서 상승하는 모습을 볼 수가 있습니다.

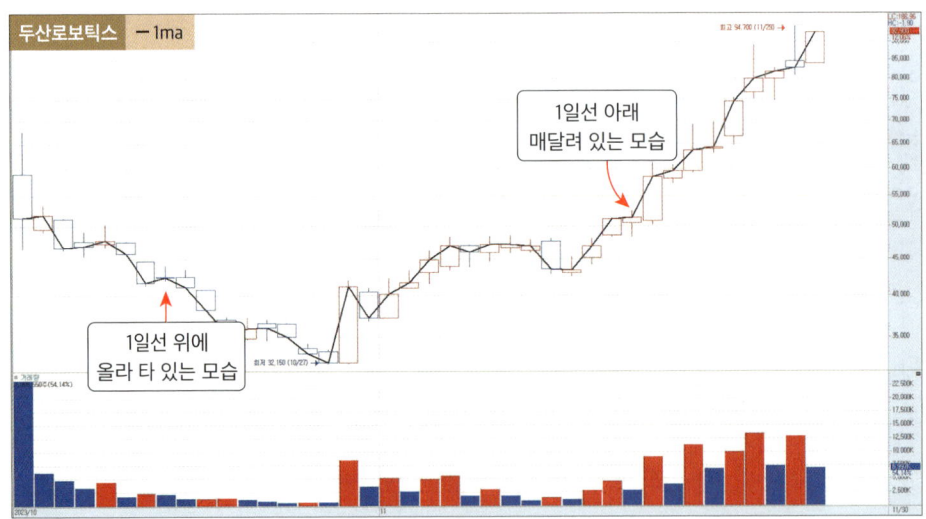

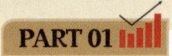

　지금까지 매수 매뉴얼을 설명하기 위해 5일선 안착과 상승변곡점 그리고 캔들의 아래 꼬리에 관해서 설명하였습니다. 잘 이해가 되셨나요? 그런데 모든 투자자가 공통적으로 가지고 있는 욕심은 남들보다 빠르게 그리고 저가에 매수하는 것입니다. 아쉽게도 가장 빠른 1일선은 안착의 개념으로 사용할 수 없고 5일선 안착을 매뉴얼로 사용하다 보면 어제 매수를 했으면 더 좋았을 텐데 하는 생각이 반드시 들게 되어있습니다.

안착의 최소 단위 이동평균선은 3일선

　위에 말한 남들보다 빠르게 매수하고 싶은 고민은 필자도 주식투자를 공부하고 시작하면서 했던 고민이기도 하였습니다. 5일선 안착이 반드시 주가가 상승하기 위한 필요충분조건인 것은 알겠지만 실제로 안착했을 때 매수를 하면 손절 라인으로 쓰는 아래 꼬리가 만든 가격보다 많이 상승한 경우가 종종 있고 많이 오른 가격 때문에 부담스러운 때도 있었습니다. 이 주식을 5일선 안착한 날이 아니라 그 전에 매수를 했으면 조금 더 저가에 매수를 하고 심리적으로도 손절의 크기가 작기 때문에 부담이 덜 했을 텐데 하는 생각을 많이 했습니다. 그에 대한 해결책이 바로 3일선이었습니다.

　3일선은 5일선과 마찬가지로 상승변곡점과 안착의 개념도 우리에게 제공하여 매수 매뉴얼을 보여줄 뿐만 아니라 캔들의 아래 꼬리까지 보여주면서 손절 라인까지 우리에게 제공합니다. 실제로 5일선과 3일선을 동시에 차트에 표시하면 5일선 상승변곡점이 생기기 전에 먼저 3일선 상승변곡점이 생기기 때문에 더 빠르게 매수할 수 있습니다.

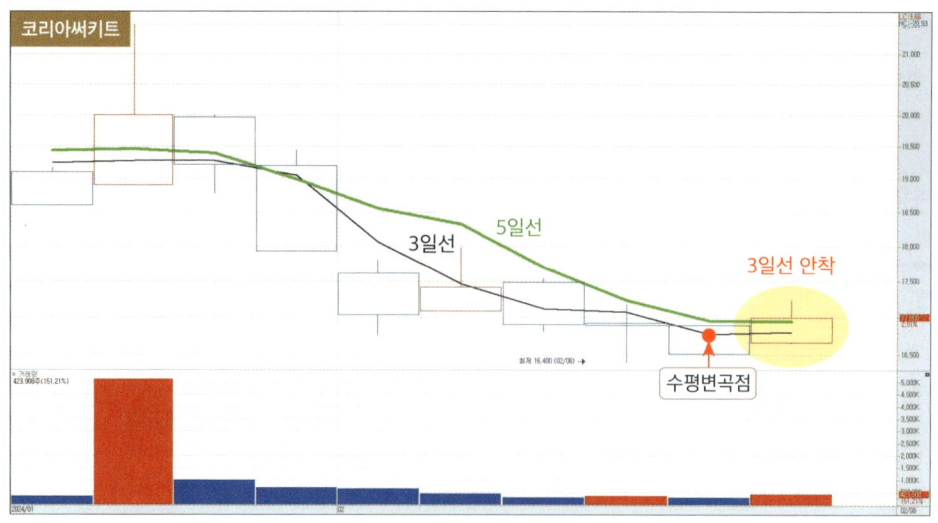

　　코리아써키트 차트에서 보면 5일선과 3일선이 거의 동시에 수평변곡점을 만들었지만, 안착의 조건에 맞는 것은 3일선입니다. 캔들의 몸통이 3일선 위에 반 이상 걸터앉은 모습으로 안착의 형태를 띠고 있지만 5일선 기준으로는 안착의 기준이 아닙니다. 안착의 기준을 매수 매뉴얼로 사용할 때 5일선을 쓰면 아직 안착이 아니기 때문에 매수 매뉴얼로 사용할 수 없으나 3일선을 매수 매뉴얼로 쓰면 매수가 가능합니다. 이렇듯 5일선보다 3일선이 보다 빠르게 매수를 할 수 있는 매뉴얼입니다.

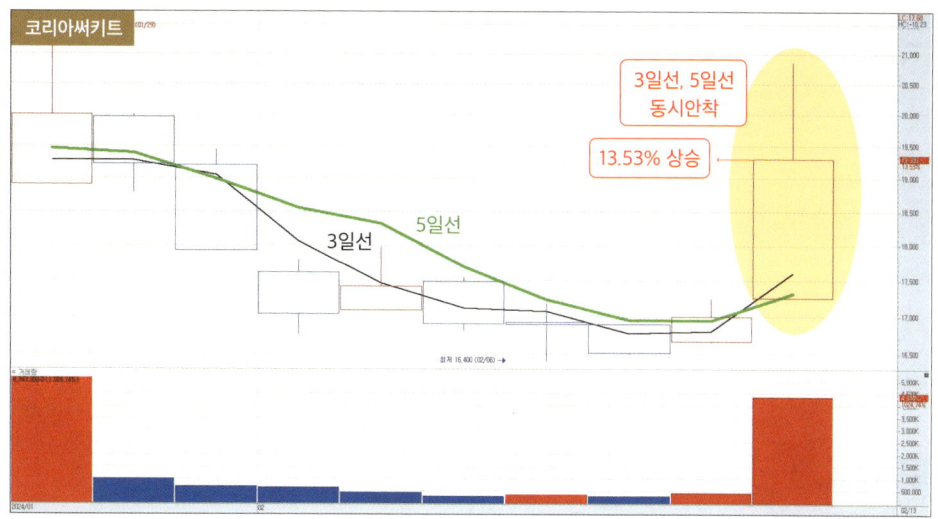

　　코리아써키트가 3일선을 안착한 후 다음 날 차트의 모습입니다. 3일선과 5일선을 동시에 안착하는 모습을 보입니다. 그런데 어제보다 무려 13.53% 상승하는 모습입니다. 만일 3일선 안착 매뉴얼을 사용했으면 13.53%의 수익을 가져갈 수 있었지만 5일선 안착의 매뉴얼을 사용할 때는 약 수익이거나 종가 기준으로는 현재 수익이 나지 않는 상태입니다. 위에 말한 것처럼 5일선 안착 매뉴얼을 사용할 때 종종 맞닥뜨리는 '어제 매수했으면 좋았을 걸'이라는 후회하게 된다고 설명을 했는데 이런 경우가 바로 동일한 상황입니다. 3일선 매수는 이런 후회를 최소화하는 굉장히 합리적이고 좋은 매수 매뉴얼입니다.

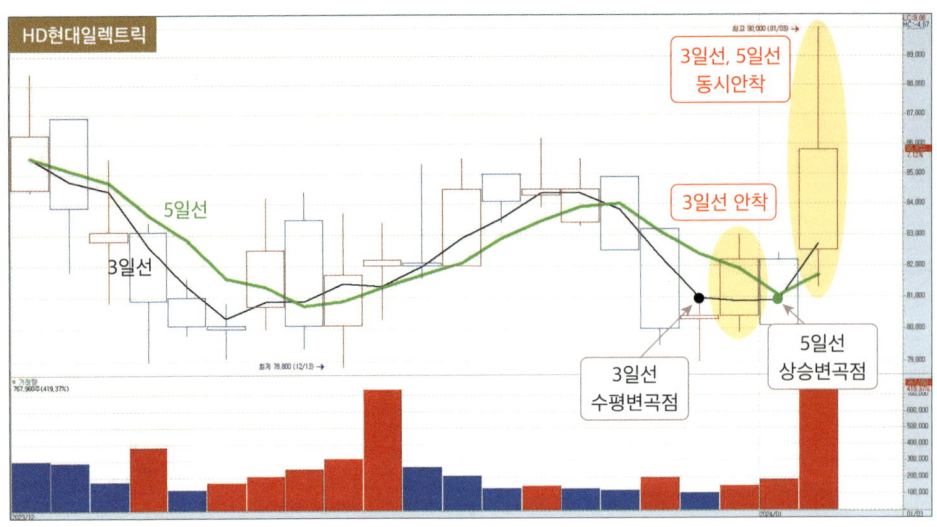

　　HD현대일렉트릭에서도 역시 3일선 매수가 5일선 매수보다 선취매 할 수 있는 경우에 대해서 잘 설명해 주고 있습니다. 첫 번째 동그라미 친 캔들을 보면 3일선 수평변곡점이 만들어지고 3일선 안착을 하는 모습을 볼 수 있습니다. 이후 하루 쉬었다가 다음 날 큰 폭의 상승을 하는데 그때 비로소 5일선 안착을 하는 모습을 볼 수 있습니다. 5일선 안착과 동시에 상승변곡점도 만들어졌습니다. 안착을 매수 시점으로 사용할 때, 3일선 안착과 5일선 안착의 시간 차는 2일이 발생합니다. 즉 2일 간의 선취매 할 수 있는 물리적 시간이 생겼으며, 뿐만 아니라 5일선 안착에 추가로 매수할 수 있는 또 한 번의 기회까지 제공합니다.

　　2일 먼저 선취매를 한다는 것은 심리적으로 안정감을 주며 때에 따라 비중을 실을 수 있는 여건을 마련해주기도 합니다. 큰 폭으로 상승한 주식에 비중을 싣는다는 것은 심리적으로 부담이 많이 가는데 많이 상승하지 않은 상태에서, 즉 3일선 안착할 때 일부 매수를 하고 5일선 안착할 때 한 번 더 매수를 하는 것은 분할 매수의 효과도 있고 비중을 조금 더 늘리는 방법이기도 합니다. 이렇듯 3일선 매수는 기존에 주식시장에서 통용되고 있는 5일선 매수보다 여러모로 장점이 큰 매수 매뉴얼입니다.

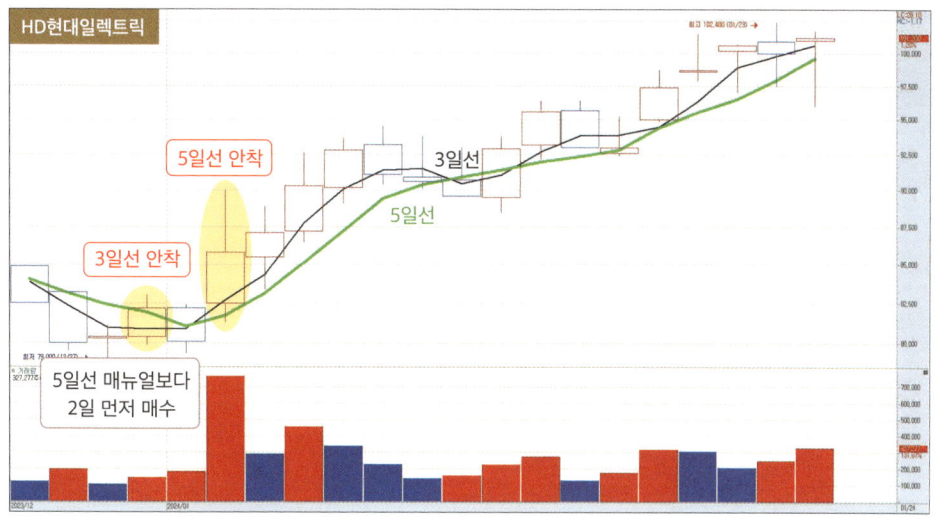

지금까지 여러분들은 매수 매뉴얼에 대한 방법을 익히셨습니다.
매뉴얼을 정리하면 다음과 같습니다.

> 1. 수평변곡점 혹은 상승변곡점이 나오고 있는지 확인한다.
> 2. 수평변곡점 혹은 상승변곡점 위로 캔들이 안착하는지 확인한다.
> 3. 손절 라인이 만들어져 있는지 확인한다.
> 4. 손절 라인은 변곡점 부근에 캔들이 만든 아래 꼬리
> 5. 캔들이 만든 아래 꼬리가 없다면 변곡점 출현 전에 최저점이 손절 라인이다.

위 1번부터 5번까지가 매수 매뉴얼입니다. 마지막으로 이러한 매수 매뉴얼을 써야 할 시간에 관해서 설명을 하자면 하루 주식 시장에 거래 시간은 오전 9시부터 오후 3시 30분까지입니다. 그날에 캔들이 만들어지는 최종 시간은 오후 3시 30분이며 때에 따라서 조금씩 차이는 있지만 보통 2시 30분 이후부터는 그날 캔들의 모습이 어느 정도 만들어집니다. 따라서 안착의 매수 매뉴얼을 쓰기 위해서는 오후 2시부터 3시 30분 사이에 의사결정을 하는 것이 합리적인 선택입니다. 여기까지 잘 이해가 되셨는지 모르겠습니다.

앞에 설명의 전제 조건은 캔들이 어느 정도 완성된 시점에 해야 하는 매뉴얼입니다. 이런 매뉴얼을 오전에 적용하고 싶다면 간단한 계산이 필요합니다. 일봉의 3일선 변곡점을 분 단위 차트에 이동평균선으로 환산하면 일봉의 3일선 변곡점을 분 단위 차트에서 실시간 확인할 수 있습니다.

3일선을 1분봉으로 환산하면 더 빠르다

뱀은 먹이를 찾아서 빠르게 움직이지 않습니다. 잠복 혹은 위장하고 있다가 먹잇감이 근처에 오면 빠르고 결단력 있게 액션을 취합니다. 3일선 매수 매뉴얼은 하락하고 있는 종목을 따라서 매수하는 것이 아니라 독사처럼 여건이 나에게 유리한 상황이 만들어졌을 때 매수하는 방법입니다. 하지만 3일선을 사용하여 매수하게 되는 시간이 오후 시간대이기 때문에 오전에는 매수법을 사용할 수 없습니다. **이를 해결하는 방법은 3일이라는 시간을 분이라는 시간 단위로 바꾸고 내가 원하는 모습 즉 3일선 상승변곡점이 분봉에서 상승변곡점으로 구현되는 지점을 찾아 매매하는 것이었습니다.**

지금부터 3일이라는 시간을 분 단위로 바꾸는 방법을 알려드리도록 하겠습니다. 주식시장은 하루에 6시간 30분 동안 진행됩니다.

1일 = 6.5시간 × 60분 = 390분
3일 = 390분 × 3 = 1,170분

3일이라는 시간을 분 단위 시간으로 표현하면 1,170분이라는 시간이 나옵니다. 즉 3일이라는 시간은 주식시장에서 분 단위 시간으로 환산하면 1,170분입니다.

따라서 3일 이동평균선은 1분봉에서 1,170 이동평균선과 같습니다. 보통 개인마다 차이는 있지만 당일 오전부터 거래하는 투자자들은 일 단위 차트를 보지 않고 분 단위 차트를 봅니다. 분단위 차트에서 매수 자리를 찾고 매도 자리를 찾아 거래합니다.

일봉에서 3일 이동평균선이 내려오고 있다면 1분봉에서 1,170 이동평균선이 내려오고 있을 것입니다. 반대로 일봉에서 3일선이 상승하고 있다면 1분봉에서는 1,170 이동평균선이 상승하고 있을 것입니다.

만약에 일봉에서 3일 이동평균선이 상승변곡점을 그리고 있다면 1분봉에서는 1,170 이동평균선이 상승변곡점을 그리고 있을 것입니다. 일봉에서 우리가 필요한 시그널은 3일선 상승변곡점입니다. 그러면 1분봉에서 1,170 이동평균선이 상승변곡점을 만들고 있다면 이는 3일선 상승변곡점과 동일합니다.

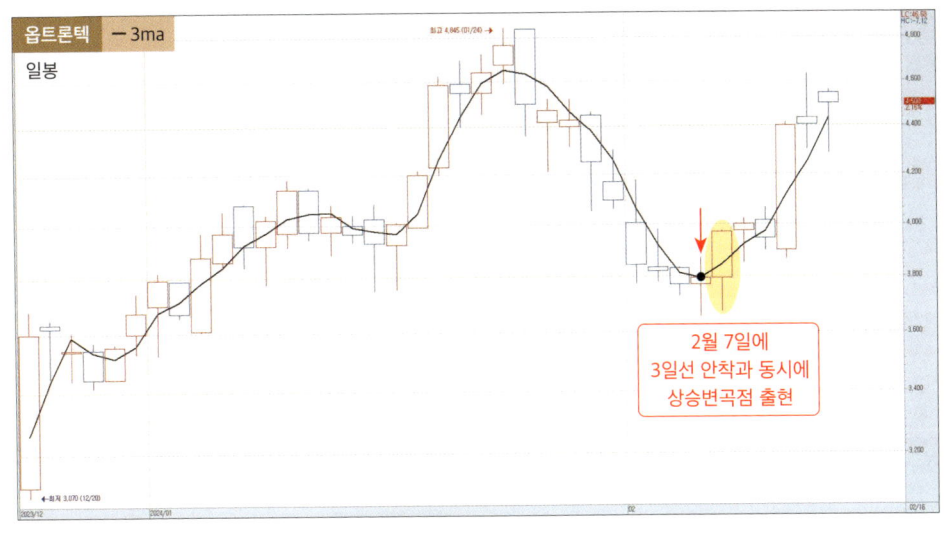

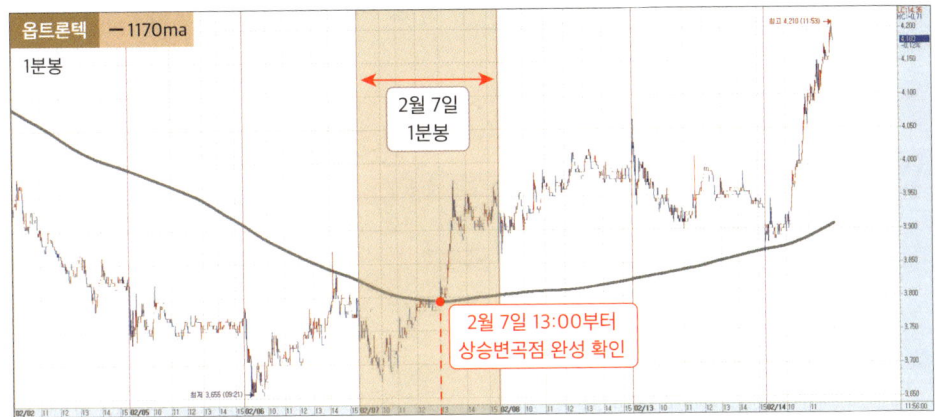

위 첫 번째 차트는 옵트론텍의 일봉 차트 입니다. 2월 7일에 3일선 안착과 동시에 상승변곡점이 만들어졌습니다. 당일 캔들이 만들어지는 시간대는 오후 2시 30분부터 3시 30분까지입니다. 안착을 확인하고 매수하려면 장 후반에 매수해야 합니다. 그러나 1분봉을 보면 오후 1시부터 상승변곡점이 만들어지는 것을 확인할 수 있습니다.

어떤 종목이 3일선 안착을 시도하려고 할 때 만들어지는 변곡점을 1분봉에서 1,170 이동평균선으로 장 중에 확인이 가능합니다. 따라서 장 후반에 매수하기 어려운 분들, 혹은 장 시작과 함께 어떤 종목을 매수하려고 하는 분들에게는 분봉 단위의 차트를 보는 것을 권해드립니다.

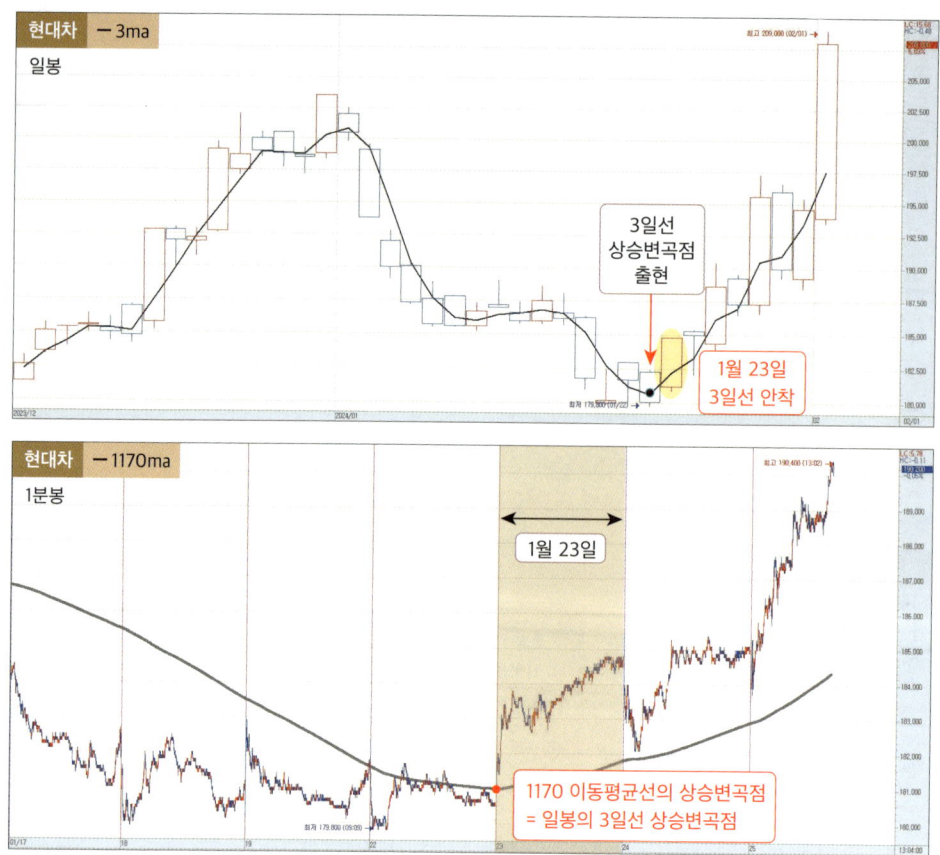

위 차트는 현대차 일봉과 1분봉입니다. 1월 23일에 캔들이 3일선에 안착을 하며 동시에 상승변곡점도 만들어진 것을 확인할 수 있습니다. 1분봉을 보면 장 시작과 함께 상승변곡점이 만들어지며 그 상승변곡점이 계속해서 이어지는 것을 확인할 수 있습니다. 이렇듯 일봉에서 3일선 안착을 하는 것을 실시간으로 빠르게 확인하는 방법은 1분봉에서 1,170 이동평균선의 상승변곡점을 체크하는 것입니다.

여기까지 이해가 다 된 분들은 다음과 같은 질문을 할 것입니다. "더욱 빠르게 매수를 하는 방법이 1분봉을 보고 매수하는 것입니까?"라고 물으실 수 있습니다. 이에 대한 명확한 대답은 1분봉에서 상승변곡점을 확인하고 매매하는 법이 빠를 수도 있고, 일봉에서 3일선 안착이 빠를 수도 있습니다. 1분봉

에서 상승변곡점이 만들어졌지만 일봉에서 아직 상승변곡점이 나타나지 않은 경우도 있고 또 어떨 때는 3일선에서는 상승변곡점이 만들어졌지만, 1분봉에서는 아직 안 만들어진 경우도 있습니다.

이유는 일봉에서 3개 캔들의 종가 합의 평균 가격과 1분봉에서 1,170개의 캔들의 종가합의 평균 가격이 다소 차이가 있을 수 있기 때문입니다.

그래서 1분봉 매매 혹은 3일선 안착 매매 중 무엇이 더 빠른 매매인지에 대한 답은 사실은 없습니다. 일봉에서 먼저 상승변곡점을 만들 수 있고 1분봉에서 먼저 상승변곡점을 만들 수도 있습니다. 하지만 한 가지 확실한 것은 주가가 상승할 때는 반드시 일봉에서 3일선 안착, 혹은 1분봉에서 1,170 이동평균선의 상승변곡점 출현이 필요충분조건이라는 것입니다.

3일선을 1분봉으로 환산하면 급등주 매매가 아주 잘 보인다

급등주는 3일선을 타고 간다

초보 투자자들이 가장 가지고 싶어 하는 스킬이 바로 급등주 매매입니다. 급등주에 올라타서 수익을 최대화하고 싶은데, 중간에 팔고 나와서 수익을 못 챙기고 안타까워하는 경험을 한두 번쯤은 모두 가지고 있을 것입니다. 지나고 나면 '내가 저 때 왜 팔았을까?'하는 후회와 함께 만약 다음에 매수를 하면 다시는 같은 실수를 하지 않으리라 다짐하지만, 또 같은 상황을 마주하게 되면 어김없이 중간에 매도하고 후회하게 됩니다.

책에서 보면 급등주는 10일선을 타고 올라간다, 혹은 3일선을 타고 올라간다라는 문구를 보신 적이 있을 겁니다. 지나고 나서 보면 10일선을 타고 올라가는 것, 혹은 3일선을 타고 올라가는 것이 보이지만 장 중에 그것을 바라보고 있을 때 과연 어떤 모습이 3일선 혹은 10일선을 올라타는 것인지 보이지 않기 때문에 중간에 매도하게 됩니다.

이러한 문제를 해결하는 가장 근본적인 방법은 바로 이동평균선에 대한 근본적 고찰에서 출발합니다.

1일선을 매수 타이밍으로 쓰지 못하는 이유는 앞서 설명한 바와 같이 1일

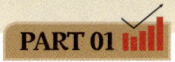

선은 종가를 연결한 선이기 때문입니다. 상승할 때는 1일선이 캔들 위에서 진행하고, 하락할 때는 캔들 아래에서 진행합니다. 이러한 1일선의 특징과 안착의 개념을 쓸 수 있는 3일선의 특징을 조합하면 상승할 때 나타나는 필요충분조건이 하나 더 나오는데 바로 1일선과 3일선의 골든크로스입니다.

1일선과 3일선의 골든크로스가 나오면 주가는 상승하고, 1일선과 3일선의 데드크로스가 나오면 주가는 하락합니다. 이때 골든크로스와 데드크로스가 꼭 상승과 하락을 보장하지는 않습니다. 하지만 필요충분조건임에는 변함이 없습니다.

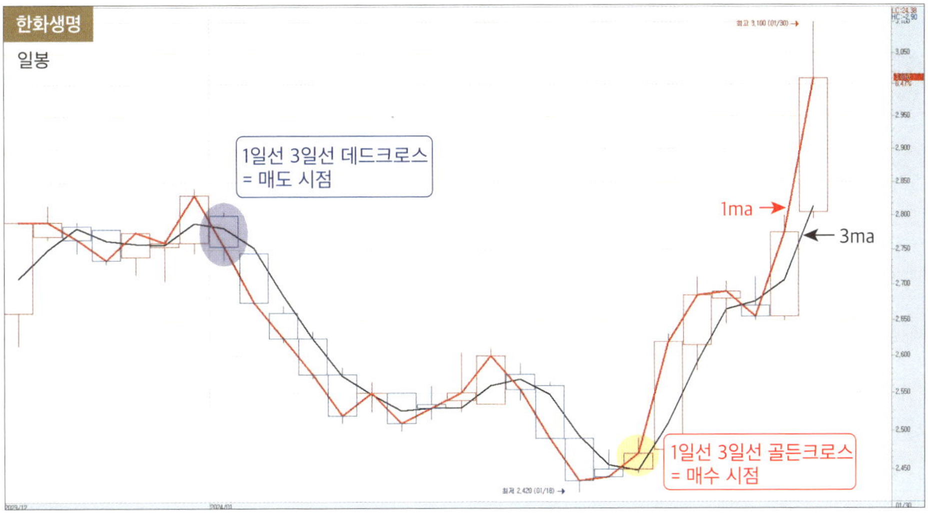

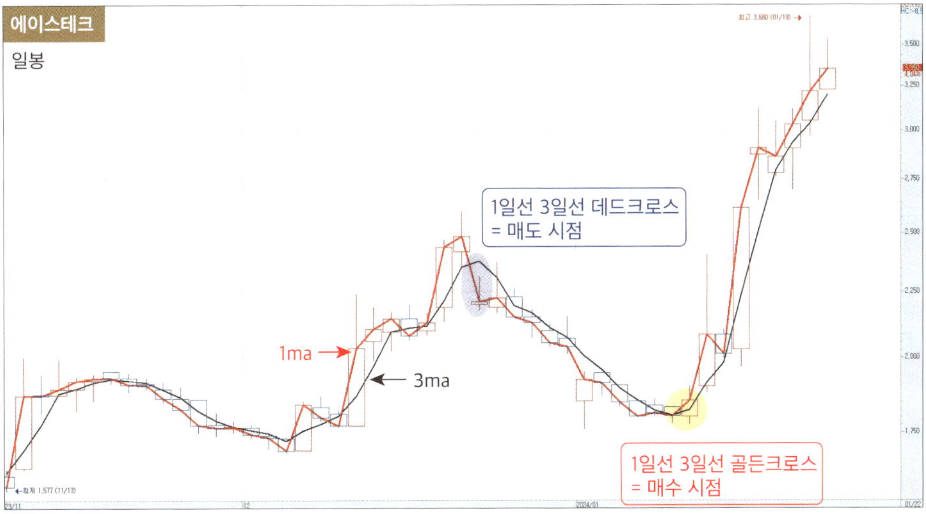

한화생명과 에이스테크 차트의 예시처럼 주가가 상승하기 위해서 나오는 필요충분조건 중 하나가 1일선과 3일선의 골든크로스이며 하락하기 위해서 나오는 필요충분조건은 1일선과 3일선의 데드크로스입니다. 이동평균선 움직임에 대한 근본적 고찰이 머릿속에 각인이 되어 있으면 어려운 보조지표는 필요가 없습니다. 이렇듯 1일선과 3일선의 골든크로스와 데드크로스는 매수 시점과 매도 시점에 대한 강력한 솔루션을 제공합니다. 만약에 어떤 종목에 대한 매수 시점을 모르겠다면 1일선과 3일선의 골든크로스를 사용하면 됩니다. 매도 시점도 마찬가지입니다. 가지고 있는 종목을 매도할 때 1일선과 3일선의 데드크로스를 이용하게 되면 매도를 할 수 있습니다. 이는 확률적인 접근이 아니라 주가가 상승 혹은 하락할 때 나오는 필요충분조건을 활용한 매뉴얼입니다. 1일선과 3일선의 골든크로스가 나타난 후 주가는 필요충분조건이 나왔지만, 하락할 수도 있습니다. 반대로 1일선과 3일선의 데드크로스가 나온 이후 주가는 역시 하락에 관한 필요충분조건이 나왔지만, 상승할 수도 있습니다. 골든크로스 이후 주가가 하락할 때는 정해둔 손절 라인에서 손절매하거나, 혹은 적당한 시점에 물타기를 하면 됩니다.

확률적인 시각으로 주식투자를 하게 되면 좋은 자리가 나왔을 때 확률에 대한 근본적이고 근원적인 확신이 없기 때문에 매수를 하지 못합니다. 하지만 여러 차례 강조한 바와 같이 확률이 아닌 매뉴얼로 주식투자에 접근하면 보이는 자리에서 매수할 수 있습니다.

1일선과 3일선이 캔들을 물고 있는 모습 - 독사 매매법

1일선과 3일선이 캔들을 물고 있는 모습은 주가가 상승하기 위한 필요충분조건이며 어떠한 경우에도 반드시 이러한 모습은 출현하게 되어있습니다. 독사매매법이란 뱀이 입을 벌리고 먹이를 물었을 때의 모습에서 만들어 낸 이름입니다.

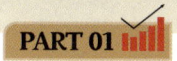

주가의 등락을 따라 이 종목 저 종목 옮겨 다니는 것이 아니라 몇 가지 관심 있는 종목을 올려두고 1일선과 3일선이 골든크로스 하는 모습을 보이면 매수하는 것을 저는 선호합니다.

그러면 지금부터 급등주는 3일선 혹은 5일선을 탄다는 주식투자 격언에 대한 자세한 설명을 하도록 하겠습니다.

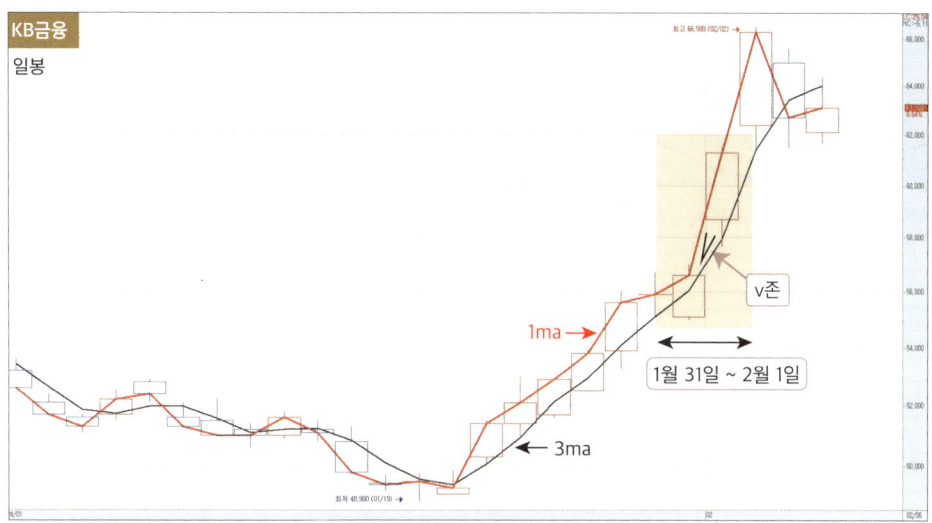

KB금융 일봉 차트의 모습입니다.

이런 모습이 급등주가 3일선을 타고 올라가는 전형적인 모습입니다. 3일선을 올라탈 때 전형적인 모습은 1일선과 3일선이 데드크로스가 안 난다는 것인데 KB금융 일봉 차트를 보면 1일선과 3일선이 데드크로스가 안 나고 전개되는 것을 볼 수가 있을 것입니다. 중간에 잠깐 데드크로스가 날 뻔했지만 다시 1일선은 3일선 위로 V존을 그리며 상승하는 모습을 볼 수 있습니다. 이러한 모습을 1분봉에서 확인할 수 있습니다.

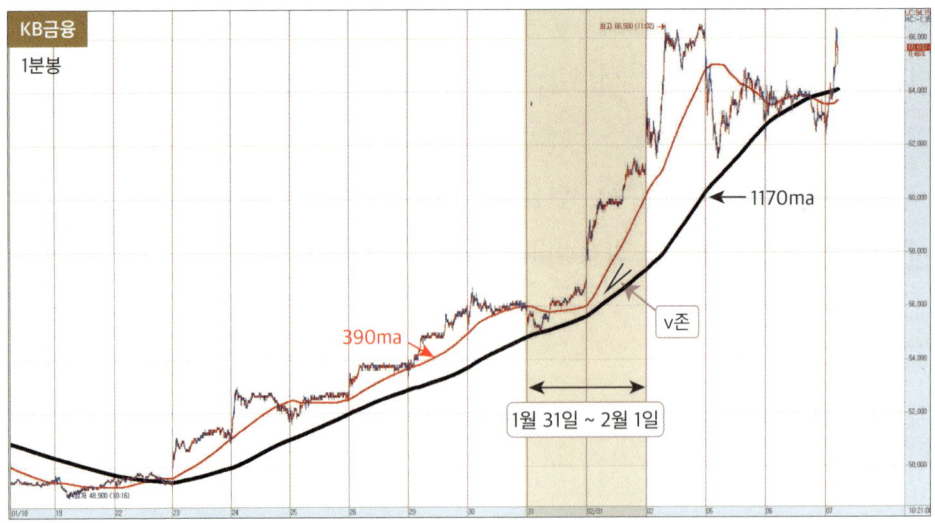

KB금융 1분봉 차트입니다.

KB금융이 3일선을 타며 급등할 때의 모습을 1분봉 시간대에 표시한 차트입니다. 검은색 선은 3일선에 해당한 1,170 이동평균선이며 빨간색 선은 1일선에 해당하는 390 이동평균선입니다. 일봉에서 1일선과 3일선이 V존을 만들었는데 그와 똑같은 모습을 1분봉에서 390 이동평균선과 1,170 이동평균선이 1분봉에서 만드는 것을 보실 수 있을 것입니다.

즉 3일선을 타고 올라간다는 것은 일봉 상에서 1일선과 3일선이 데드크로스가 안 나며 상승하는 것을 3일선을 타고 올라간다고 말할 수 있습니다. 똑같은 논리로 1분봉에서 390 이동평균선이 1,170 이동평균선을 깨지 않고 올라가는 것도 3일선을 타고 상승한다고 말할 수 있습니다.

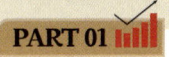

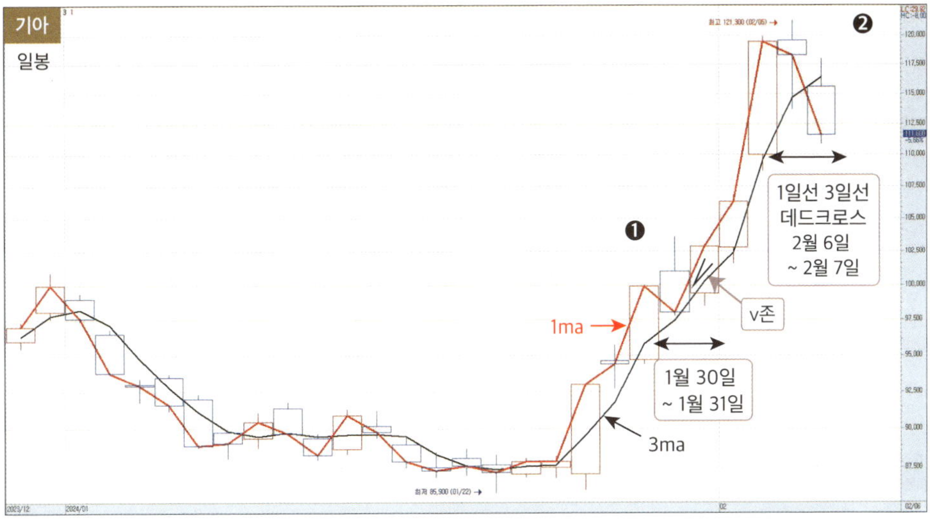

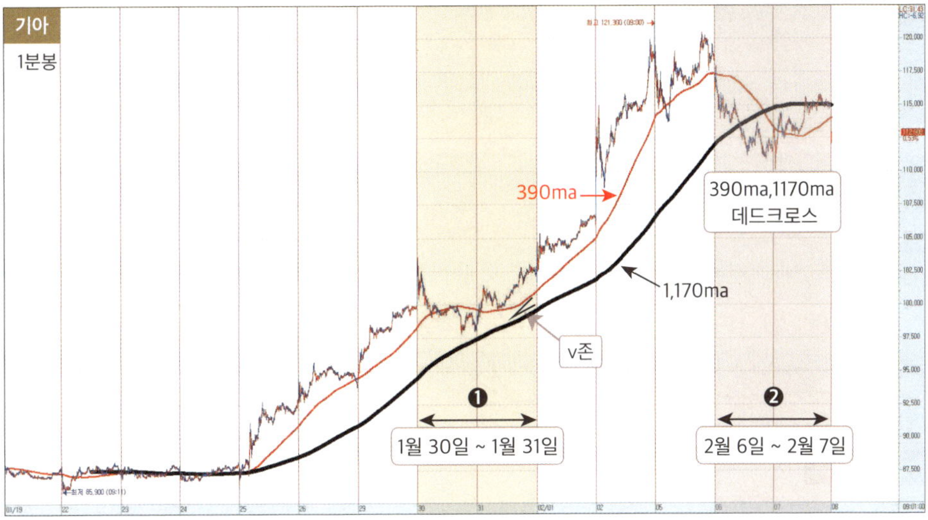

기아 일봉 차트에서도 급등하는 전형적인 모습을 볼 수 있습니다. 일봉상 1일선이 3일선을 데드크로스 하지 않고 V존을 그리며 올라가는 모습은 전형적인 3일선을 타고 올라가는 모습입니다. 똑같은 시기에 1분봉을 확인해 보면 역시 일봉상 1일선에 해당하는 390 이동평균선이 일봉상 3일선에 해당하는 1,170 이동평균선을 깨트리지 않고 V존을 그리며 올라가는 모습을 확인할 수 있습니다.

반면 1일선이 3일선을 데드크로스 하는 모습이 바로 3일선을 깨는 모습이라고 말할 수 있습니다. 같은 시간대 1분봉을 보게 되면 390 이동평균선이 1,170 이동평균선을 데드크로스 하는 모습이 보이는데 이런 모습이 바로 3일선을 깨는 모습입니다. 만약 내가 매수한 주식이 사람들의 관심을 많이 받고 있거나 혹은 강력한 테마주에 올라탔을 때 상승 초입에 팔지 않고 고점에서 매도 후 수익을 챙길 수 있는 방법의 하나가 바로 일봉상에서 1일선과 3일선의 데드크로스, 혹은 1분봉에서 390 이동평균선과 1,170 이동평균선 데드크로스를 확인하는 것입니다.

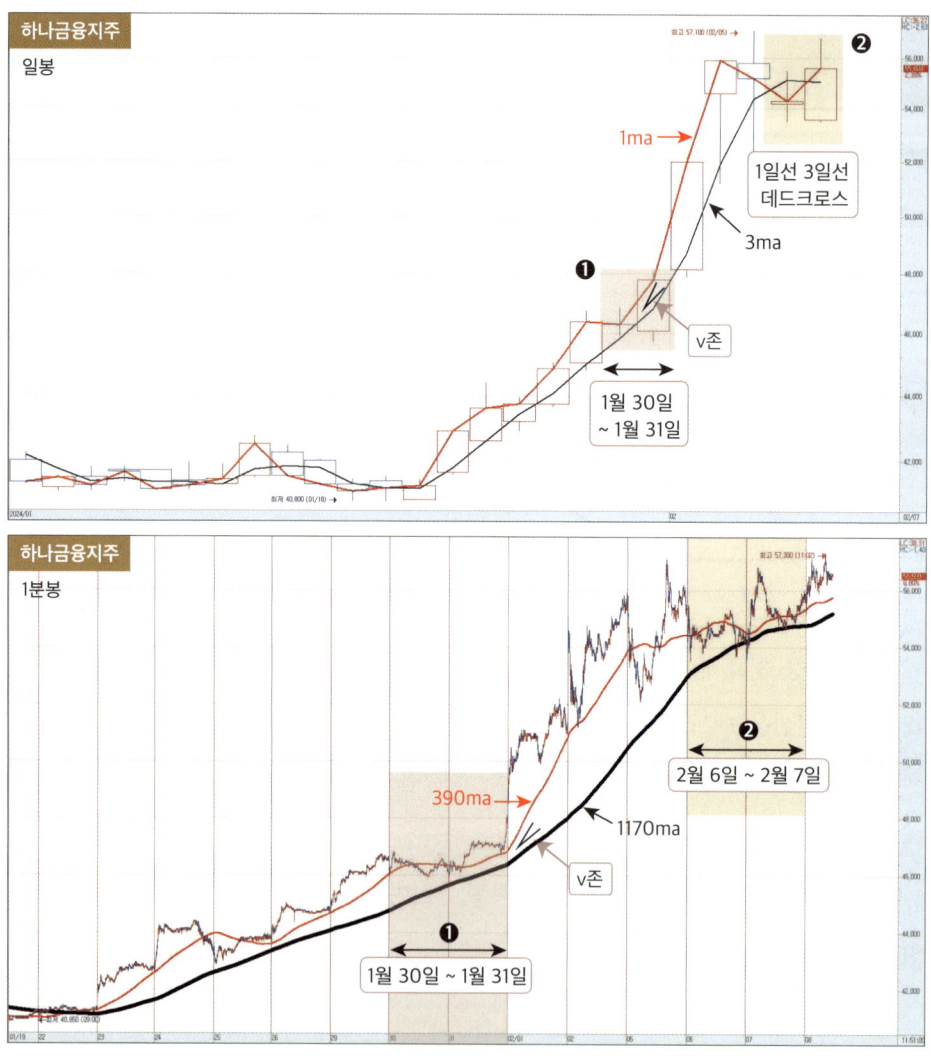

하나금융지주 일봉 차트의 첫 번째 사각형에서 보면 1일선이 3일선과 데드크로스가 나지 않고 V존을 그리며 올라가는 모습이 나옵니다. 전형적인 3일선을 타고 상승하는 모습입니다. 이후 2번째 사각형에서는 1일선과 3일선이 데드크로스가 나며 3일선을 붕괴하는 모습을 보입니다. 그런데 1분봉 차트의 두 번째 차트에서 보면 390 이동평균선이 1,170 이동평균선을 깨지 않고 살짝 V존을 그리고 있는 모습을 확인할 수 있을 것입니다. 이때 어느 것을 기준으로 삼아야 할지는 본인의 선택입니다.

일봉을 기준으로 매도하던가 아니면 1분봉을 기준으로 아직 데드크로스가 안 났으니 홀딩하는 방법 두 가지 중의 하나를 선택하면 됩니다. 어느 것이 맞고 어느 것이 틀렸다는 선택지는 없습니다. 오로지 본인의 선택으로 결정하면 됩니다. 본인의 선택이라고 말하는 이유는 역시 앞서 말한 바와 같이 1일선과 3일선의 골든크로스 혹은 데드크로스는 확률적인 접근 방법이 아니라 매뉴얼에 대한 접근 방법이기 때문에 본인이 결정한 매뉴얼대로 데드크로스가 나면 매도하던가 혹은 아직 데드크로스가 안 나면 홀딩을 하는 방법을 본인 취향의 매뉴얼로 삼아 대응하면 됩니다.

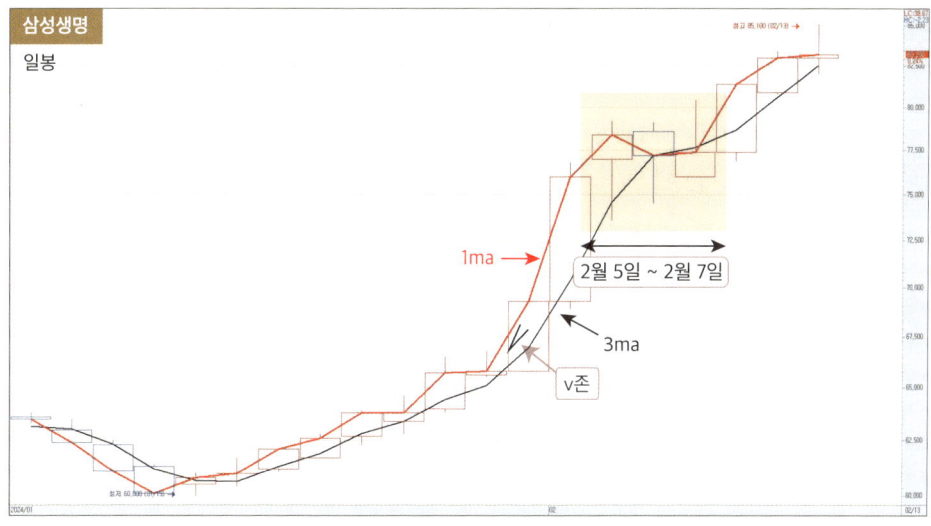

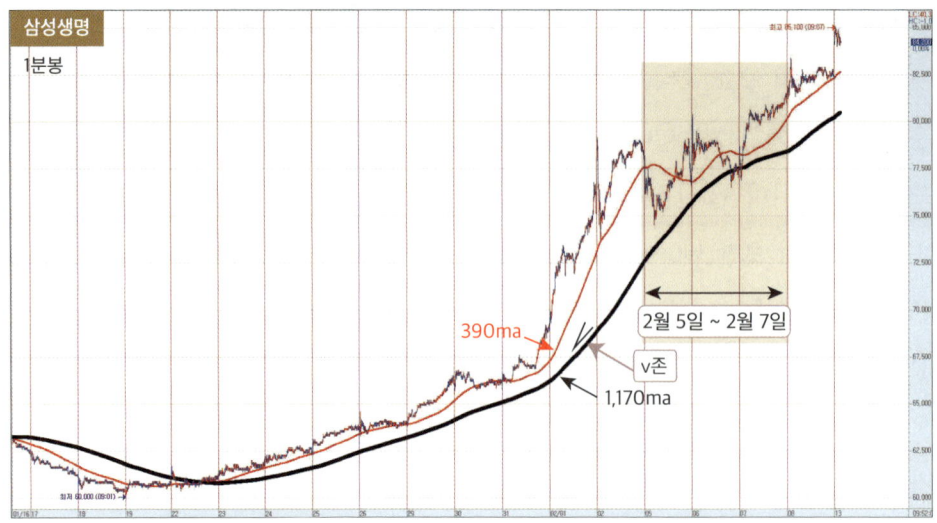

　　삼성생명 일봉 차트에서 보면 2월 5일부터 7일까지 전개되는 차트의 모습은 3일선의 붕괴 여부를 일봉상으로 판단하기 쉽지 않습니다. 특히 중간에 파란색 음봉일 때는 더욱더 3일선을 지키고 있는 것인지 아니면 훼손하고 있는 것인지 판단하기 힘듭니다.

　　이때 같은 기간 1분봉을 보면 390 이동평균선이 1,170 이동평균선을 깨지 않고 V존을 그리며 상승하고 있는 것이 보입니다. 일봉에서 3일선 붕괴에 대한 매뉴얼이 확실하게 보이지 않을 때 1분봉을 보면 매뉴얼이 확실하게 보이실 겁니다. 확실하게 보이는 쪽의 매뉴얼을 따르는 것이 저는 합리적인 선택이라고 생각합니다.

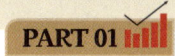

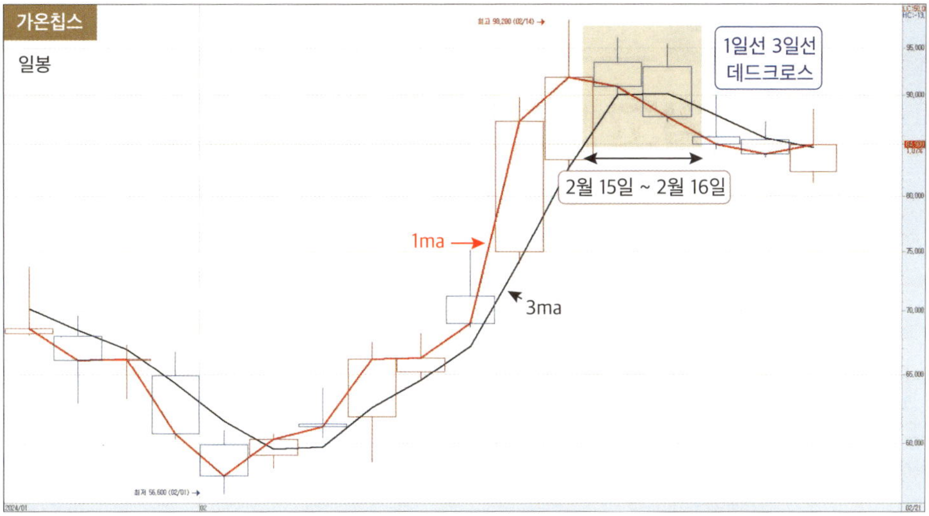

가온칩스 일봉에서 보면 2월 15일과 16일에 데드크로스가 나는 모습을 확인할 수 있습니다. 그리고 1분봉에서 같은 기간에 390 이동평균선과 1,170 이동평균선이 데드크로스 하며 하락하는 모습을 보입니다. 1분봉에서 똑같은 시그널이 명확하게 나오고 있습니다. 이때는 둘 다 매도 매뉴얼을 보여주고 있으니 매도하는 것이 맞습니다.

알고 보면 아무것도 아닌 매수, 매도 매뉴얼

매수, 보유, 매도의 프로세스 정립

앞서 매수 시점에 관해 설명할 때 캔들의 안착이라는 개념을 알려 드렸습니다. 5일선 안착에 대해 먼저 설명해 드렸고 이후 보다 빠르게 매수하기 위하여 3일선 안착이라는 개념에 관해 설명하였습니다. 그리고 안착과 동시에 나오는 손절 라인에 관해서도 설명하였고 3일선과 1일선을 1분봉에서 환산하여 1,170 이동평균선과 390 이동평균선으로 매수와 매도하는 시점에 관해서도 설명하였습니다.

간단하게 정리하면

1. 매수 타이밍은 3일선 안착을 할 때와 혹은 1분봉에서 390 이동평균선이 1,170 이동평균선을 골든크로스 할 때가 매수 타이밍이며, (매수)
2. 해당 종목에 강한 매수세가 붙어 급등의 상승을 연출할 때는 1분봉에서 390 이동평균선이 1,170 이동평균선을 V존을 그리며 상승합니다. (급등)
3. V존을 만들 때 매도보다는 해당 종목을 보유 관점으로 바라보아야 하며 (보유)

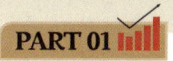

> 4. 1분봉에서 390 이동평균선이 1,170 이동평균선을 데드크로스하고 내려올 때 매도 하던가 혹은 일봉상에 1일선과 3일선이 데드크로스 할 때 매도를 하면 됩니다. (매도)

　주식 공부를 하다 보면 3일선 이탈, 혹은 5일선 이탈이라는 설명을 보거나 들을 수가 있는데 3일선 이탈이 바로 일봉상에서 1일선과 3일선의 데드크로스이며, 5일선 이탈은 1일선과 5일선의 데드크로스로 생각하면 됩니다. 3일선 이탈이 바로 매도 타이밍이며 매수 타이밍에 대한 설명과 같이 5일선 이탈보다 조금 빠르게 매도 할 수 있습니다. 여기서 조금 응용을 하면 기준을 세울 수 있고 각자 형편에 따라 대응할 수 있습니다.

　데이트레이더이거나 혹은 2~3일 거래를 하는 스윙투자자들은 3일선 매매를 권유합니다. 하지만 조금 더 긴 호흡으로 일주일 이상 주식을 보유하고 매매를 하시는 분들은 10일선 매매를 권유합니다. 10일선 매매을 하기 위해서는 10일선을 다시 1분봉의 이동평균선으로 환산해야 합니다.

　1분봉에서 1일 이동평균선이 390 이동평균선이니 1분봉에서 10일 이동평균선은 3,900 이동평균선이 됩니다. 즉 1분봉에서 390 이동평균선이 3,900 이동평균선을 깨지 않고 V존을 그리며 상승하게 되면 10일선 이탈을 하지 않는다고 간주하여서 보유하면 됩니다. 그런데 실제로 HTS를 통해 차트를 열어보면 3,900 이동평균선을 표시하기가 번거롭거나 혹은 때에 따라 제공하지 않는 HTS도 있을 수 있습니다. 그래서 1분봉에서 390 이동평균선과 3,900 이동평균선의 V존을 추적하는 것보다는 10분봉에서 39 이동평균선과 390 이동평균선의 V존을 추적하는 것이 훨씬 더 효율적입니다.

　데이트레이더나 혹은 스윙 투자자들은 더 많은 매수와 매도를 위해 1분봉을 활용하는 것이 좋지만 일주일 이상 해당 종목을 매수, 매도하는 투자자들은 조금 느린 템포에 10분봉 차트를 이용하는 것이 더 심리적으로 안정이 되고 실수를 줄일 수 있습니다.

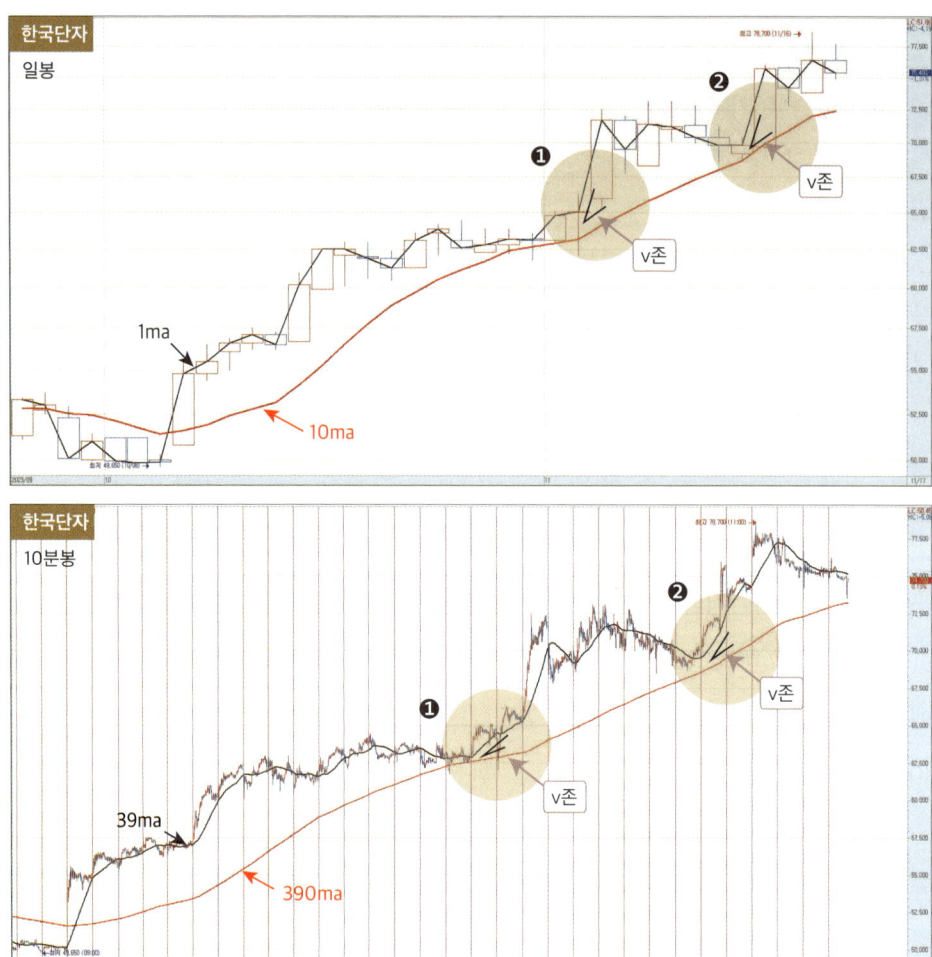

　　한국단자의 일봉과 10분봉 모습입니다. 위 차트에서 1번과 2번의 모습이 바로 10일선을 타고 올라가는 모습입니다. 일봉에서 1일 이동평균선이 10일 이동평균선을 데드크로스 하지 않고 V존을 그리며 상승하는 모습은 앞서 설명한 3일선을 타고 주가가 상승하는 모습과 같은 상태입니다. 똑같은 매뉴얼을 사용한다는 것은 굉장히 중요합니다. 단기 이동평균선과 그보다 상대적으로 큰 장기 이동평균선을 사용하므로 매수와 매도 그리고 보유 전략을 자신의 투자자금, 투자성향, 투자 환경에 따라 변형하여 사용한다는 것은 커다란 축복입니다.

만일 내가 중장기 투자자에서 단기 투자자로 포지션을 바꿀 때 그때마다 다른 매매법을 공부하고 적용하며 확률까지 높이려고 한다면 많은 시행착오와 실패로 이어질 확률이 높습니다. 하지만 단기 투자자에서 중장기 투자자로 투자 포지션을 바꾸려고 할 때 이동평균선 하나만 바꾸어서 적용하면 단기투자자에서 얻은 경험과 노하우를 중장기 투자에서도 적용이 가능할 뿐만 아니라 심리적으로 익숙한 투자 환경으로 더 좋은 결과를 낳을 수 있습니다. 단기 투자자가 1일선과 3일선에 데드크로스 여부를 보고 판단을 한다면 중장기 투자자는 1일선과 10일선의 데드크로스 여부를 보고 결정하면 됩니다. 매번 매수하는 종목은 다를 수 있지만 같은 매뉴얼로 적용한다는 것은 아주 괜찮은 투자 방법입니다.

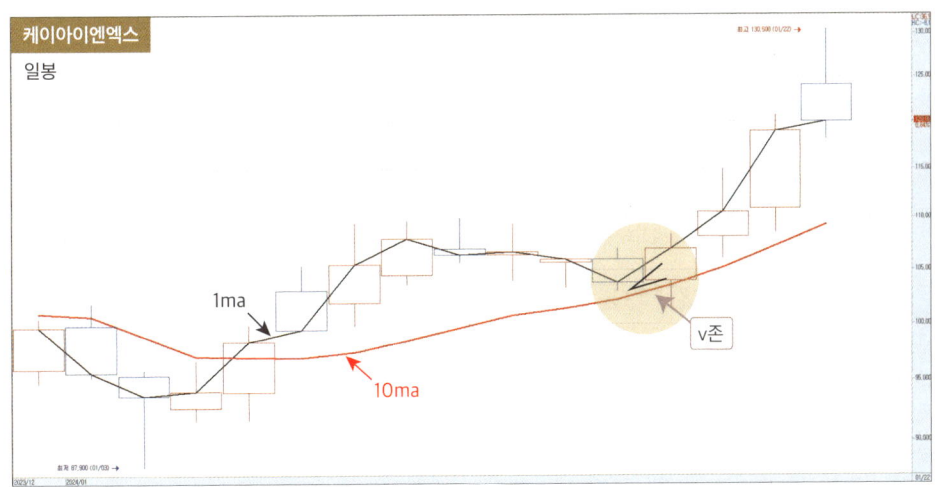

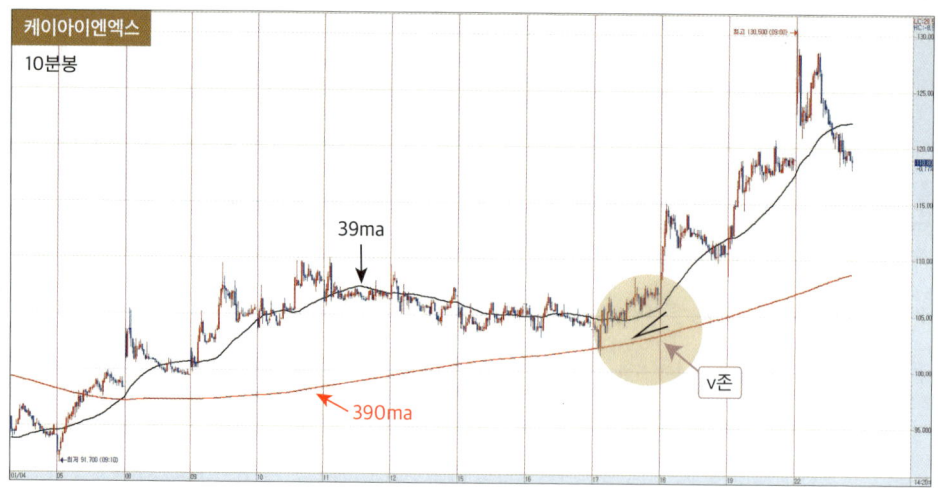

　　케이아이엔엑스 일봉 차트에서도 역시 전형적으로 10일선을 깨지 않고 올라가는 종목의 모습을 볼 수 있습니다. 일봉상에서 V존을 그리고 올라가는 무렵에 10분봉을 바라보면 같은 시각에 39 이동평균선이 390 이동평균선 위로 V존을 그리며 상승하는 것을 볼 수 있습니다.

　　이러한 매뉴얼은 복잡한 보조지표를 쓰지 않고 오로지 캔들과 이동평균선만으로 대응하기 때문에 누구나 쉽게 깨우치고 배울 수 있으며 어려운 보조지표가 주는 피로감, 혹은 보조지표 자체에 대해서 확실하게 모르는 불안감에서 해방될 수 있습니다.

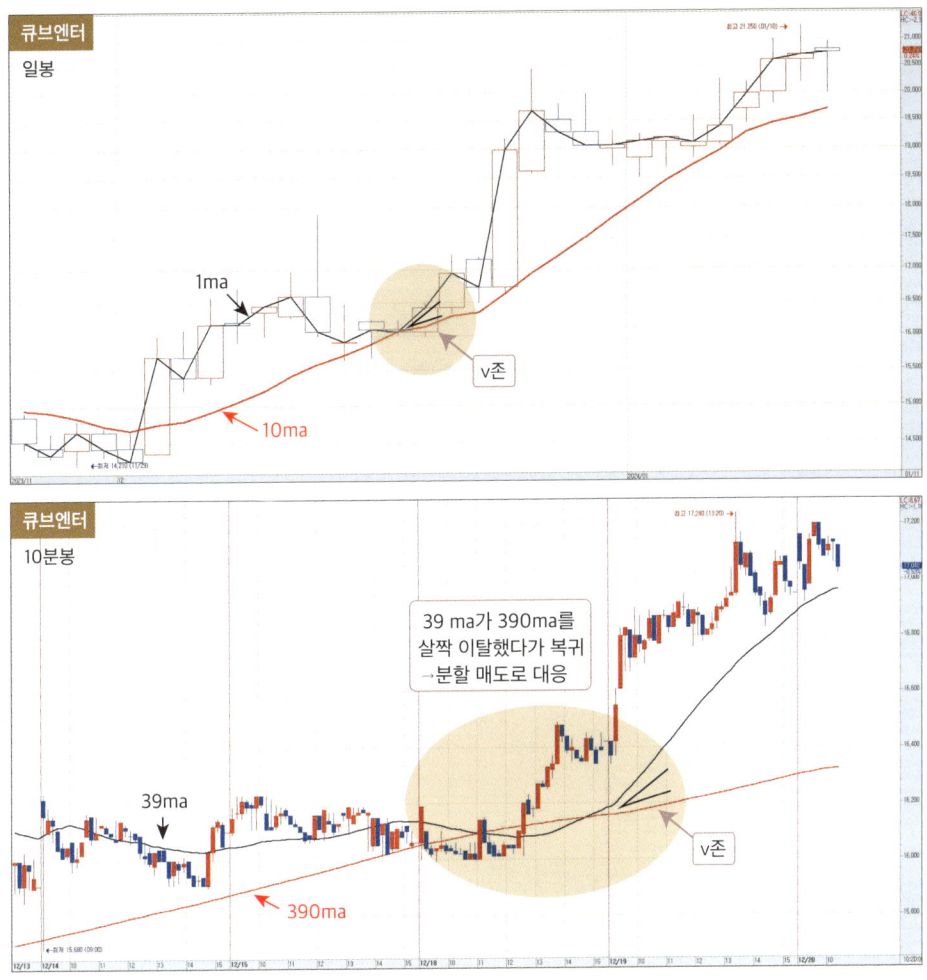

　　큐브엔터 일봉 차트에서 보면 1일선이 10일선을 깨지 않고 상승하는 것을 볼 수가 있습니다. 하지만 아래 10분봉에서 보면 1일선에 해당하는 39 이동평균선이 10일선에 해당하는 390 이동평균선을 살짝 이탈했다가 다시 복귀하는 모습을 볼 수 있습니다. 이때 대응 매뉴얼은 두 가지입니다.

　　첫 번째는 10분봉을 기준으로 한다면 일부 분할 매도를 하고 그 다음 날까지 추이를 보는 것입니다. 그 다음 날 다시 39 이동평균선과 390 이동평균선이 V존을 그리며 상승하면 나머지 물량을 그대로 홀딩합니다.

두 번째는 일봉상에서 1일선이 10일선을 데드크로스 하지 않았기 때문에 일봉을 기준으로 삼고 그대로 보유하는 전략입니다.

어떤 것이 맞고 어떤 것이 틀리다는 것은 없습니다. 하나의 기준을 잡고 본인이 그 결정에 따라 액션을 취하면 됩니다. 그 이유는 일봉이든 분봉이든 확률적으로 이후에 주가 흐름을 보장해 주는 것이 아니기 때문입니다. 이 책에서 강조하는 기술적 분석의 커다란 원칙은 '차트를 분석할 때 보이느냐 안 보이느냐의 관점으로 해석하라'이기 때문입니다. 만약 일봉에서도 1일선이 3일선을 뚫고 내려오고 10분봉에서도 39 이동평균선이 390 이동평균선을 뚫고 내려오면 10일선이 완전히 붕괴된 것으로 간주하고 매도하는 것을 권유합니다.

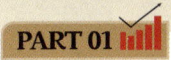

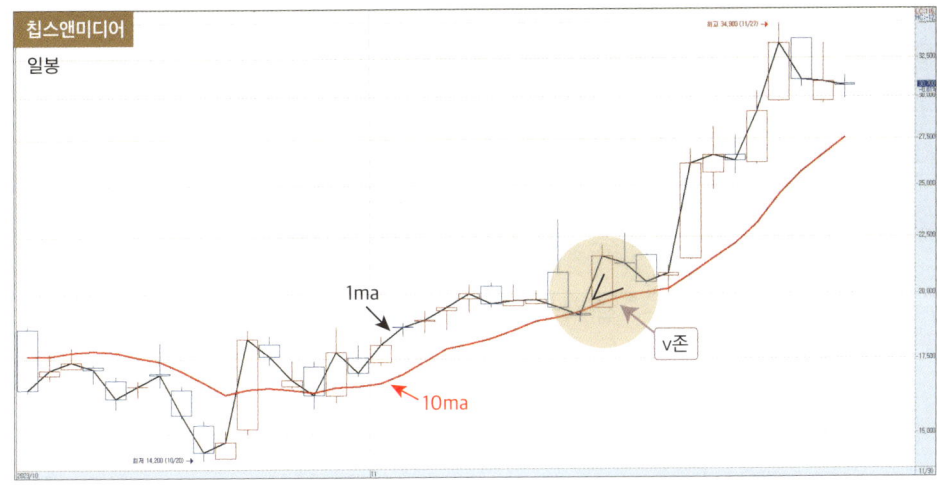

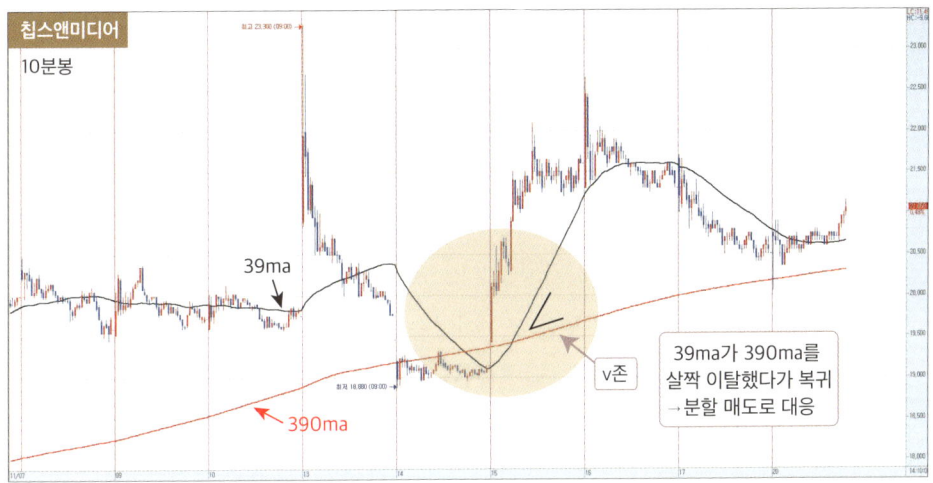

　　칩스앤미디어 일봉에서 보면 1일선이 10일선을 훼손하지 않고 V존을 그리면서 올라가는 것을 볼 수 있지만 같은 기간 10분봉을 보면 39 이동평균선이 390 이동평균선을 살짝 이탈했다가 다음 날 복귀하는 모습을 볼 수 있습니다. 일봉을 기준으로 하면 그대로 홀딩이며 분봉을 기준으로 하면 일부 매도입니다. 내가 주식투자를 하는 성향이 데이트레이딩이거나 스윙 매매이면 3일선, 그보다 긴 중기 투자자이면 10일선을 기준으로 삼고 그 위에서 1일선이 파동에 따라 매도 혹은 보유하는 전략은 매우 훌륭한 전략입니다.

기준 자체가 간단하고 동일한 매뉴얼을 사용하기 때문에 실전적 전략이라고 말할 수도 있지만 다른 한편으로는 남에게 설명할 수 있는 투자법이기 때문에 훌륭하다고 감히 말할 수 있습니다. 주식투자는 반드시 남에게 설명할 줄 알아야 투자가 가능합니다. 남에게 설명하지 못하는 상태, 즉 메타인지가 안 되는 상태에서는 명확한 기준으로 차트 분석이 불가능하며 오로지 감으로만 주식투자를 하게 됩니다. 감으로 하는 주식투자는 도박과 다를 바 없으며 나중에 계좌 손실이 커지면 뇌동매매로 이어져 회복할 수 없는 손실로 이르게 됩니다.

매수의 반대는 매도

초보 시절에 고수들이 했던 말 중에 잘 이해가 안 됐던 문구가 '차트를 거꾸로 뒤집어 보라'입니다. 어느 정도 시간이 흐른 뒤에 '차트를 거꾸로 뒤집어 보라'의 의미가 아주 크게 와닿았으며 종목을 매수 혹은 매도할 때 한 번 더 생각하게 만드는 아주 훌륭한 조언이었습니다.

초보 투자자들이 흔히 하는 실수는 가격에 집중하는 것입니다. 고점으로부터 본인이 생각하기에 '많이 빠졌으니, 이제는 더 이상 빠질 데가 없겠지'라고 생각하며 매수합니다. 이후 바닥인 줄 알았던 주가가 추가 하락했던 경험은 누구나 한 번쯤은 있는 경험입니다. 앞서 말한 바와 같이 주가가 상승하기 위해서는 반드시 3일선 안착, 혹은 1일선과 3일선의 골든크로스가 필요합니다.

이러한 필요충분조건이 나타나지 않은 상태에서 '단지 많이 빠졌다'는 가격에 대한 시각으로 매수하게 되면 추가적인 하락을 종종 맞이하게 됩니다. 3일선 안착 혹은 1일선과 3일선의 골든크로스의 현상을 거꾸로 뒤집어 보면 3일선 이탈, 혹은 1일선과 3일선의 데드크로스이며 1일선과 3일선의 V존 혹은 1분봉에서 390 이동평균선과 1,170 이동평균선의 V존은 거꾸로 뒤집어 보면 급한 하락의 파동입니다.

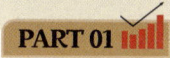

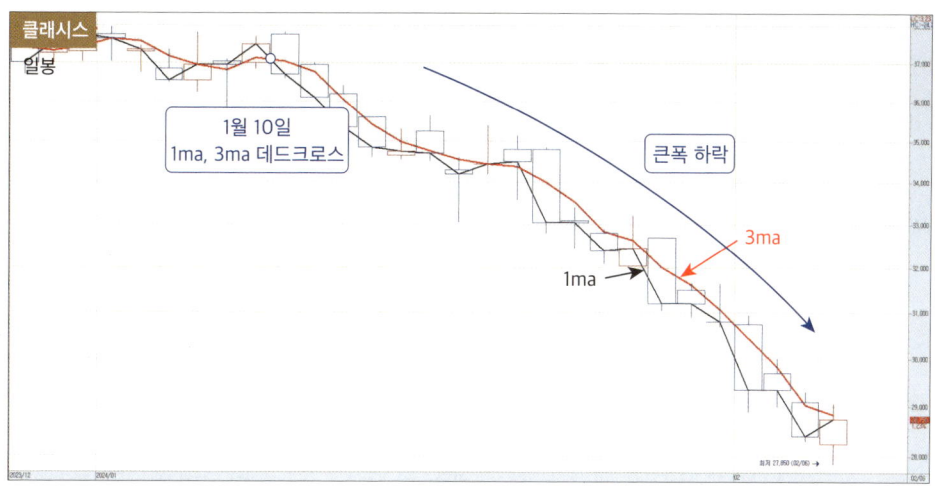

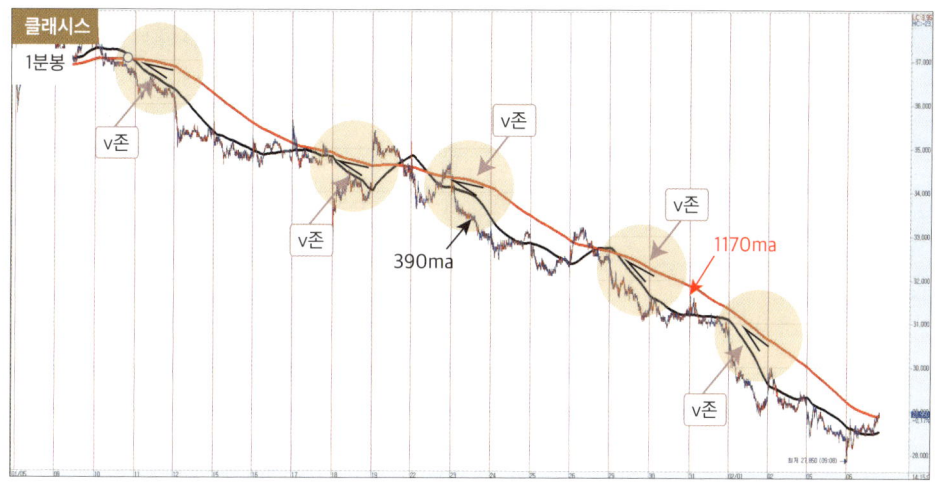

　　클래시스 일봉에서 보면 1일선이 3일선을 데드크로스하고 큰 폭으로 하락하는 모습을 볼 수 있습니다. 큰 폭으로 하락하는 동안 단 한 번도 상승의 필요충분조건인 1일선과 3일선의 골든크로스 혹은 캔들의 안착 모습은 출현하지 않았습니다. 같은 기간 동안 1분봉에서 390 이동평균선과 1,170 이동평균선의 데드크로스 이후에 최소 5번의 하락 V존을 만들며 주가가 강한 파동으로 하락하는 것을 볼 수 있습니다. 중간에 살짝 390 이동평균선과 1,170 이동평균선이 골든크로스가 나왔지만, 다음 날 바로 데드크로스가 나오는 모습을 보이면서 주가는 강한 하락 파동을 만들며 큰 폭으로 하락했습니다.

가격에 포커스를 두고 매수를 한 초보투자자들은 속절없이 1분봉 상의 강한 하락 파동에 짧은 기간 동안 큰 손실을 보게 됩니다. 부디 이 책을 읽는 독자분들만이라도 하락하는 주식에 그냥 감으로 물타기 하지 않기를 바라는 마음에 매수와 매수에 관한 매뉴얼을 자세하게 서술하였습니다.

아주 간단한 논리인데 저는 꽤 많은 시간이 흐르고 난 뒤 깨닫게 되었습니다. 이러한 매뉴얼을 체득하기 전에는 각종 보조지표를 탐닉하고 그 안에 어떠한 특별한 비법이 있을 것으로 생각하여 아주 많은 시간을 보냈지만, 결론은 보조지표는 말 그대로 보조일 뿐이라는 것입니다. 캔들과 거래량으로 만들어지는 2차 부산물인 보조지표로 매수 타이밍과 매도 타이밍을 적용하는 데는 한계가 있으며 확률적으로 접근하는 방식은 더더욱 위험하다는 것을 깨닫게 되었습니다.

지금까지 어떤 종목을 매수하는 방법 그리고 손절하는 방법 그리고 그 종목이 급등할 때 흔들리지 않고 보유할 수 있는 스킬에 대해서 아주 자세하게 설명하였습니다. 다음 장에선 그럼 어느 자리에서 매수해야 하는지에 대한 관점을 하나하나씩 설명해 나가도록 하겠습니다. 지금까지 설명한 것이 이해되지 않는다면 다음 장으로 넘어가지 마시기를 바랍니다. 이해가 됐다면 주변에 주식 투자하는 가까운 분에게 꼭 한 번 설명을 해보시길 바랍니다. 설명한 후 상대방이 알아들으면 여러분도 매수와 매도에 대한 매뉴얼을 체득하게 되는 것입니다. 진심 어린 조언을 꼭 실천하셨으면 하는 바람을 가지고 다음 장에 대한 설명을 이어가도록 하겠습니다.

 세력의 매집금액 구하기(매집비) **큐알코드 바로가기**

PART 02

어디에서 매수법과 매도법을 써야 할까?

- **01** 세력의 매집 원가 부근에서 매수하기
- **02** 물렸을 때 꼭 꺼내봐야 하는 지표 - 매물대

세력의 매집 원가 부근에서 매수하기

도대체 어디서 매수해야 하나?

지금까지 여러분들은 PART 01에서 매수와 매도에 관한 구체적인 매뉴얼을 배웠습니다. 그럼, 지금 자연스럽게 머릿속에 떠오르는 질문은 '도대체 어느 자리에 매수 매뉴얼을 적용할 것인가?'일 것입니다. 이 질문은 바로 수익률 혹은 손실률로 직결되는 문제이기 때문에 굉장히 민감하기도 하고 어렵기도 하며 주식투자를 그만둘 때까지 알고 싶어하는 문제입니다.

'도대체 어느 자리에서 매수를 할 것인가?'라는 질문에 대한 접근 방법에 확률적으로 접근한다면 이 역시 몇 번의 실패를 경험하게 되면 똑같은 자리에 매수를 하기가 힘들어집니다. 매수 자리에 대한 관점도 역시 앞에 3일선 안착 때 설명한 바와 같이 보이느냐 안 보이느냐의 관점, 즉 매뉴얼 관점으로 접근해야 합니다. 그리고 그 매뉴얼 안에 논리적인 관점이 있다면 매수 자리에 대한 갈증이 어느 정도 해소되리라 생각됩니다. 그럼, 지금부터 매수 자리에 대하여 몇 가지 논리적 관점으로 설명하도록 하겠습니다.

세력의 매집 원가 부근에서 3일선 안착하면 매수하라

증권방송이나 혹은 주식 서적을 보면 전저점에 대한 설명이 나옵니다. 동시에 하나의 세트로 나오는 단어가 전고점입니다. 전저점과 전고점에 대한 올바른 이해를 통해 박스권의 흐름을 파악할 수 있을 뿐만 아니라 수익도 내고 때로는 더 큰 손실을 피할 수 있습니다.

전저점이란 주가가 현재 하락하고 있을 때 전에 반등한 지점을 전저점이라고 합니다. 전저점에 대한 올바른 이해를 위해서는 두 가지 가정이 필요합니다. 첫 번째 가정은 '바닥은 개인이 만드는 것이 아니라 정보나 돈이 있는 세력이 만드는 것이다.'

두 번째 가정은 '바닥에 투입된 자금이 진짜 세력의 자금이면 아직 매도의 기회가 없었기 때문에 투입된 세력의 자금은 전저점 부근의 캔들과 거래량에 녹아있다.' 이 두 가지 가정에 대한 명확한 이해가 전제되어야 매수도 할 수 있고 손절도 할 수가 있는 것입니다.

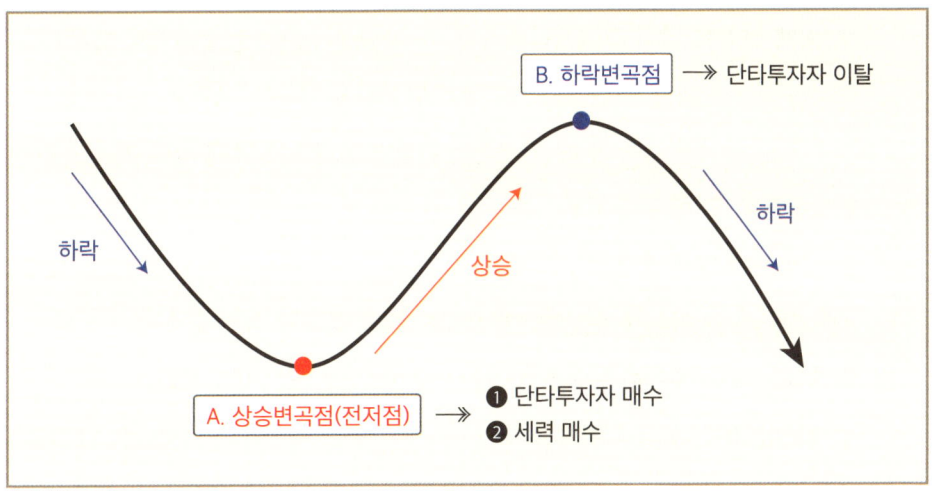

하락을 이어가던 주가에 매수세가 들어오면 상승변곡점이 만들어집니다. A지점이 상승변곡점이며 이때 두 가지 매수세가 상승변곡점을 만들어냅니다.

> 첫 번째는 눈치 빠른 단타투자자들이 매수를 하여 하락을 막고,
> 두 번째는 세력이 참여하여 상승변곡점을 만들어냅니다.

단타투자자들은 단지 가격이 많이 하락했다는 이유로 매수하게 됩니다. 기업이 가지고 있는 펀드메탈이나 혹은 이슈는 관심이 없습니다. 오로지 가격 측면의 하락에 포커스를 맞추고 해당 종목을 매수합니다. 하지만 세력은 가격적인 관점보다 해당 종목이 가지고 있는 펀드멘탈이나 중장기적 스케줄을 감안하여 지금 자리가 매수할 만한 자리라고 판단하기 때문에 매수합니다.

여기까지는 가정입니다. 실제로 개인투자자가 해당 종목에 세력이 들어와서 작업을 하고 있는지에 대한 여부는 몇 가지 특수한 경우를 빼고는 파악하기가 힘듭니다. 그렇기 때문에 우리는 가정을 하고 나중에 이 가정이 맞는지의 여부를 체크하고 맞으면 매수를 하면 됩니다.

어느 정도 주가가 바닥을 찍고 상승하게 되면 단타투자자들은 매도를 하여 이익 실현을 합니다. 어느 정도 이익이 생긴 단타투자자들의 이익 실현 욕구에 출현한 매도 물량으로 주가는 하락변곡점을 만들고 이후 하락하게 됩니다.

이때 만약에 앞서 가정했던 A지점, 즉 상승변곡점에 정말 세력의 자금이 투입되어 있다면 해당 종목에는 매수세가 발동하게 됩니다. 세력은 A지점에서 세력이 해당 종목을 매수할 때 가격적인 관점이 아니라 해당 종목이 가지고 있는 펀드멘탈 혹은 이슈에 포커스를 두고 매수를 한다고 하였습니다. 만약에 주가가 하락하여 다시 상승변곡점 자리, 즉 전저점 부근까지 주가가 내려왔을 때 그 펀드멘탈 혹은 이슈가 유효하다면 세력은 해당 종목을 매수를 하게 됩니다. 그러면서 돈이 들어오며 동시에 거래량이 증가하여 주가가 반등합니다.

이러한 논리가 바로 전저점 부근에서 매수를 해야 한다는 논리입니다. 전저점은 단타투자자와 세력이 동시에 입성한 자리이며, 이후 주가가 상승 후 다시 하락할 때 세력이 들어와 자금을 집어넣었으면 다시 세력의 본전 부근에 왔을 때 세력의 자금이 집행된다는 논리입니다. 여기서 매수세가 발동되면 흔히 말

하는 쌍바닥이 되는 것이며 매수세가 발동이 안 되면 하락 N자가 만들어지는 것입니다.

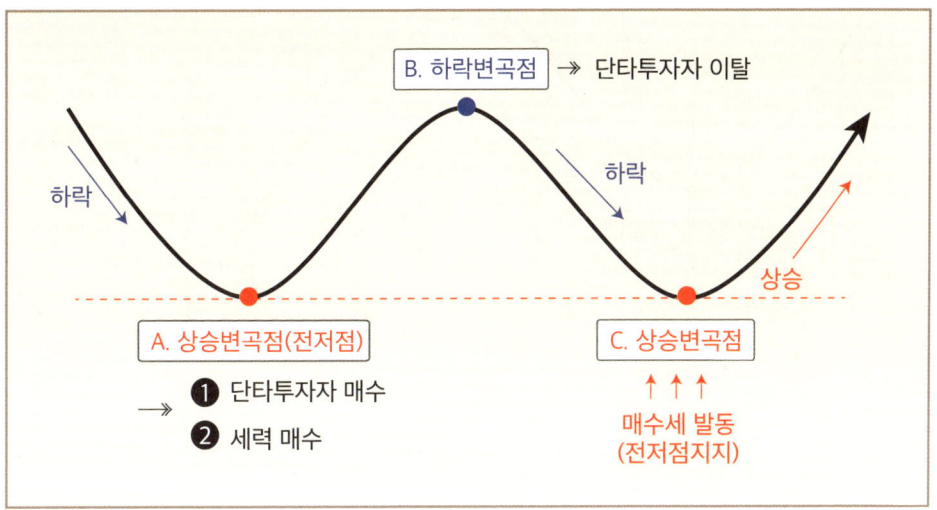

위 그림이 바로 쌍바닥이 만들어지는 원리이자 전저점 지지의 논리적 근거입니다. 하락변곡점(B)을 지나 전저점 부근에 다시 매수세가 들어오면 주가는 반등하게 되며 주식책에서 여러분들이 무수히 공부했던 쌍바닥을 형성하게 되는 것입니다. C지점에 들어오는 매수세는 앞서 말한 바와 같이 A지점에 입성한 세력과 동일한 존재이거나 혹은 뒤늦게나마 A지점에 자리가 저가인 것을 확인한 신규 매수세입니다. C지점에서 바라봤을 때 A지점은 전저점이며 이러한 논리로 인해 매수세가 들어와 A지점의 가격 부근에서 주가가 반등할 때 이러한 모습을 전저점 지지라고 합니다.

앞서 PART 01에서 설명한 주가가 상승하기 위해 나타나는 필요충분조건 - 3일선 안착의 매뉴얼을 바로 이러한 전저점 부근에서 사용하는 것입니다.

그런데 여기서 만약에 매수세가 들어오지 않으면 해당 주가는 전저점을 붕괴하며 하락 N자로 주가의 흐름이 전개됩니다.

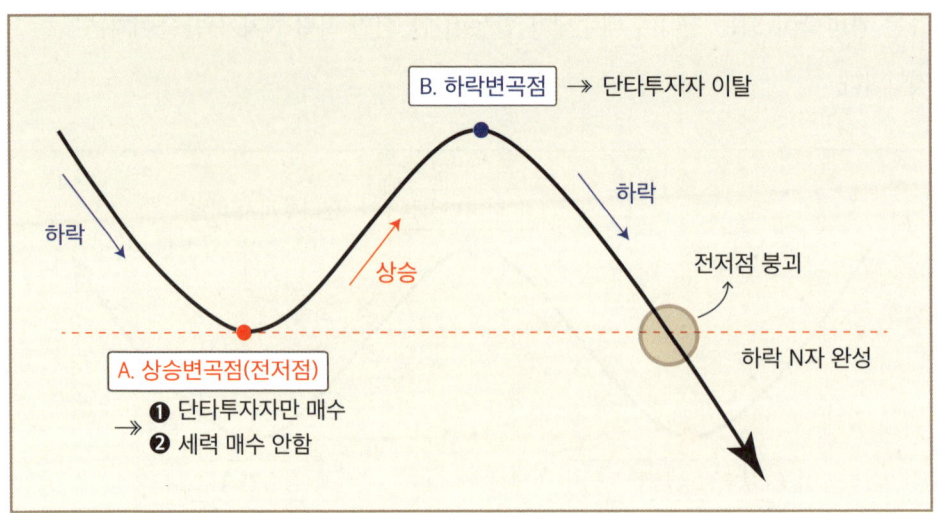

위 그림이 전저점에서 매수세가 들어오지 않아 하락하면서 만들어지는 하락 N자의 파동입니다. 하락 N자가 만들어지는 이유는 A지점에서 들어왔다고 가정한 단타 매수세와 세력의 매수세 중에서 단타 매수세만 들어오고 세력을 들어오지 않았을 때 나타나는 현상입니다. 그리고 하락 N자가 만들어지는 현상을 다른 말로 표현하면 전저점 지지 실패입니다.

하락 N자가 만들어지는 가장 큰 2가지 요인을 정리하면,

> **첫 번째 이유**는 A지점에서 반등이 단타 매수세로 인한 반등일 뿐 세력이 안 들어왔기 때문이며, **두 번째 이유**는 전저점 부근의 가격에서 그 누구도 가격적인 메리트를 느끼지 못하기 때문에 신규 매수세의 실종으로 하락 N자가 만들어진 것입니다.

이번에는 쌍봉이 만들어지는 원리와 저항의 논리적 근거를 공부하도록 하겠습니다.

세력이 없으면 쌍봉이 된다

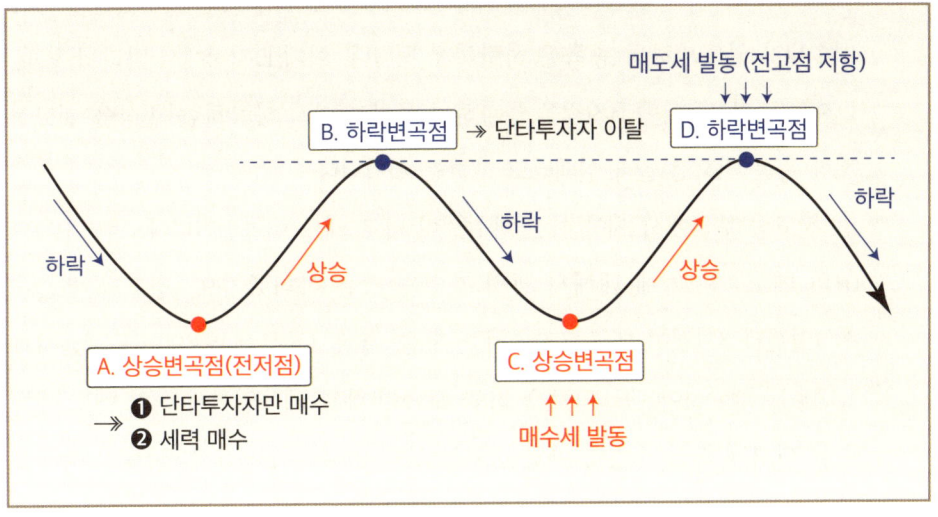

위 그림에서 전저점 부근인 C지점에서 매수세가 발동해 주가가 다시 D지점까지 상승했을 때의 세력과 개인투자자의 관점에서 설명하겠습니다. 주가가 D지점에 이르렀을 때 개인투자자들은 두 가지 종류로 분류됩니다. 첫 번째는 B지점에서 주식을 매수했던 사람입니다. B지점에서 매수했던 사람은 주식을 매수하자마자 손실을 본 경험이 있습니다.(해당 종목에 정이 떨어질 대로 떨어진 상태입니다.)

이후 다시 C지점을 지나 본전 가격인 D지점으로 왔을 때 B지점에서 샀던 사람들은 본능적으로 매도 버튼을 누르고 싶어 합니다.

이유는 B지점에서 매수를 하자마자 하락을 경험했기 때문에 B지점 자리에서의 매수를 좋은 선택이 아니었다고 생각합니다. 즉 B지점의 가격이 비싸다고 생각합니다. 그리고 더불어 계좌가 마이너스였다가 다시 본전 가격으로 왔기 때문에 스트레스를 피하고자 해당 종목을 매도합니다.

C지점에서 매수한 사람들은 손실 없이 바로 수익을 보고 상대적으로 빠른 기간 내에 수익이 난 상태이기 때문에 해당 종목에 대한 이익 실현 욕구가 강합니다.

B지점에서 산 사람들의 매도 욕구(본전 회수), C지점에서 산 사람들의 이익 실현 욕구가 강하게 발동되면서 매도세가 형성됩니다. 이때 D지점에서 신규 매수세가 없으면 해당 종목은 하락하게 됩니다. 이때 D지점에서 바라봤을 때, D지점은 전고점이며 B지점을 돌파하지 못하고 다시 하락하는 현상을 전고점 저항 혹은 전고점 돌파 실패라고 말하는 것입니다.

전고점 부근에서 써야 하는 매뉴얼이 바로 매도 매뉴얼입니다. 벌써 PART 01의 매도 매뉴얼에 대해서 까먹고 있는 것은 아니겠지요. 전고점 부근에서 1일선과 3일선이 데드크로스하는 모습, 혹은 1분봉에서 390이동평균선과 1,170이동평균선이 데드크로스 하는 모습이 매도 매뉴얼이며 이런 매도 매뉴얼을 꺼내야 하는 시점이 바로 전고점 부근입니다. 주가가 힘을 잃고 하락할 가능성이 존재하는 곳인 전고점에서는 항상 매도 매뉴얼을 준비해야 합니다.

박스권은 두 개의 저점과 두 개의 고점이 필요하다

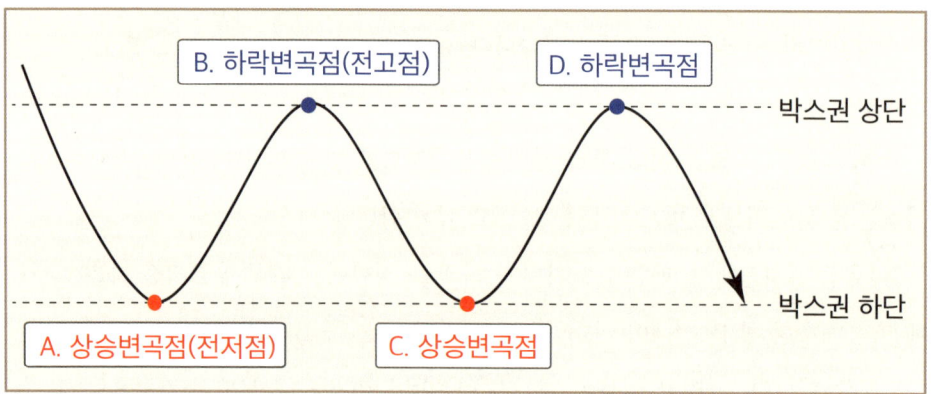

두 개의 상승변곡점과 두 개의 하락변곡점이 생기면 이때 이를 '박스권 흐름'이라고 합니다. 박스권 흐름이 나타나는 이유는 해당 종목에 커다란 이슈나 모멘텀이 없거나 혹은 이슈나 모멘텀에 대하여 매수세와 매도세가 상반된 관점을 가지고 있을 때 박스권 흐름이 전개됩니다.

주가가 박스권 하단을 향해 내려오고 있을 때 독사 매수 매뉴얼을 적용합니다. 앞서 두 번의 반등이 있었다는 것은 해당 가격대에 매수 심리가 살아있다는 것을 간주하고 일봉상 주가가 3일선 안착을 하든가 혹은 1분봉에서 390 이동평균선이 1,170 이동평균선을 골든크로스하는 것을 확인하고 매수를 하면 됩니다. 만약 이때 박스권 하단을 돌파하게 되면 앞서 두 번의 반등을 경험한 투자자들의 매수 심리보다 해당 종목에 악재로 인한 매도 심리가 더 큰 것으로 간주하고 과감하게 손절해야 합니다. 즉 박스권 하단은 매수와 손절 두 가지 매뉴얼을 선택해야 하는 중요한 구간입니다.

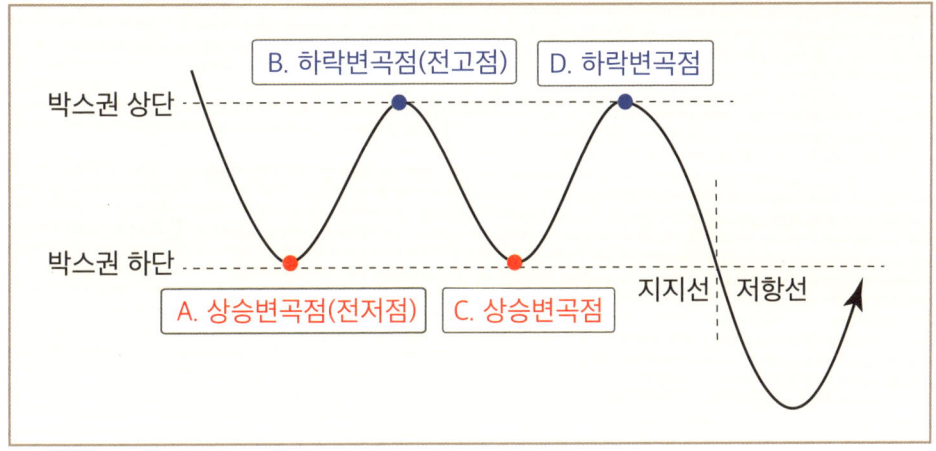

박스권 하단을 이탈하게 되면 이후 주가가 반등할 때 박스권 하단에서 매수를 했던 사람들은 손실을 경험하게 되고 이후 주가가 다시 매수 가격에 도달하면 본능적으로 매도 버튼을 눌러 현금을 확보하게 됩니다. 이러한 심리 때문에 박스권 하단을 돌파하게 되면 이 박스권 하단선은 나중에 강력한 저항선으로 바뀌게 됩니다.

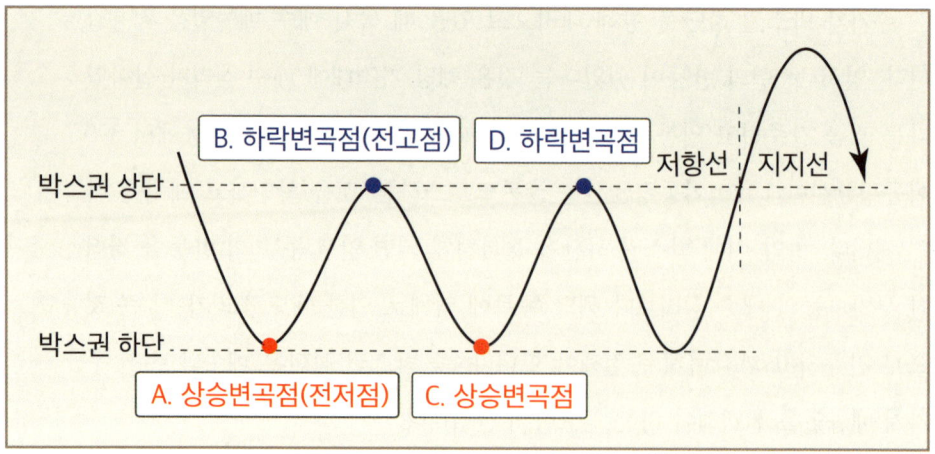

　박스권 하단에서 반등한 종목이 박스권 상단으로 접근하게 되면 두 가지 강력한 매도세가 출현하게 됩니다. B지점에서 매수한 사람들은 D지점에서 본전을 찾을 기회가 있었는데 그 기회를 잃어버리고 다시 시간이 지나서 맞이하게 된 본전 회수 기회를 놓치고 싶어 하지 않습니다. 그래서 B지점에서 매수한 사람들은 매도를 선택하게 되며 D지점에서 샀던 사람들도 사자마자 손실을 겪었기 때문에 본전이 왔을 때 매도를 선택합니다. 이러한 이유로 박스권 상단은 강력한 저항선이 됩니다.

　박스권 하단에서 매수한 투자자들의 선택은 박스권 상단에서 매도하는 것이 합리적인 선택입니다. 이때 박스권 상단에서 꺼내야 할 매도 매뉴얼은 캔들이 3일선에서 이탈을 하든가 아니면 1분봉상 390 이동평균선이 1,170 이동평균선을 하락 돌파하는 즉, 데드크로스가 나는 모습이 보이면 매도를 하면 됩니다.

　만약에 B와 D지점에서 물렸던 사람들의 매도세와 신규로 매수하는 사람들의 매수세 중에서 신규 매수세가 클 경우 주가는 박스권 상단을 돌파하게 됩니다. 보통 박스권 돌파 시기를 매수 타이밍이라고 여기며 이때 거래량이 실리면 그 신뢰도는 더 높다고 할 수 있습니다. 이때 돌파했던 박스권 상단으로 다시 주가가 회귀할 때 돌파했던 박스권 상단선은 더 이상 저항선이 아닌 지

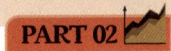

지선의 역할을 합니다. 이유는 B지점과 D지점에 물려있던 사람들의 물량까지 소화한 신규 매수세 입장에서는 다시 본인들이 매수한 가격으로 내려왔을 때 한 번 더 기회라고 인식하기 때문에 매수 버튼을 누르게 됩니다. 그래서 돌파한 박스권 상단은 더 이상 저항선의 역할이 아니라 지지선의 역할을 합니다. 박스권 상단에서도 박스권 하단에서와 마찬가지로 돌파를 예상하고 매수를 하느냐 혹은 이미 샀던 사람들은 이익 실현(매도)을 하느냐 두 가지 선택 중에 하나를 하여야 합니다.

매수, 매도 매뉴얼을 적극적으로 적용해야 할 자리

앞서 박스권 설명을 자세하게 드리면서 매수해야 할 자리와 매도해야 할 자리 그리고 저항선, 지지선의 개념에 대하여 자세하게 설명하였습니다. 뒤의 그림은 매수와 매도를 해야 할 자리에 대해서 결론적으로 설명한 그림입니다. 독자 여러분들이 이 그림을 보고 주식투자하는 친구분들 혹은 지인들에게 설명할 수 있어야 합니다. 박스권 하단부에서 왜 매수를 고민해야 하며 박스권 상단에서는 왜 매도를 고려해야 하는지 그리고 돌파된 박스권 하단선으로 다시 주가가 반등하였을 때 어떤 선택이 합리적인 선택인지 설명이 가능하신가요? 만약에 설명이 가능하다면 박스권 매매를 할 수 있는 준비가 된 것입니다.

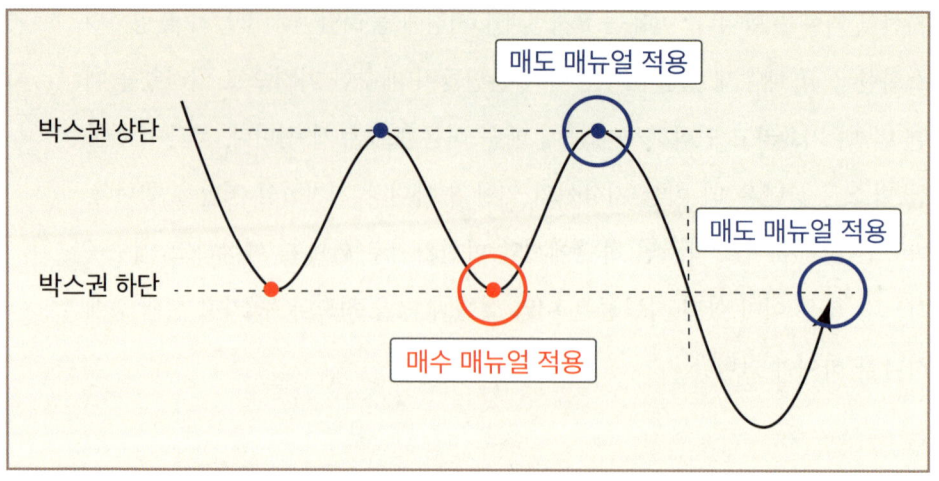

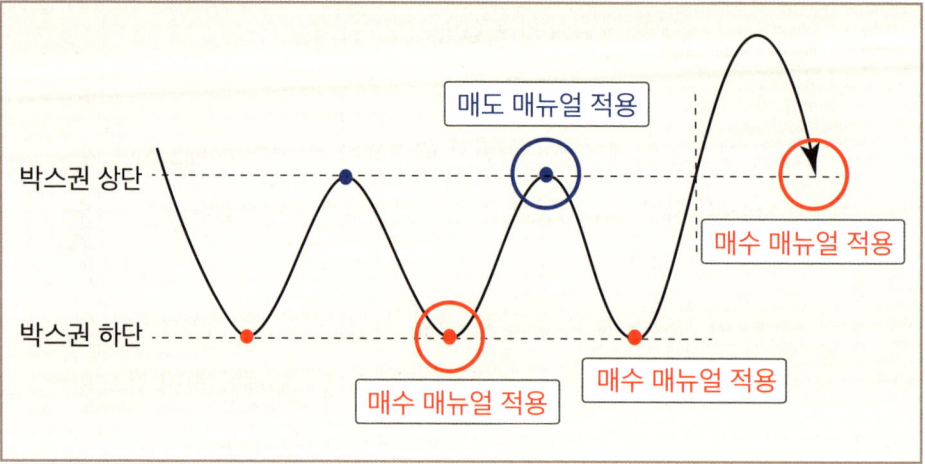

물렸을 때 꼭 꺼내봐야 하는 지표 - 매물대

매물대는 신규 매수 자리도 알려주고 물타기 자리도 알려준다

매물대란 거래량과는 다른 개념입니다. 거래량은 말 그대로 당일 거래된 주식의 총량을 말합니다. 하지만 매물대는 당일의 개념이 아니라 특정 기간 해당 주식을 매수한 사람들의 가격대를 퍼센티지(%)로 표시한 차트입니다. 특정 기간 동안 해당 주식을 매수한 사람들의 가격대를 알려주기 때문에 그 기간 동안에 매수한 사람들의 손실률과 수익률이 가늠됩니다. 예를 들어 6개월 동안 매물대 차트를 열었을 때 현재 주가 위에 있는 매물대에 매수한 사람들은 손실 중이며 반대로 현재 주가 아래 있는 매물대에 매수한 사람들은 수익 중입니다.

만약에 현재 주식가격 밑에 매물대가 많이 포진하고 있으면 해당 주식은 강한 상승 중이며 수익을 보고 있는 사람이 많다는 뜻입니다. 그와 반대로 현재 주식가격 위에 많은 매물대가 쌓여있으면 해당 종목은 물려있는 사람이 많다고 판단하는 것이 합리적입니다.

이를 지지와 저항의 개념으로 설명해 보면 현재 주식가격 아래에 많은 매물이 쌓여 있으면 주가가 하락할 때 매수 기회로 인식하는 사람들도 존재할 수 있기 때문에 많은 매물대는 지지선 역할을 합니다. 반대로 현재 주가 위에 많은 매물대가 쌓여 있으면 주가가 상승할 때 본인의 매수가에 도달했을 때 매도기회로 인식하는 사람들이 존재할 수 있기 때문에 이때 매물대는 저항선 역할을 합니다.

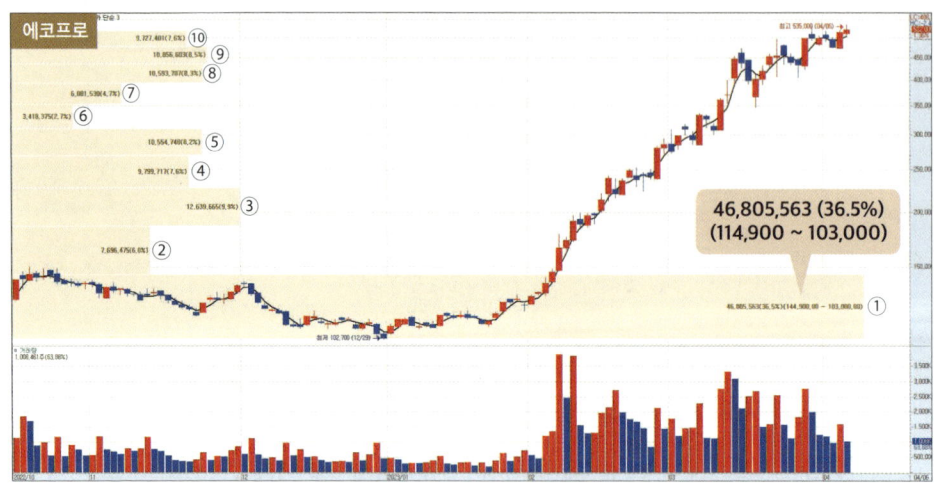

에코프로 일봉 차트는 전형적인 상승하는 종목의 매물대 차트입니다. 기간은 120일(6개월)이며 10개의 가격대에 매물 현황을 퍼센티지(%)로 보여줍니다. 1번 매물대의 가격은 114,900원에서 103,000원이며 10개의 매물대 중에 36.5%를 차지하고 있습니다. 그리고 해당 기간 매물대에서의 거래량은 46,805,563주입니다.

이러한 매물 현황은 고정이 아니라 시간이 지나면서 매물대는 변동이 됩니다. 이유는 기간을 6개월로 고정했을 때 오늘 하루 새로 매수한 사람들의 가격정보가 합쳐지고 어제까지 포함되어 있던 매물대 설정 기간의 첫 번째 매물 가격 정보가 사라지기 때문입니다.

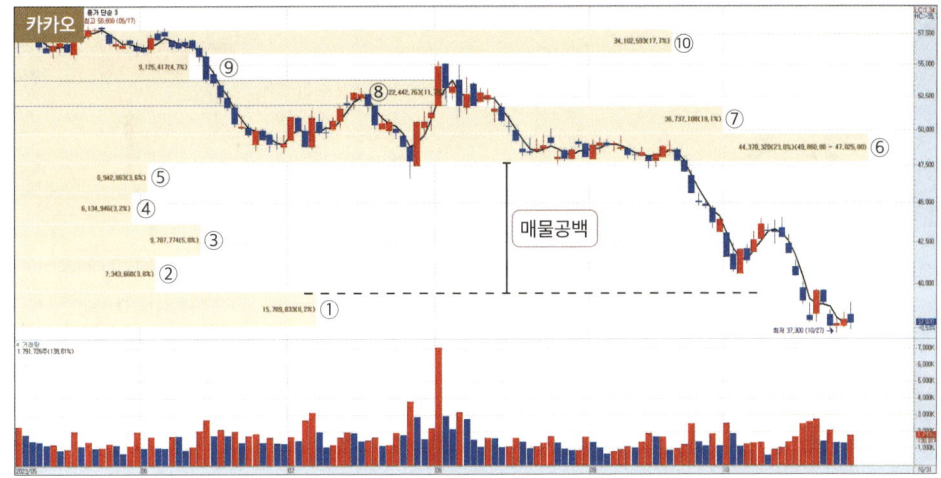

　카카오 일봉 차트는 전형적인 하락하는 종목의 매물대 차트입니다. 역시 기간은 120일(6개월)이며 1번 가격대 위에 2번부터 10까지의 많은 매물벽이 존재를 합니다. 하락하는 종목의 매물대 차트에서 하나 더 알아야 하는 주식 용어가 있는데 '매물 공백'이라는 단어입니다.

　매물 공백이란 현재 주가 위에 있는 매도 대기 물량이 많이 없을 때 쓰이는 용어입니다. 위 차트에서 보면 현재 주가는 1번 매물대 가격에 있고 가장 많은 매물대인 6번 매물대까지 보면 다른 매물대보다 상대적으로 적은 매물대가 있는 것을 볼 수 있습니다. 이와 같이 현재주가 위에 매물대 벽이 작은 상태를 '매물 공백'이라고 하며 호재가 있을 시 이러한 매물 공백은 쉽게 극복할 수 있다는 의미로 쓰이는 용어가 '매물 공백'입니다.

매물대의 역할을 알아야 돈을 번다

　주가가 상승하다가 이익 실현 물량 출현으로 하락할 때 반등할 것이라고 예상하는 지점이 앞서 설명한 쌍바닥 혹은 박스권 하단 그리고 돌파한 전고점 부근입니다. 이는 심리적인 측면으로 설명을 한 것인데 매물대도 이 주식에 주식투자를 하는 사람들에 대한 심리를 설명합니다.

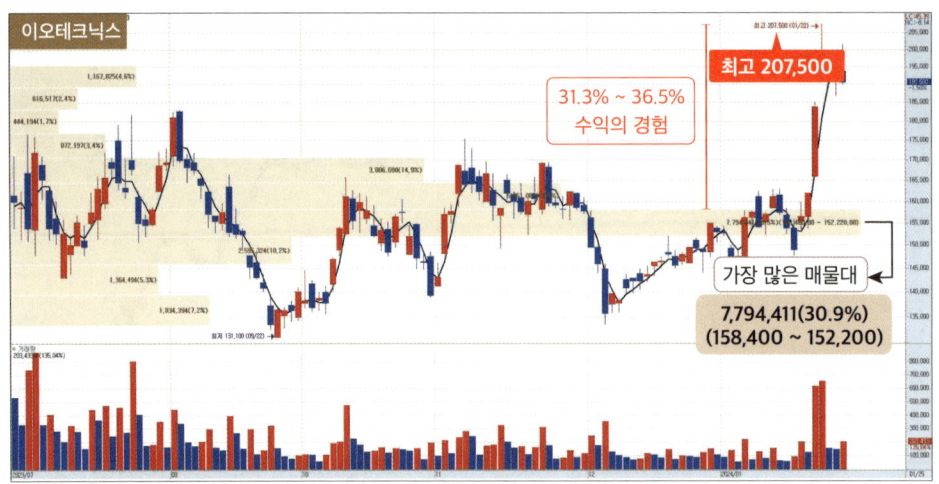

　이오테크닉스의 매물대 차트에서 보면 주가가 가장 많은 매물대를 뒤로하고 해당 주식은 최고점 207,500원을 찍었습니다. 가장 많은 매물대는 152,000원부터 158,000원대 사이로 해당 매물대에 매수한 사람들은 31.3% ~ 36.5%의 수익률을 경험하였습니다. 현재 시점에서 운 좋게 최고점에 매도한 사람은 36.5%의 수익을 챙겼을 것입니다.

　이후 주가가 더 이상 상승하지 못하고 하락하기 시작할 때 가장 많은 매물대 152,000원 ~ 158,000원대에 매수한 사람들은 이익 실현을 고려하고 있을 것입니다. 이후 차익 실현 물량이 나와서 다시 가장 많은 매물대의 주가로 돌아왔을 때 이 종목에는 두 가지 종류의 심리가 있습니다. 첫 번째는 가장 많은 매물대 가격에서 매수해서 수익을 봤던 집단과 그리고 매수하려다가 미처 매수 못 한 집단이 있습니다.

　첫 번째 집단은 본인이 싸다고 생각한 가격에서 매수해서 수익을 봤기 때문에 똑같은 가격으로 내려오면 매수 심리가 발동합니다. 그런데 그 가격대가 지난 6개월 동안 가장 많은 매물대이기 때문에 이러한 매수 심리는 다른 가격대보다 크게 작용합니다.

그리고 두 번째 집단은 전에 기회가 왔을 때 매수하지 못하여 수익의 기회를 날렸다고 생각했던 투자자들인데 이번 하락을 기회로 여겨 매수에 참여하게 됩니다.

가장 많은 매물대에서 일어나는 투자자들의 심리를 한 번 더 정리를 하면, 해당 매물대 가격에서 주식을 매수해 수익을 봤던 투자자들의 좋은 경험과 미처 투자하지 못했던 신규 투자자들의 아쉬운 경험이 합쳐져서 강력한 지지선을 형성하게 됩니다.

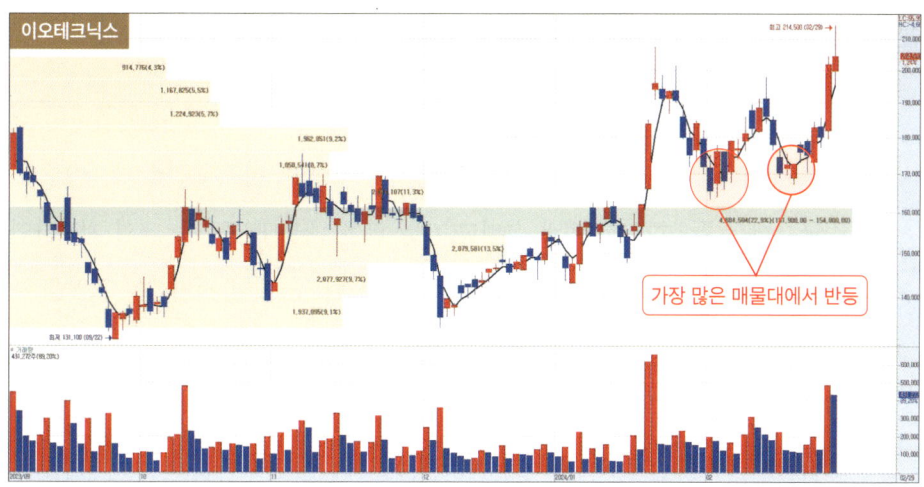

이오테크닉스는 이후 조정 시에 강한 매물대에서 두 번의 반등이 일어났습니다. 가장 많은 매물대에서 매수를 하여 수익을 본 사람들과 미처 매수를 하지 못한 두 부류 투자자들의 매수세가 형성이 되어 가장 많은 매물대에서 반등이 일어났습니다.

위 그림에서는 가장 많은 매물대에서의 반등을 설명하고 있지만 앞서 배운 또 하나의 중요한 지지라인에서 반등했는데 혹시 보이시나요?

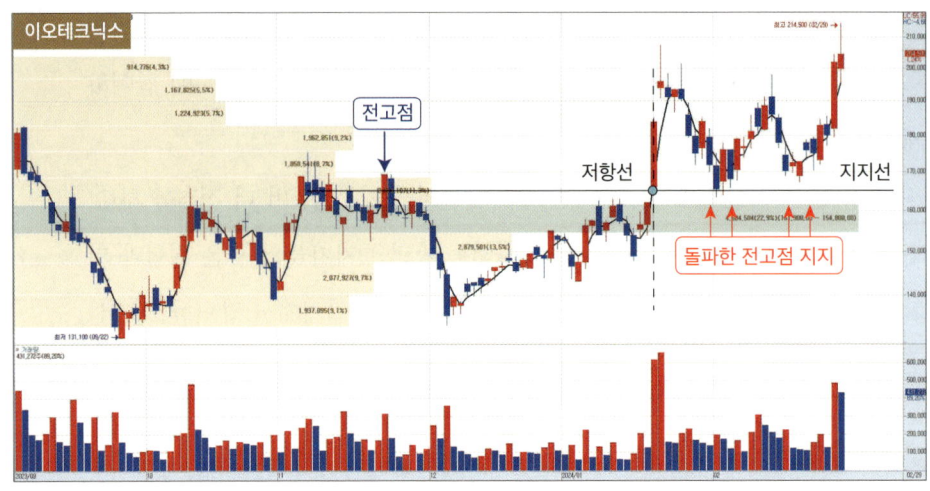

　　이오테크닉스의 반등 시점에 대한 또 하나의 비밀은 앞서 말한 돌파한 전고점 지지라는 것입니다. 가장 많은 매물대를 돌파한 이오테크닉스는 이후 조정구간에서 돌파한 전고점과 그리고 가장 많은 매물대라는 두 개의 지지라인을 가지고 있었던 것입니다. 한 개의 지지선보다 두 개의 지지선이 모였을 때 해당 가격에서의 지지력이 크다고 말할 수 있겠습니다. 가장 많은 매물대와 돌파한 전고점 지지의 조합은 우리가 주식에 투자하면서 종종 볼 수 있는 지지선입니다.

케이씨텍 차트는 전고점 돌파 모습과 두 번째로 많은 매물대를 돌파하는 모습입니다. 앞서 이오테크닉스의 그래프와 같이 돌파한 매물대와 돌파한 전고점 자리는 추후 지지선 역할을 하게 되는데 아래 그림과 같이 돌파한 전고점과 매물대에서 지지하는 모습을 확인할 수 있습니다.

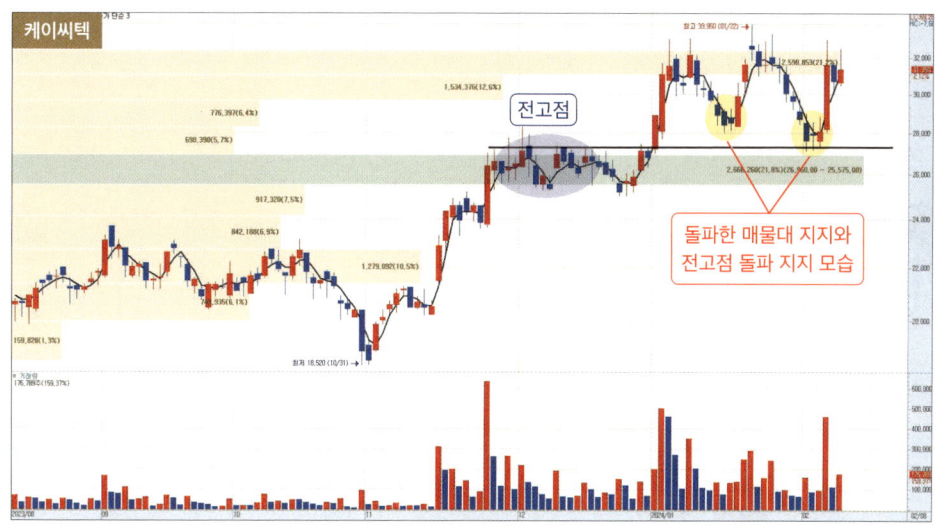

앞에서 설명한 것처럼 돌파한 전고점이 왜 지지선이 되는지 그리고 매물대가 왜 또한 지지선이 되는지에 대해 논리적으로 이해가 됐다면, 두 개의 조합이 왜 지지선이 되는지도 자연스럽게 이해가 될 것으로 생각합니다.

돌파한 전고점과 매물대를 지지선으로 삼은 주식은 이후 상승을 하면서 새로운 매물대를 형성하게 됩니다. 이때 새로운 매물대가 가장 많거나 혹은 두 번째로 많은 매물대가 된다면 이후 주가가 조정이 올 때 해당 매물대는 지지선 역할을 하게 됩니다.

가장 많은 매물대를 주목하라

한양디지텍 차트에서 보면 전고점을 돌파를 할 때 가장 많은 A매물대와 두 번째로 많은 B매물대를 동시에 돌파하는 모습을 보이고 있습니다. 이후 주가가 조정이 올 때 돌파한 전고점과 가장 많은 매물대에서 반등이 일어날 것이라고 예측을 해야합니다.

　이후 주가는 두 번째로 많았던 B매물대가 가장 많은 매물대로 바뀌고 동시에 돌파한 전고점이라는 또 하나의 지지 이유가 발생하면서 반등하게 됩니다.

　이후 주가가 다시 한 번 전고점 부근에서 하락하고 반등하는 곳이 가장 많은 매물대 가격이며 동시에 돌파한 전고점 자리임을 알 수가 있습니다.

매수, 매도 매뉴얼 정리

<매수 매뉴얼 6가지>

(1) 전저점
(2) 박스권 하단
(3) 돌파한 전고점
(4) 주가가 하락을 하락할 때 가장 많은 매물대가 밑에 있는 경우
(5) 돌파한 전고점 + 가장 많은 매물대
(6) 박스권 하단 + 가장 많은 매물대

<매도 매뉴얼 6가지>

(1) 전고점
(2) 박스권 상단
(3) 하락 돌파한 전저점
(4) 주가가 반등을 상승할 때 가장 많은 매물대가 위에 있는 경우
(5) 하락 돌파한 전저점 + 가장 많은 매물대
(6) 박스권 상단 + 가장 많은 매물대

위 각각 여섯 개의 매수/매도 자리 중 이 책에서 1번부터 5번까지는 왜 각각의 자리가 지지선과 저항선이 되어야 하는지에 대한 논리적 설명을 하였습니다. 6번의 경우 이 책에서 그림으로 설명하진 않지만 1번부터 5번까지의 이유가 이해된다면 자연스럽게 6번의 경우도 이해가 되리라 생각합니다. 여기서 꼭 강조하고 싶은 것은 5번과 6번의 경우 두 개의 강력한 지지선, 저항선이 있다고 해서 꼭 그 자리에서 반등하거나 혹은 하락한다는 것이 아닙니다.

앞서 말씀드린 바와 같이 우리가 주식을 할 때에는 보이느냐 안 보이느냐

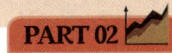

관점으로 접근 해야 합니다. 확률적인 관점으로 접근하면 반드시 실패를 하기 때문입니다. 이 책을 독자분들이 읽으면서 혹시나 돌파한 전고점과 가장 많은 매물대에서 주가가 항상 반등한다고 생각할까 봐 걱정되어 드리는 말씀입니다.

철저하게, 아주 철저하게 내가 매수하려고 하는 자리, 혹은 매도하려고 하는 자리가 논리적으로 이해가 되고 남에게 설명할 수 있을 때, 그런 자리가 보이면 매수 혹은 매도를 하면 됩니다. 절대로 확률적인 접근 방법으로 매수 혹은 매도를 했다가 몇 번 실패를 하면 멘탈이 붕괴되어 똑같은 자리에 매수를 못 하게 됩니다. 이후 우리가 겪는 아주 흔한 일은 앞서 설명한 바와 같이 아주 조금 사면 급등하고 비중을 왕창 실으면 하락하는 일을 겪게 됩니다. 그러면서 한 번 더 멘탈붕괴가 됩니다. 이 책에서 말하는 기술적 분석에 대한 커다란 큰 기둥은 차트는 확률적인 관점이 아니라 보이느냐 안 보이느냐 관점으로 접근한다는 것입니다. 이를 독자분들께서는 꼭 명심하시기 바랍니다.

PART 03
고수일수록 매매법은 간단하다

- **01** 20일선과 3일선으로 매수를 결정하다-1
- **02** 20일선과 3일선으로 매수를 결정하다-2
- **03** 아직도 잘 모르겠다면 이것만 따라

20일선과 3일선으로
매수를 결정하다 - 1

일목균형표를 열공했지만 때려치운 이유

사람마다 주식공부를 하는 계기가 다르고 방법도 다릅니다. 저는 주식공부를 처음에 시작할 때 보조지표부터 공부를 했습니다. 캔들, 거래량, 이동평균선이 제공하는 정보를 무시한 채 오로지 보조지표만 열심히 공부했습니다. 보조지표를 열심히 공부하다가 하나의 커다란 깨우침을 얻고 나서는 보조지표를 버리게 되었습니다. 제가 얻은 커다란 깨우침이 여러분들에게도 도움이 되었으면 하는 바람으로 저의 경험을 말하겠습니다.

제가 공부한 보조지표들은 초보분들이 다 한 번씩은 공부한 보조지표입니다. 스토캐스틱, 볼린저밴드, 엔벨롭, MACD, 파라볼릭, OBV, DMI, ADX, TRIX, CCI 등등 주식공부를 조금 하신 분들은 한 번쯤 공부한 지표들일 것입니다. 이후에 공부를 시작한 보조지표가 있는데 그것은 바로 일목균형표입니다.

일목균형표는 다섯 가지 요소(Line)로 구성되어 있습니다.
전환선, 기준선, 후행스팬, 선행스팬1, 선행스팬2

정말 보기만 해도 어지럽고 어려운 보조지표였습니다. 공부하기에 어려운 보조지표라 그만큼 가치가 있을 것으로 생각을 하고 나름 책을 사서 공부를 시작하였습니다. 공부하다가 갑자기 두 가지 생각이 머리에 들면서 속된 말로 때려치웠습니다.

첫 번째는 보조지표 하나를 공부하는데 그때 선택했던 책의 내용이 너무 방대하다는 것입니다. '내가 과연 이 방대한 양의 공부를 해서 까먹지 않고 적용이 가능한가?'를 나에게 질문을 했고 이에 대한 나의 대답은 '불가능하다'라는 것이었습니다. 앞서 말한 것처럼 '주식은 남에게 설명해야 투자가 가능하다'고 했는데 일목균형표를 내가 공부해서 남에게 설명할 자신이 없었습니다. 머리가 나빠서일 수도 있겠지만 논리적으로 내가 나를 설득할 자신이 없었습니다.

두 번째는 '경우의 수가 너무 많다'라는 것입니다. 일목균형표를 이루고 있는 다섯 가지 요소로 경우의 수를 산출하면 최소 32개와 최대 243개의 경우의 수가 나옵니다. 32개가 나오는 근거는 일목균형표를 이루고 있는 다섯 개의 요소가 상승 혹은 하락할 때 나오는 경우의 수가 32개입니다.

> (전환선이 내려가거나 올라가는 경우) × (기준선이 올라가거나 내려가는 경우) × (후행스팬이 올라가거나 내려가는 경우) × (선행스팬1이 올라가거나 내려가는 경우) × (선행스팬2가 올라가거나 내려가는 경우)

즉 2×2×2×2×2 = 32개의 경우의 수가 나오게 됩니다.

이 경우의 수는 차트의 기본요소인 캔들과 거래량에 대한 고려는 배제한 상태입니다. 만약에 전환선이 올라가거나 내려가거나 혹은 수평으로 가거나 즉 한 개의 구성 요소 당 3가지 경우의 수가 있다고 한다면 일목균형표는 243개의 경우의 수가 나옵니다. (3×3×3×3×3 = 243) 이 역시 캔들과 거래량에 대한 고려는 배제한 상태입니다.(243개의 경우의 수를 완벽하게 공부한 후 주식에 실전 적용해서 수익을 낸다는 것은 개인적으로 이번 생에는 힘들다고 생각합니다)

243개의 경우의 수를 암기해서 그때그때 내가 매수하려고 하는 차트에 적용하는 것이 제 능력으로는 불가능하다는 것을 알게 되었습니다. 그리고 논리적으로 더 확신이 안 갔던 것은 거래량에 대한 고찰이 없었기 때문입니다.

만약에 두 개의 종목(A, B)이 똑같은 가격으로 전개가 된다면 일목균형표는 똑같은 모양으로 차트에 표시됩니다. 일목균형표는 가격을 베이스로 한 보조지표이기 때문에 두 개의 종목이 똑같은 가격으로 상승과 하락을 반복한다면 일목균형표도 똑같은 모습으로 차트에 그려집니다.

그런데 A종목이 1일 거래대금이 100만 원이고, B종목이 1일 거래대금이 100억이라면 다음날 천만 원 가지고 차트 모양을 바꿀 수 있는 종목은 A종목과, B종목 중 어느 것일까요? 당연히 A종목입니다. 1일 거래대금이 100만 원인 A종목은 누군가 1,000만 원으로 시가와 종가를 만들 수 있습니다. 1,000만 원으로 차트를 바꿀 수 있는 종목에 기술적 분석을 한다는 것은 의미가 없습니다. 매수하기도 힘들뿐더러 팔고 나오기도 힘들며 거래가 없기 때문에 급등과 급락이 없어서 장기간 횡보를 하게 됩니다.

이번에는 다른 관점으로 설명을 해보겠습니다. 거래대금이 100만 원인 A종목과 거래대금이 100억 원인 B종목 중 그럼 어느 종목에 세력이 숨어있고 그 세력을 이용해서 우리가 수익을 낼 수 있을까요? 당연히 질문의 답은 바로 B일 것입니다.

주식시장의 현실을 반영한 기술적 분석은 돈을 매개로 한 세력과 개인의 치열한 싸움에 대한 결과물-차트를 분석하는 것입니다. 여기서 세력은 작전하며 주가를 끌어올리는, 말 그대로 작전세력에 해당이 되지만 큰돈을 가지고 운영하는 외국인과 기관투자자를 일컫기도 합니다. 1일 거래대금 100만 원인 A종목에는 작전세력도 혹은 외국인과 기관도 매수, 매도할 만한 물리적 공간이 없습니다.

즉 기술적 분석은 거래대금이 크거나 혹은 거래량이 많은 종목을 해야 그 의미가 있는데 일목균형표는 이런 거래량에 대한 고찰이 전혀 없기 때문에 논리적으로 나 자신을 설득할 수가 없었습니다. 나 자신을 설득할 수 없었기 때문에 주식을 자신 있게 매수할 수 없었고, 비중조차 제대로 실을 수 없었습니다.

엘리엇 파동도 함께 때려치운 이유

개인투자자들이 또 많이 공부하는 것 중의 하나가 저는 개인적으로 엘리엇 파동이라고 생각합니다. 주식은 엘리엇 파동의 근간은 패턴을 가장 중요시하며 그 패턴은 상승5파와 하락3파로 끝없이 순환하면서 움직인다는 것입니다. 상승에는 비율이 있으며 하락에도 비율이 있으며 그 비율의 끝에서 주가는 다시 상승하거나 반등한다는 이론입니다. 엘리엇 파동은 1938년에 엘리엇이 처음 발표한 이후 후대에 엘리엇 파동을 연구한 사람들에 의해 지금 시장에서 사람들이 쓰는 엘리엇 파동이 완성되었습니다.

단도직입적으로 저는 만약에 제 가족이 주식투자를 하는데 엘리엇 파동을 공부한다고 한다면 두 가지 이유를 설명하며 권하지 않을 것 같습니다.

첫 번째 이유는 엘리엇 파동이 만들어진 시기가 1938년이라는 것입니다. 그리고 지금은 2024년이라는 것입니다. 엘리엇 파동이 만들어진 시기는 인터넷도 안되는 시기였으며 산업구조 자체도 지금과는 아주 많은 차이가 있습니다. 러시아와 우크라이나의 전쟁 혹은 FOMC의 금리 인상 혹은 인하가 바로바로 인터넷을 통해 주식 시장에 전파되고 있는 환경에 1938년에 만들어진 엘리엇 파동을 적용한다는 게 과연 합리적인 선택이냐고 했을 때 그렇지 못하다는 것이 개인적인 생각입니다.

이와 같은 논리는 일목균형표도 적용이 됩니다. 일목균형표는 1935년 일본의 일목산인이 만든 투자기법입니다. 엘리엇 파동과 비슷한 시기에 만들어진 투자 기법으로 그때와는 비교도 할 수 없을 만큼 복잡하고 방대한 주식시장에 대응한다는 것이 저는 합리적이지 않다고 생각합니다.

두 번째 이유는 시장의 마켓리더는 외국인과 기관투자자입니다. 제가 아는 한 외국인과 기관투자자들은 일목균형표 혹은 엘리엇 파동으로 주식을 매수하거나 매도하지 않습니다.

그들은 이러한 보조지표보다 모멘텀 플레이를 합니다. 어떤 이슈가 나왔을 때 이 이슈에 대해서 분석을 하고 해당 이슈가 어느 정도로 파급력이 있는지 계산을 한 다음 매수 버튼을 누르고 그 이슈가 수명을 다하면 매도 버튼을 누릅니다.

주식 시장에서 지난 5년간 가장 큰 이슈는 코로나 이슈였습니다. 코로나로 인해 주식시장은 큰 폭으로 하락했다가 각국 정부의 유동성 공급으로 다시 크게 상승하고 이후 과열된 경기를 잡기 위해 금리 인상을 하며 다시 주가는 크게 하락하였습니다. 외국인과 기관투자자들은 이러한 이슈플레이를 할 뿐, 일목균형표나 혹은 엘리엇파동으로 주식시장을 대응하지 않습니다.

마켓리더인 외국인과 기관투자자들이 일목균형표나 엘리엇 파동을 사용하지 않는데 유독 개인투자자들이 일목균형표와 엘리엇 파동에 집착하는 모습은 개인적으로는 여전히 미스테리인 영역입니다.

최고의 튜닝은 순정이다

자동차를 좋아하는 사람들에게 유행하는 문장입니다. '최고의 튜닝은 순정이다.' 튜닝이란 자동차 제조사에서 처음 나온 자동차의 상태를 개인의 취향에 따라 더 업그레이드하는 것을 튜닝이라고 합니다. 주식공부 하시는 분들이 본인이 공부하는 차트를 튜닝하기 위해서 여러 가지 보조지표를 함께 보는데 저는 되도록 보조지표를 보지 말고 캔들, 거래량, 이동평균선으로만 보고 판단하기를 권합니다. 여러 가지 이유가 있지만 한 가지만 이야기하면 보조지표는 캔들과 거래량이 만든 종속변수이기 때문입니다. 종속변수란 캔들과 거래량에 따라 그 값이 변하는 변수란 이야기입니다. 내일의 캔들과 거래량을 종속변수인 보조지표로 예측하고 확률적으로 접근한다는 것 자체가 논리적으로 맞지 않다고 생각합니다.

이 책의 기저에 흐르는 기술적 분석에 대한 생각은 보이느냐 안 보이느냐의 관점입니다. 즉 내가 지금 매수하려고 하는 자리가 논리적으로 매수할 만한 자리로 보이는지 안 보이는지의 관점으로 접근해야 한다는 것입니다. 그런데 보조지표를 너무 많이 복잡하게 차트에 집어넣으면 캔들과 거래량이 주는 가장 중요한 정보-심리를 못 보게 됩니다. 더 쉽게 설명하면 차트가 주는 정보를 글이나 혹은 말로 남에게 설명해야 하는데 보조지표로 설명한다는 것은 불가능합니다. 단지 설명 가능한 것은 왜 이 보조지표가 이런 시그널이 나왔는지에 대한 설명만 가능하지, 차트 자체가 주는 심리적인 측면에 대한 정보는 설명이 불가합니다.

20일선 상승변곡점 + 3일선 쌍바닥 + 가장 많은 매물대 지지 + 매집봉 = 매수 타이밍

보조지표를 공부하다가 너무 힘들어서 그만둔 이후 제가 했던 공부 방법은 '차트를 단순하게 보자'였습니다. 그리고 모든 보조지표를 다 지우고 딱 하나 20일 이동평균선만 남겨두었습니다. 그리고 20일 이동평균선이 상승할 때의 모습과 하락할 때의 모습을 분석했는데 두 가지 결론을 얻게 되었습니다.

첫 번째 결론은 어쨌든 주가가 중장기적으로 상승하기 위해서 꼭 필요한 것은 20일선 상승변곡점이었습니다. 상승변곡점은 필요충분조건이며 그 상승변곡점이 바로 세력의 본전이 될 수 있다는 것입니다. 모든 20일선 상승변곡점에 세력의 자금이 유입됐다고는 말할 수 없습니다. 하지만 20일선 상승변곡점은 개인이 할 수 있는 영역이 아니기 때문에 일단 세력의 영역으로 간주하는 것입니다.

20일선 상승변곡점의 세력의 자금이 유입됐다는 증거는 의외로 간단합니다. 20일선이 한 번의 하락변곡점과 또 한 번의 상승변곡점을 거친 후, 즉 쌍바닥이 만들어질 때 세력의 자금이 이탈되지 않았다고 간주할 수 있습니다. 이는 뒤에 자세히 다루도록 하겠습니다. 일단 지금은 20일선 쌍바닥에서 첫 번째 눌림목에 대한 대응 매뉴얼과 매수를 해야 하는 논리적 근거에 대해서 체득하시길 바랍니다.

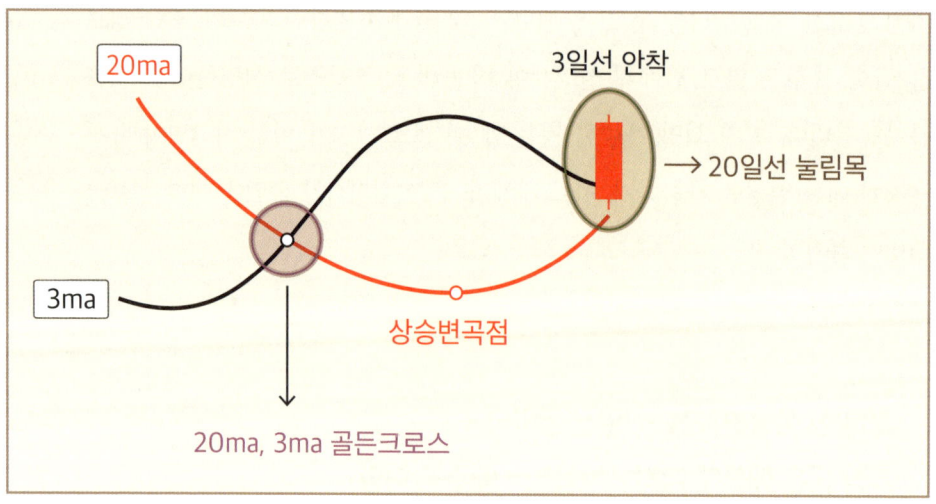

위 그림은 전형적인 20일선 눌림목에 대한 설명입니다. 위 차트가 주는 정보를 설명을 하면

1. 20일선 상승변곡점 출현으로 세력이 들어와 있으며 상승 추세 형성
2. 3일선 쌍바닥으로 저가 매수세가 들어온 것을 확인
3. 주가가 상승하기 위한 두 개의 필요충분조건 완성
   (20일선 상승변곡점, 3일선 안착)

앞서 우리는 3일선 안착이 왜 매수 시점이며 주가가 상승하기 위한 필요충분인지에 대하여 (설마 까먹은 것은 아니겠지요) 뿐만 아니라 어느 자리에서 손절해야 하는지에 대한 여부도 공부를 하였습니다. 그러면 지금 제가 다섯 개의 차트를 보여드리겠습니다. 20일선 첫 번째 눌림목 자리를 동그라미 치고 또한 손절라인도 정해 보시길 바랍니다. 차트가 주는 정보를 글로 적어보시기 바랍니다.

문제 1 LIG넥스원

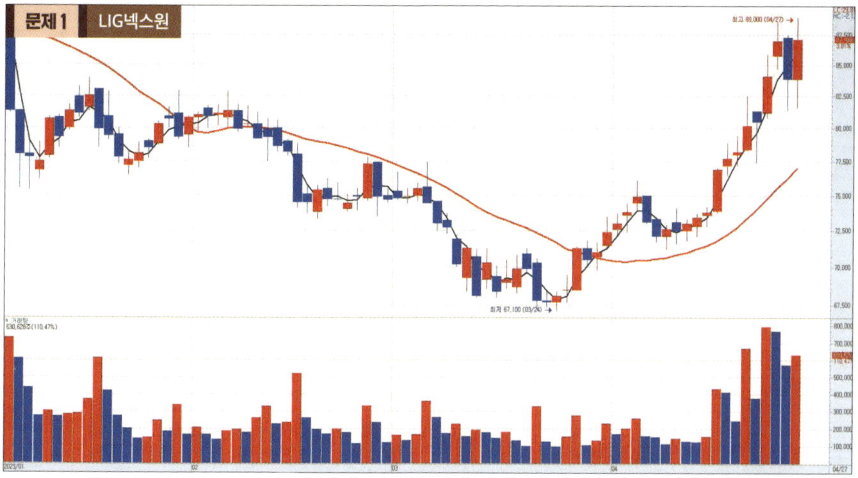

문제 2 기아

문제 3 레이크머티리얼즈

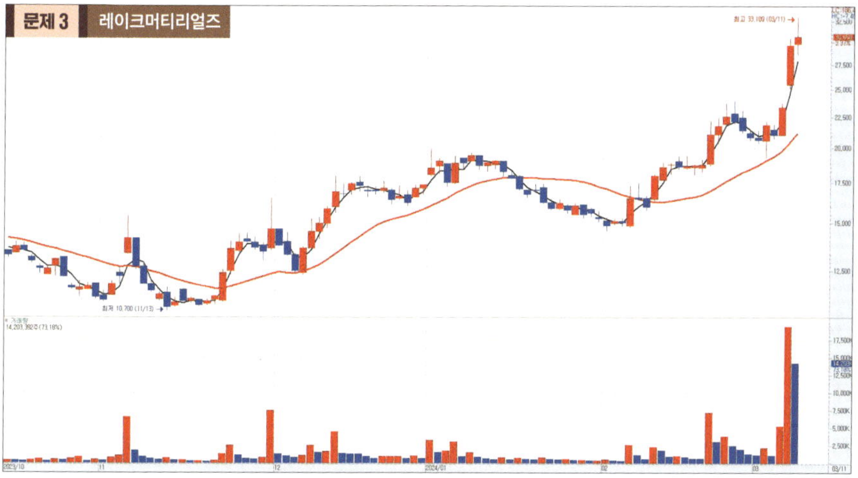

01. 20일선과 3일선으로 매수를 결정하다 - 1

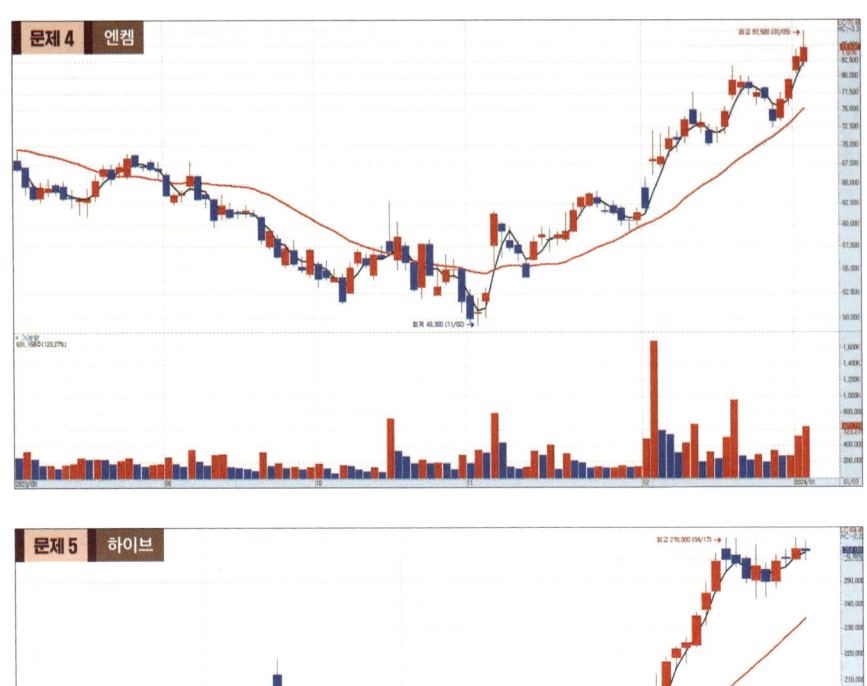

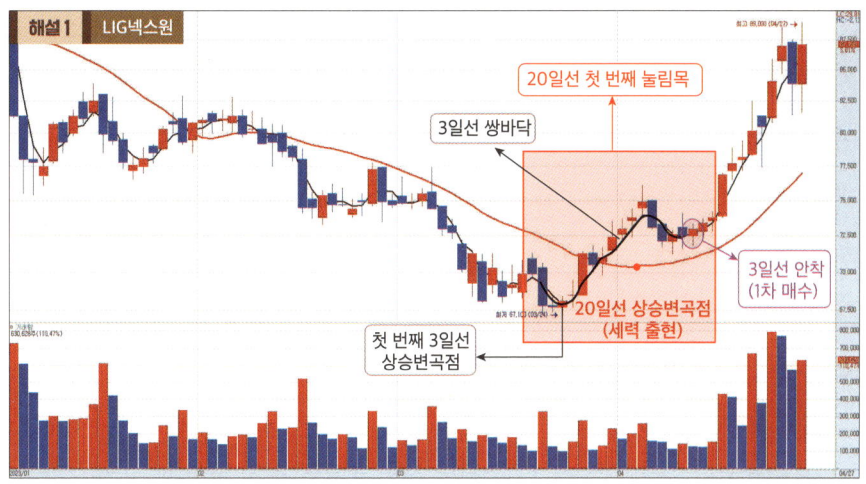

LIG넥스원에 대한 해설입니다.

하락을 이어가던 LIG넥스원에 20일선 상승변곡점이 출현했습니다. 20일선 상승변곡점은 개인이 만들 수 있는 영역이 아니라 최소 10일 이상 누군가 매수해야 생기는 지점이며 이는 곧 세력의 출현을 의미합니다.

20일선에 상승변곡점이 만들어진 이후 20일선의 추세가 조금씩 우상향일 때 동시에 만들어지는 3일선 쌍바닥은 아주 괜찮은 매수 포인트입니다. LIG넥스원 차트를 유심히 보면 20일선 상승변곡점이 만들어지기 전에 먼저 3일선 상승변곡점이 만들어지고 이후 20일선 위에서 또 한 번의 3일선 상승변곡점이 만들어졌습니다. 즉 20일선을 위아래로 걸치면서 3일선 쌍바닥이 만들어지는 것을 볼 수 있습니다.

차트가 주는 정보를 글로 표현하면

> 20일선 상승변곡점의 출현으로 세력이 해당 종목에 들어와 있는 것을 확인하였으며 20일선의 우상향과 동시에 3일선 쌍바닥은 저가 매수세의 출현으로 매수 타이밍이 온 것을 말해줍니다.

다른 관점으로 차트가 주는 정보를 글로 표현해 보겠습니다.

상승하는 이동평균선은 지지선 역할을 합니다. (이에 대한 자세한 설명은 개미대학 시리즈 1권 '세력의 매집 원가 구하기'를 참고하시길 바랍니다.) 20일선의 상승이 주는 정보는 지금부터 과거 20일동안 이 종목의 거래에 참여한 사람들의 비율이 매도보다는 매수가 많기 때문에 나온 결과물이며, 해당 종목에 주식 투자를 한 사람들은 현재 이 종목에 대한 관점이 보유하고 있으면 수익을 줄 거라는 생각이 팽배합니다. 그리고 미처 매수하지 못한 사람들은 주가가 내려 왔을 때 매수를 하려고 준비 중인 상태입니다.

따라서 해당 종목에 매수한 사람들의 전반적인 심리는 그 종목이 내려왔을 때 매도보다는 매수를 하는 심리가 압도적으로 많기 때문에 상승하며 이러한 이동평균선은 지지선 역할을 해주게 됩니다. 그리고 그때 상승하기 위한 필요충분조건인 3일선 안착은 매수 타이밍이 됩니다.

LIG넥스원 설명에서 보면 3일선 안착일 때를 1차 매수 타이밍이라고 표기를 하였습니다. 그러면 2차 매수 타이밍은 언제일까요? 혹시 보이시나요? 해당 그림을 다시 한 번 잘 살펴보시기를 바랍니다. 시간이 걸리더라도 2차 매수 타이밍의 자리에 대하여 생각해 보시기를 바랍니다.

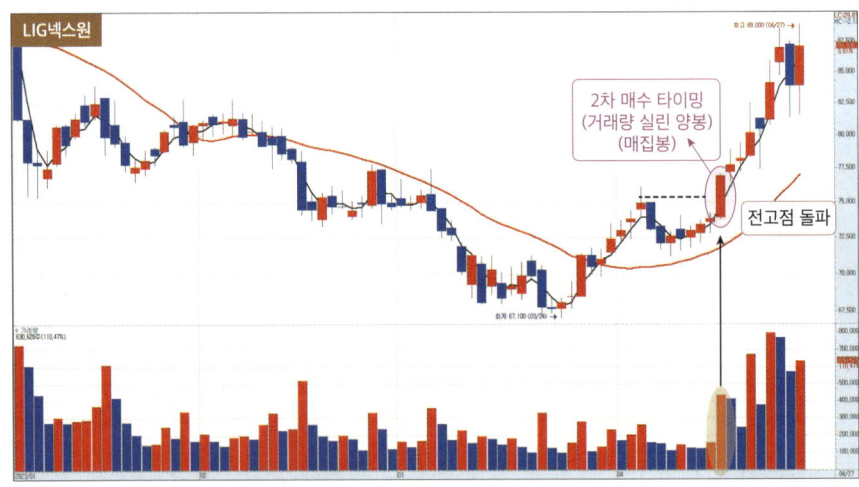

2차 매수 타이밍은 3일선 안착 후 출현한 거래량 실린 양봉입니다. 거래량은 관심의 크기이며 그 관심의 크기는 주가 상승에 에너지로 발현됩니다. 20일선 첫 번째 눌림목 이후 나타나는 거래량 실린 양봉은 세력의 출현(20일선 상승변곡점)과 저가 매수세의 유입(3일선 쌍바닥)과 더불어 또 하나의 주가 상승의 강력한 지표입니다.

차트가 20일선 첫 번째 눌림목을 만들어가는 과정에서 개인적인 매수 타이밍은 3일선 안착할 때 1차 매수를 하고 이후 거래량 실린 양봉이 나오면 2차 매수를 합니다. 만약에 첫 번째 눌림목 자리에서 3일선 안착과 거래량 실린 양봉이 동시에 나오면 비중을 조금 더 싣는 것을 선호합니다.

앞서 우리는 매물대를 공부한 바가 있습니다. 20일선 첫 번째 눌림목 부근에 가장 많은 매물대를 밑에 두거나 혹은 돌파하는 순간이라면 그 순간이 또한 매수 타이밍이라고 설명한 바가 있습니다. 위 종목에서 20일선 첫 번째 눌림목을 만들고 거래량 실린 양봉이 나왔을 때 매물대 차트를 보도록 하겠습니다.

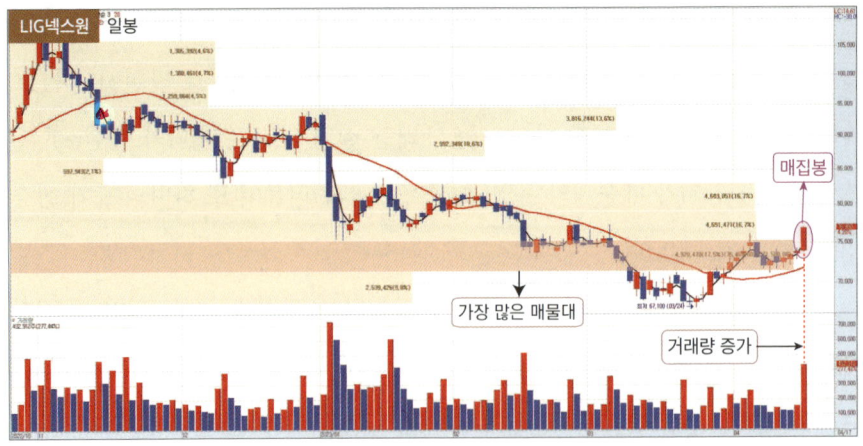

　　LIG넥스원 일봉 차트의 매물대 기간은 120일입니다. 20일선 첫 번째 눌림목을 만들고 거래량 실린 양봉이 출현할 때 가장 많은 매물대를 돌파하는 순간이었습니다. 가장 많은 매물대를 밑에 깔고 만들어지는 20일선 첫 번째 눌림목은 단기이든 장기이든 좋은 매수 시점입니다.

　　[문제1]의 차트에서 매수를 해야 하는 이유를 정리를 하면

> 1. 20일선 상승변곡점 출현 (세력의 출현)
> 2. 3일선 쌍바닥 (저가 매수세 출현)
> 3. 거래량 실린 양봉-매집봉 (추가 상승의 증거)
> 4. 가장 많은 매물대 돌파 (매물 소화)

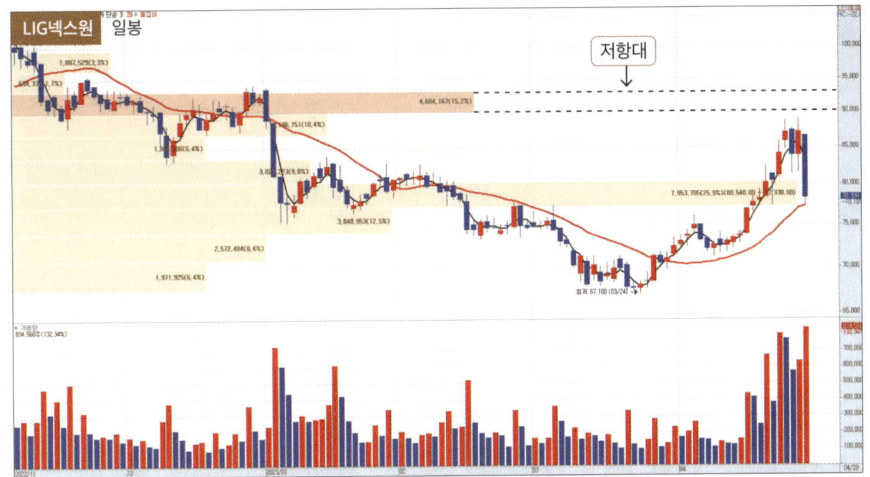

　이후 LIG넥스원 거래량이 실리면서 상승을 하다가 두 번째로 많은 매물대 구간을 뚫지 못하고 하락하는 모습을 보입니다. 주가가 상승할 시 첫 번째로 많은 매물대 혹은 두 번째로 많은 매물대는 강한 저항대 역할을 하며 이를 돌파하기 위해서는 양봉과 함께 많은 거래량이 필요합니다. 하지만 해당 종목은 거래량 실린 양봉이 아닌 거래량 실린 음봉이 출현하므로 이후 조정이 올 것을 암시합니다.

　보통 내가 매수를 하고 나서 짧은 기간에 큰 수익이 나면 해당 종목을 사랑(?)하게 되는 성향이 있는데 강한 저항대에서 밑으로 향하는 거래량 실린 음봉은 일단 매도하고 다시 지켜보는 것을 권합니다. 가장 많은 혹은 두 번째로 많은 매물대 위에서 출현한 거래량 실린 양봉이 매수 타이밍이라면 가장 많은 혹은 두 번째로 많은 매물대에서 출현하는 거래량 실린 음봉은 매도 타이밍입니다.

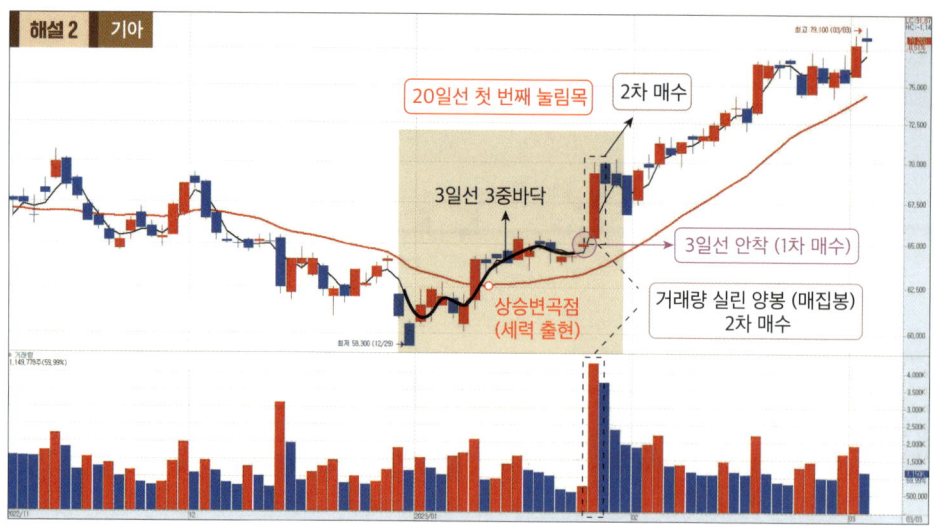

기아 차트에 대한 해설입니다.

첫 번째로는 3일선 3중 바닥으로 해당 종목에 저가 매수세가 유입되는 것을 확인할 수 있습니다. 특히 상승변곡점 전에 출현한 3일선 쌍바닥은 20일선 상승변곡점의 출현을 예고합니다. 이후 20일선 상승변곡점이 만들어지고 3중 바닥이 만들어지는 시점과 동시에 3일선 안착의 모습을 보인 십자선 캔들이 1차 매수 시점이며 이후 거래량 실린 양봉이 2차 매수 시점입니다. 20일선 첫 번째 눌림목의 공략은 최저점에서 매수할 수 없지만(최저점 매수는 신의 영역) 어느 정도 바닥을 다지고 상승하는 종목에서 매수할 수 있는 아주 좋은 공략법입니다.

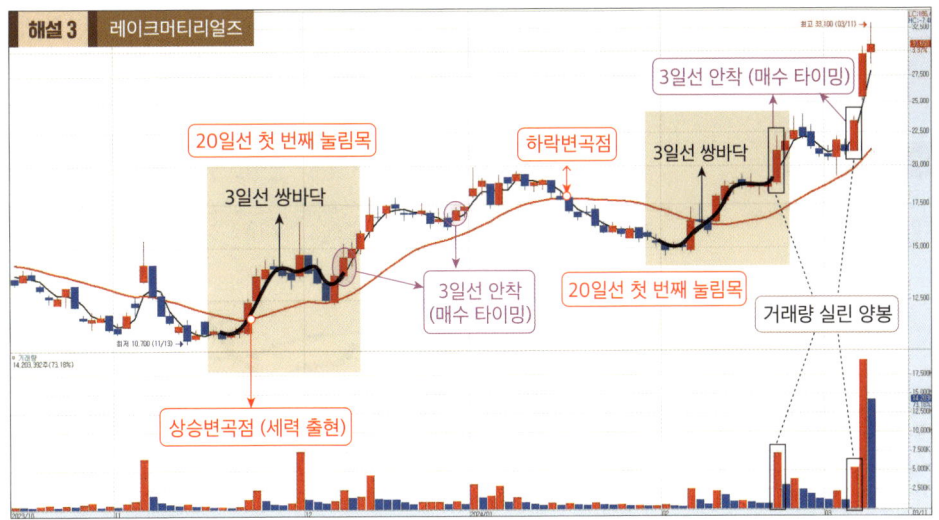

레이크머티리얼즈 차트에 대한 해설입니다.

20일선 상승변곡점의 출현 이후 추세는 우상향이 진행되는 가운데 3일선 쌍바닥이 만들어지며 3일선 안착하는 모습이 나왔습니다. 이후 한 번 더 3일선 안착하는 모습이 나오며 또 한 번의 매수기회를 주었습니다. 이후 20일선이 하향 추세로 진행되다가 다시 한 번 20일선을 뚫고 거래량 실린 양봉이 두 차례 나왔으며 이 두 번 모두 매수 타이밍에 해당합니다. 만약 이 책의 내용을 정확하게 공부하셨다면 최소한 네 번의 매수 타이밍이 보여야 합니다.

[문제3]에서는 여러분들이 또 눈에 보여야 할 것이 있는데 바로 20일선 쌍바닥입니다.

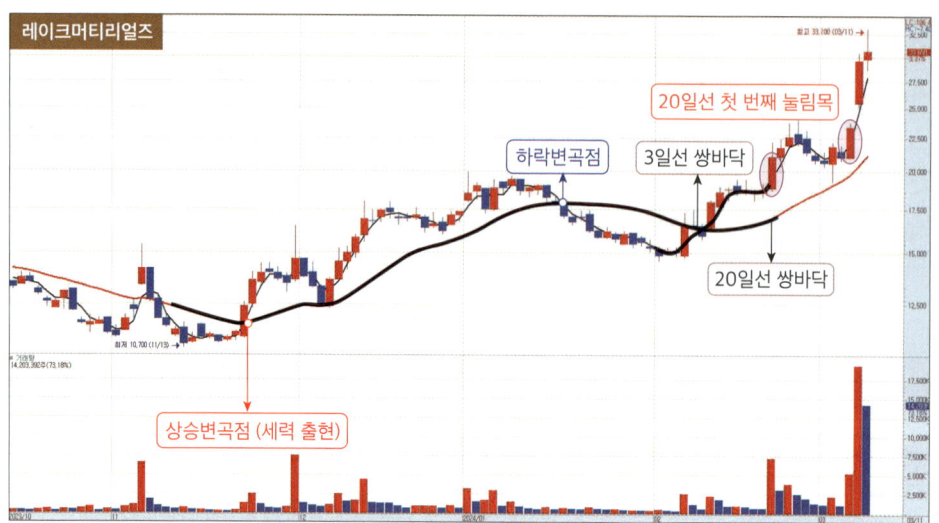

20일선 쌍바닥을 만든 이후에 만들어진 눌림목은 매물 소화 과정을 거쳤기 때문에 아주 좋은 매수 시점입니다. 이에 대한 설명은 다음 장에서 자세히 하도록 하겠습니다. 지금은 예습이라고 생각하고 보시기 바랍니다.

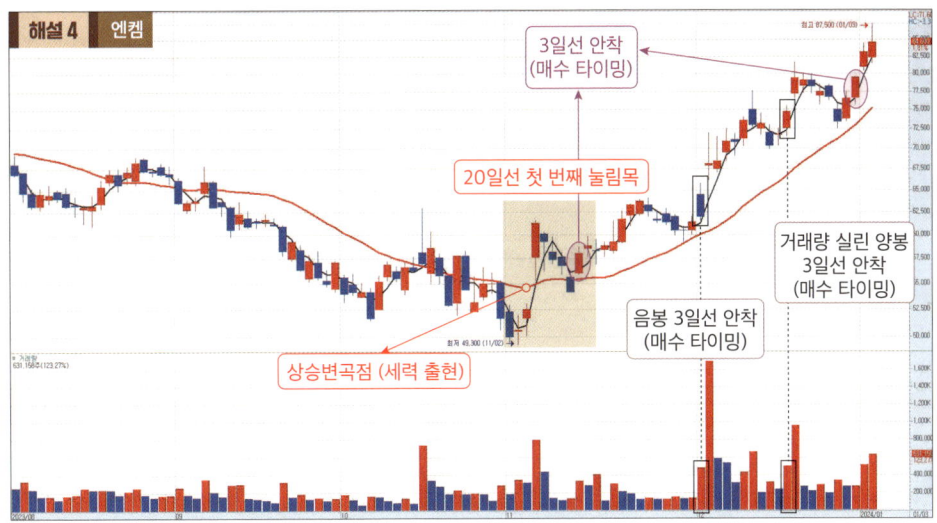

엔켐 차트에 대한 해설입니다. 그런데 엔켐 차트에서는 추가로 하나 더 공부하여야 할 것이 있는데 바로 음봉 안착입니다.

3일선 위에 보통 양봉 안착만 생각하는데 음봉 안착도 매수 타이밍이 될 수 있습니다. 음봉은 기본적으로 매도와 매수의 싸움 중 매도가 이겼을 때 나오는 캔들입니다. 따라서 당일 음봉 안착이 나왔을 경우 당일 매도세가 장 중에 더 센 것을 고려하여 일부 매수를 하고 다음 날 양봉일 때 매수를 하는 것을 권합니다. 만일 다음날 음봉이 나오면 전일 음봉 안착 때 매수한 물량을 일부 정리하는 것이 합리적인 선택입니다.

음봉으로 안착한 다음 날 양봉에서 매수하는 논리적인 이유는 매집의 형태 중 꼭 양봉만 매집의 형태가 아니기 때문입니다. 주가를 올리는 척하고 이후 주가의 상승을 세력이 방해하면서 이후 실망 매물을 개인투자자들이 내놓으면 세력이 이를 매집의 기회로 사용하기 때문입니다. 매집의 기회로 사용한 그 증거는 그 다음 날 캔들로 확인이 되는데 양봉이면 전일 거래량 실린 음봉 안착이 매집의 증거이며 반대로 음봉일 경우는 어제의 거래량 실린 음봉이 말 그대로 매도의 증거입니다. 따라서 거래량 실린 음봉 안착일 경우 당일 조금 매수를 하던가 아니면 다음 날 확인을 하고 매수하는 것도 좋은 방법입니다.

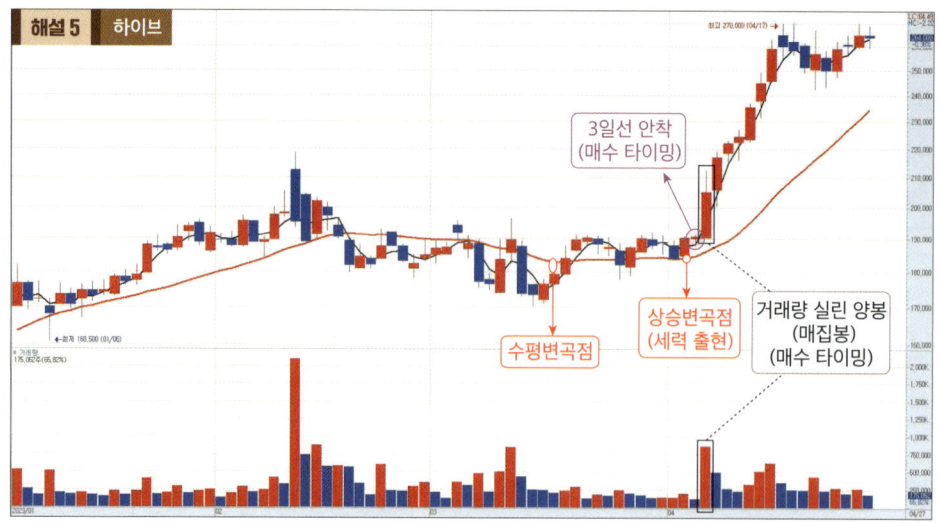

하이브 차트에 대한 해설입니다.

3일선 안착에 대해서 설명할 때 반드시 필요한 것 중의 하나가 바로 수평변곡점과 상승변곡점의 출현이라고 했습니다. 마찬가지로 중장기적으로 주가가 상승하기 위한 필요충분조건 중의 하나가 20일선 수평변곡점과 상승변곡점입니다.

20일선이 하락을 이어가다 바로 세력이 입성해서 상승변곡점으로 세력의 출현을 알리기도 하지만 때로는 수평변곡점을 먼저 출현시킨 후에 이후 상승변곡점을 만드는 경우도 매우 많습니다. 수평변곡점으로 진행할 경우는 아직 세력이 들어와 있다고 확신할 수 없는 단계입니다. 만약에 세력이 해당 종목에 자금을 투입하고 종목을 상승시킨다면 반드시 나와야 할 증거가 상승변곡점입니다. 즉 수평변곡점은 해당 종목이 하락을 멈췄다는 다시 말해 매도세가 진정되었다는 증거만 보일 뿐이며 세력의 존재 여부는 우리에게 알려주지 않습니다.

하이브 차트에서 매수 타이밍은 상승변곡점 출현과 동시에 나타난 3일선 안착이며, 이후 더 확실한 증거는 거래량 실린 양봉입니다. 거래량 실린 양봉은 20일선의 상승변곡점을 더욱 뚜렷하게 차트에서 보여주며 이는 다른 말로 세력이 해당 종목에 들어왔음을 알려주는 신호입니다. 즉 상승변곡점 출현 이후 바로 나타나는 거래량 실린 양봉(매집봉)은 좋은 매수 타이밍입니다.

20일선과 3일선으로
매수를 결정하다 - 2

작은 파동이 큰 파동을 이끌어낸다

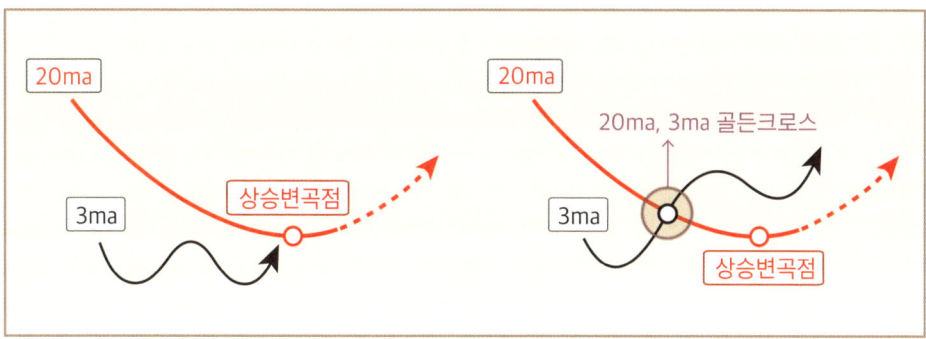

위 그림에서 보면 20일선 상승변곡점이 만들어지는 두 가지 경우의 수에 관해서 설명하고 있습니다. 내려오고 있는 20일선 이동평균선에는 세력이 없습니다. (이에 대한 자세한 설명은 개미대학 주식서적 시리즈 1권 '세력의 매집 원가 구하기'를 참고하시길 바랍니다.) 우리가 20일선 첫 번째 눌림목을 주목하는 이유는 세력이 해당 종목에 들어와 있음을 확인하고 상승의 출발점에서 세력과 같이 매수를 하기 위해 첫 번째 눌림목을 공부하는 것입니다. 그러면 또 한 번 생각해 봐야 할 것이 20일선 상승변곡점이 만들어지는 원리입니다.

3일선 쌍바닥은 짧은기간의 매수세를 의미합니다. 3일선 상승변곡점이 만들어지는 데 필요한 시간은 최소 3일부터 5일입니다. 하락변곡점도 마찬가지로 만들어지는 데 필요한 시간은 3일에서 5일입니다. 그러면 두 번의 상승변곡점과 한 번의 하락변곡점이 만들어지는 데 필요한 시간은 9일에서 15일입니다. ==9일에서 15일 동안 만들어진 3일선 쌍바닥은 내려오고 있는 20일 이동평균선의 하락 각도를 완만하게 하는 역할을 합니다. 내려오고 있는 20일선의 하락 각도를 완만하게 한다는 말은 다른 말로 표현하면 매물 소화를 해나가며 바닥을 다지고 있다는 뜻입니다.==

위 첫 번째 그림에서 20일선 상승변곡점이 만들어지기 전에 전개되는 3일선 쌍바닥이 바로 매물 소화를 하는 차트의 모습입니다. 이후 매물 소화가 끝나면 매도의 물량이 없어지고 이후 상승변곡점이 출현하게 됩니다. 이러한 현상을 더 간단하게 말하면 20일선 상승변곡점이 출현하기 전에 3일선 쌍바닥은 20일선 상승변곡점의 출현을 예고한다는 것입니다.

위 두 번째 그림에서는 첫 번째 그림보다 더 강한 매물 소화를 하는 모습을 보여주고 있습니다. 첫 번째 그림은 3일선과 20일선의 골든크로스를 발생시키지 못한 채 20일선 밑에서 매물을 소화하는 과정을 보여주고 있다면, 두 번째 그림은 3일선과 20일선의 골든크로스가 발생되어 보다 강한 매수세로 매물을 소화하는 것을 보여줍니다.

골든크로스의 의미 자체가 매물 소화의 과정이라고 보면 됩니다. 3일선과 20일선의 골든크로스는 3일선 상승변곡점을 만든 저가 매수세가 내려오고 있는 20일선에 걸쳐있는, 다른 말로 물려 있는 사람들의 매물을 소화했다는 뜻입니다. 이후 다시 한 번 3일선 상승변곡점이 나타나면서 동시에 20일선 상승변곡점도 만들어내는 모습이 우리가 보통 눌림목이라고 하는 구간입니다.

정리를 하면 20일선의 상승변곡점이 나타나기 위한 필요충분조건은 3일선 쌍바닥이며 이러한 3일선 쌍바닥은 20일선 밑에서 전개되기도 하고 20일선과 골든크로스를 발생시킨 후 전개되기도 합니다. 1번 그림에서 20일선의 매물을 소화하는 과정도 그리고 2번 그림에서 3일선과 20일선의 골든크로스가 나오는 모습도 역시 세력의 모습이며 이때 만들어진 20일선 상승변곡점을 우리는 세력의 본전, 즉 매집 원가로 간주하는 것입니다.

이 글을 읽는 분들은 왜 매물 소화 과정에서 나오는 20일 상승변곡점이 세력의 본전이냐고 질문하시는 분도 있을 것입니다. 다른 관점에서 설명을 해드리면 3일선이 다중바닥을 만드는 데 필요한 시간이 최소 9일에서 15일이라고 했는데 그 기간 동안 해당 종목에 확신을 가지고 매수하는 것은 개인투자자들의 영역이 아니라 집단의 영역이며 그 집단을 우리는 세력이라고 부릅니다.

우리가 세력을 정의할 때 작전을 해서 주가를 크게 끌어올리는 것도 세력으로 볼 수 있지만, 정보와 자금을 가지고 해당 종목에 먼저 들어온 그룹도 세력이라고 정의할 수 있습니다. 이러한 관점에서 20일선 상승변곡점 부근에 세력의 돈이 모여있다는 것은 합리적인 추론입니다.

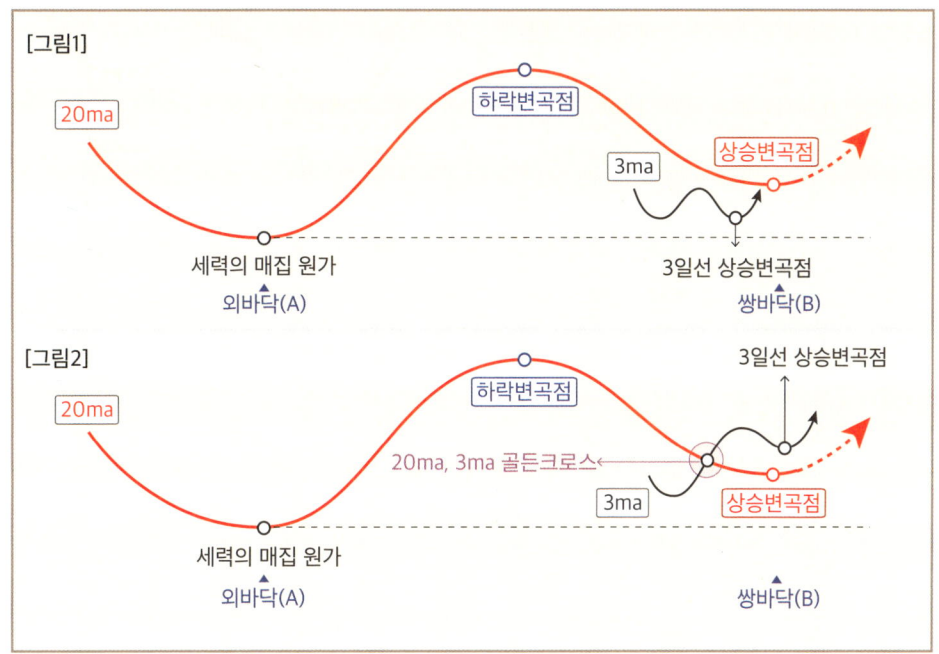

세력의 본전을 확인하고 매수하는 방법

개인적으로 기술적 분석을 한 장의 그림으로 압축해서 설명하라고 한다면 저는 20일선 쌍바닥의 그림을 그릴 것입니다. 20일선 쌍바닥은 세력의 본전을 확인하고 매수하는 방법이기 때문입니다. 그 쌍바닥의 모습은 일봉에서 나타나지만 때로는 분봉, 때로는 주봉, 때로는 월봉에서도 쌍바닥의 모습이 나타납니다. 우리가 세력의 본전 개념을 응용해서 쓸 수 있는 차트는 분봉 차트, 일봉 차트, 주봉 차트까지이며 월봉 차트는 세력의 매집 원가에서 제외합니다. 그 이유에 대해서는 다음에 다시 한 번 설명하도록 하겠습니다.

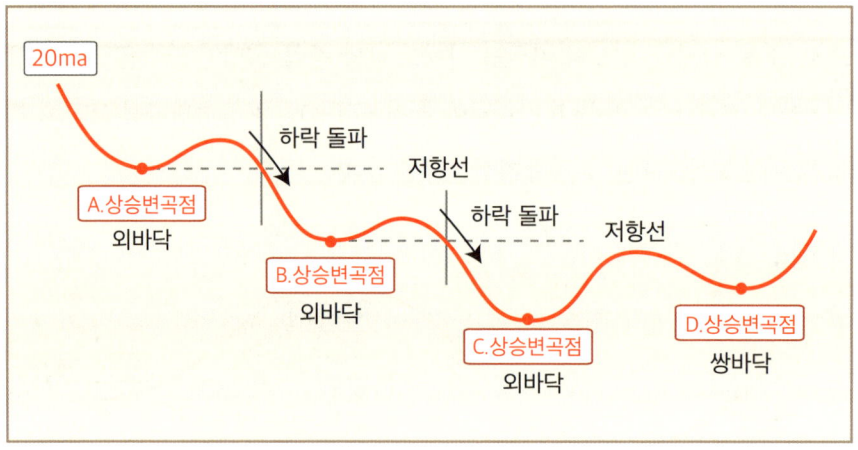

A, B, C, D 전부 다 20일선 상승변곡점입니다. 그런데 A, B, C는 외바닥이라고 표기를 하고 D지점을 쌍바닥이라고 표기했습니다. 만약에 A, B지점이 세력의 자본이 투입된 구간이라고 한다면 즉, 세력의 매집 원가라고 한다면 이후 주가가 다시 하락할 때 세력의 매집 원가 가격 밑으로 하락하는 것을 허용하지 않을 것입니다. 이는 두 가지 관점에서 추론해 볼 수 있는데 첫 번째 관점은 만약에 세력이 분할 매수를 해서 20일선 상승변곡점을 만들었을 경우 해당 가격대가 세력의 입장에서는 저점이라고 판단했을 것입니다. 이후 다시 주가가 소폭 상승 후 하락을 했을 때 세력의 입장에서 저점이라고 생각되는

가격까지 내려왔을 때 세력은 추가 매수를 할 것입니다.

두 번째 이유는 세력의 매집 원가 밑으로 내려가게 되면 이후 다시 끌어올리는 데 많은 돈이 필요합니다. 즉 자본의 효율성을 추구할 수 없습니다.

상승변곡점 밑으로 가격이 내려오게 되면 이 상승변곡점은 저항선으로 바뀌게 됩니다. 앞서 설명한 박스권 하단 추세선을 주가가 하락 돌파하게 되면 돌파한 하락 추세선이 다시 주가가 상승할 때 저항선으로 바뀌는 것과 같습니다. 이동평균선도 상승 중에는 지지선 역할을 하고 하락 중에서는 저항선 역할을 해줍니다. 그리고 상승변곡점과 하락변곡점도 각각 지지선과 저항선의 역할을 하게 됩니다.

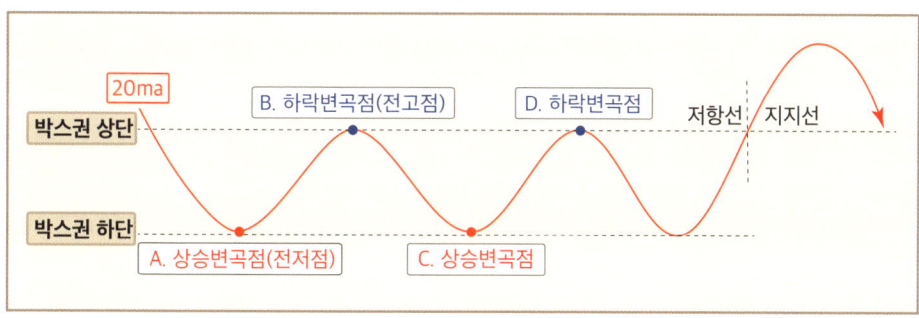

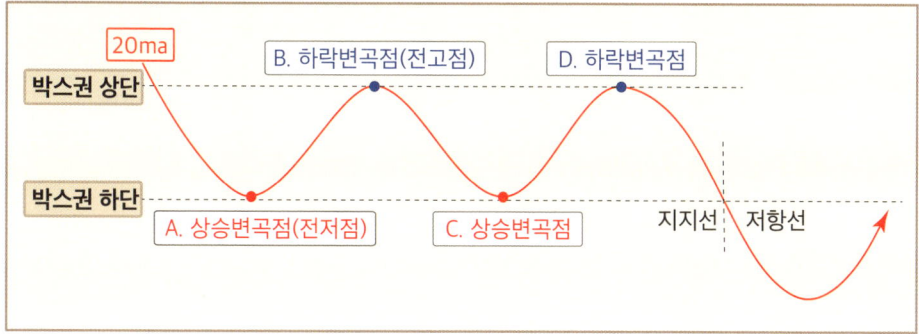

위 그림에서 주가의 흐름을 20일 이동평균선으로 바꿔 생각하면 왜 상승변곡점이 지지선 역할을 하며 왜 하락변곡점이 저항선 역할을 하게 되는지 이해가 될 겁니다. 그뿐만 아니라 앞에 위치한 하락변곡점을 상향돌파 후 해당 변곡점이 왜 지지선으로 바뀌며 반대로 앞에 위치한 상승변곡점을 하락 돌파할 때

돌파한 변곡점이 왜 저항선으로 바뀌는지도 이해 되실 거라 생각됩니다.

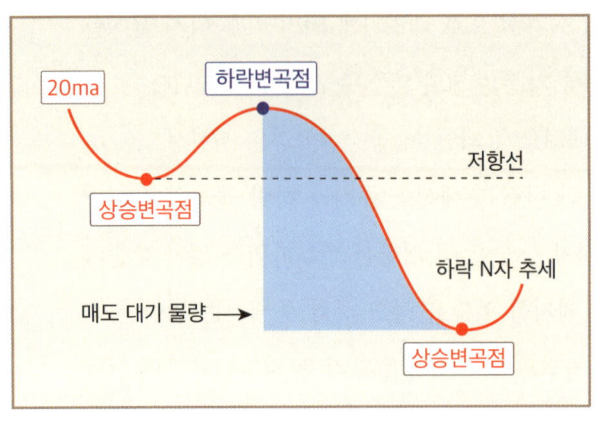

앞의 상승변곡점을 하락 돌파한 주가는 다시 올라올 때 하락변곡점부터 다시 상승변곡점까지 만들어진 매물 즉, 물려있는 사람들의 마이너스 계좌를 해결해 주고 올라와야 합니다. 즉 세력의 입장에서는 많은 돈이 추가로 필요하게 됩니다. 자본을 효율적으로 운용해서 기회비용을 최소화하고 수익을 극대화하는 게 세력의 목적이라고 한다면 본인들의 매집 원가 부근 이하로 주가하락을 하는 것은 세력의 목적에 부합하지 않습니다.

두 가지 이유를 간단히 정리하면 만약에 세력이 해당 종목에서 매집했다면

첫 번째, 매집 원가 부근으로 다시 가격이 내려왔을 때 세력의 입장에서는 또 한 번의 매집 기회라고 생각하고 매수를 하며
두 번째, 매집 원가 이하로 내려가게 될 경우 다시 주가를 끌어올릴 때 돈이 추가로 들기 때문에 세력의 입장에서는 굉장히 부담되기 때문에 본인들의 매집 가격 부근에서 가격 방어를 하려고 한다는 것입니다.

이러한 두 가지 가정이 무너졌을 때 즉 세력이 없다고 판단되는 것이며 하락하는 종목에 매수세 실종은 20일선을 하락 N자로 추세를 만들게 됩니다.

만약 두 가지 가정이 맞을 경우 외바닥에서 만들어진 상승변곡점은 세력의 본전이며 그 외바닥을 훼손하지 않고 반등할 때 20일선은 쌍바닥을 만들게 됩니다.

그래서 개인적으로 세상에 나와 있는 모든 기술적 분석의 핵심은 쌍바닥에서 매수하라는 것으로 요약된다고 생각합니다. 그 배경에는 세력의 입장에서 차트를 바라보는 시각과 더불어 세

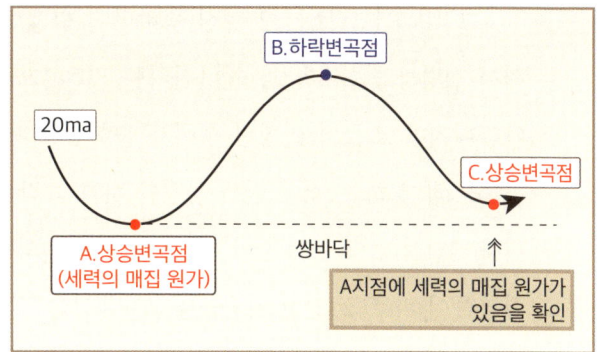

력의 매집 원가의 개념이 들어간 자리가 바로 쌍바닥 자리이기 때문입니다. 만약 2~3일 정도 기간의 투자(스윙투자)를 선호하는 개인투자자이라면 3일선 쌍바닥과 중장기 투자를 선호하는 개인투자자라면 20일선 쌍바닥을 공략하는 것이 효과적이라고 생각됩니다.

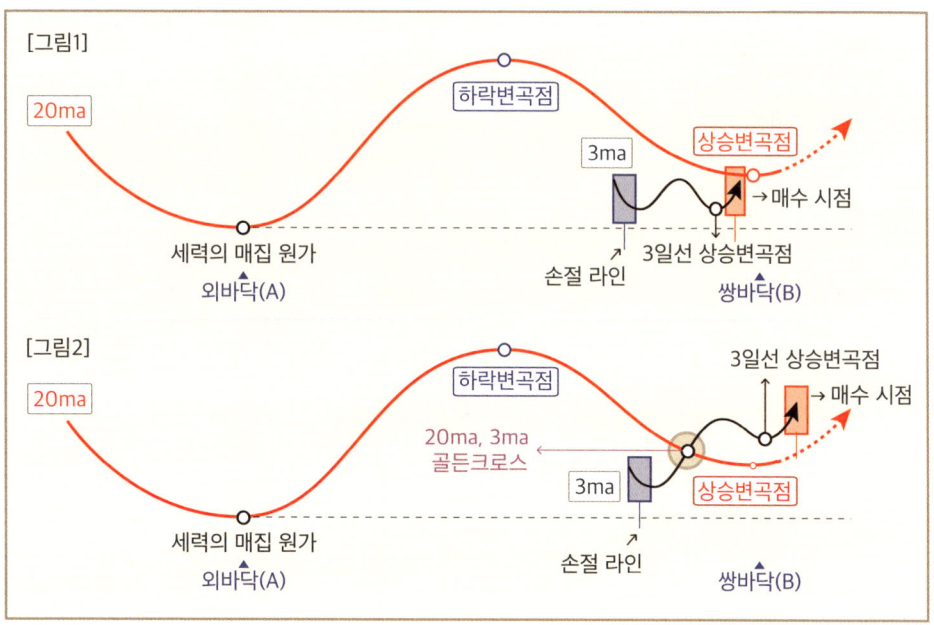

다시 위 그림을 살펴보게 되면 앞서 설명한 것처럼 외바닥 자리가 왜 세력의 본전이며 세력의 본전을 지키고 상승하는 20일선 쌍바닥 자리에서 매수해야 하는지에 대한 이유에 대해서 스스로에게 설득이 되었을 것으로 생각합니다.

[그림1]과 [그림2]는 20일선 쌍바닥이 만들어지는 두 개의 경우의 수에 대해서 설명하였습니다. 자주 나타나는 것은 [그림2]에 해당하며 [그림1]도 종종 나타나지만 조금씩 변형된 형태가 출현합니다. [그림1]에서 독자 여러분들이 꼭 숙지해야 하는 것은 앞서 설명한 것처럼 '작은 파동이 큰 파동을 만든다'입니다. 3일선의 작은 파동이 내려오는 20일선의 하락 파동을 막아주면 생기는 결과물이 바로 '20일선 상승변곡점이다'라는 것을 머릿속에 꼭 기억하시길 바랍니다. 이후 이 개념은 추후에 많은 곳에서 응용이 됩니다.

[그림1]에서 매수 시점은 세력의 매집 원가인 외바닥의 가격대를 훼손하지 않고 3일선이 쌍바닥을 그리는 시점이 매수 시점입니다. 손절 라인은 앞서 PART 01에서 배웠던 3일선 변곡점 전후에 나타나는 캔들의 최저점인데 보통 3일선 외바닥에서의 저점을 손절 라인으로 정할 것을 권장하나 개인의 투자 성향에 따라 쌍바닥에서 만들어지는 캔들의 최저점을 손절 라인으로 해도 상관없습니다.

[그림2]에서 매수 시점은 앞서 배운 외바닥에서 20일선 첫 번째 눌림목과 형태가 같습니다. 캔들이 3일선 안착 후 매수하는 것이며 손절 라인을 위에 설명한 바와 같이 개인의 투자 성향에 따라 3일선 외바닥 혹은 쌍바닥에서 만들어진 캔들의 최저점을 손절 라인으로 정하면 됩니다. 언제나 말했듯이 차트를 보고 말로 설명하거나 혹은 텍스트로 쓸 줄 알아야 투자가 가능하다고 수차례 강조를 해왔습니다. 20일선 쌍바닥이 만들어지는 원리에 대해 자세히 설명을 해드렸는데 아래 7개의 차트를 보시고 세력의 매집 원가가 형성된 가격대와 그리고 매수 포인트, 더불어 어디를 손절 라인으로 잡을 것인가에 대한 설명을 각자 나름대로 설명해 보시길 바랍니다.

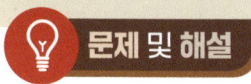

문제 및 해설 — PART 03

문제 1 · LG화학

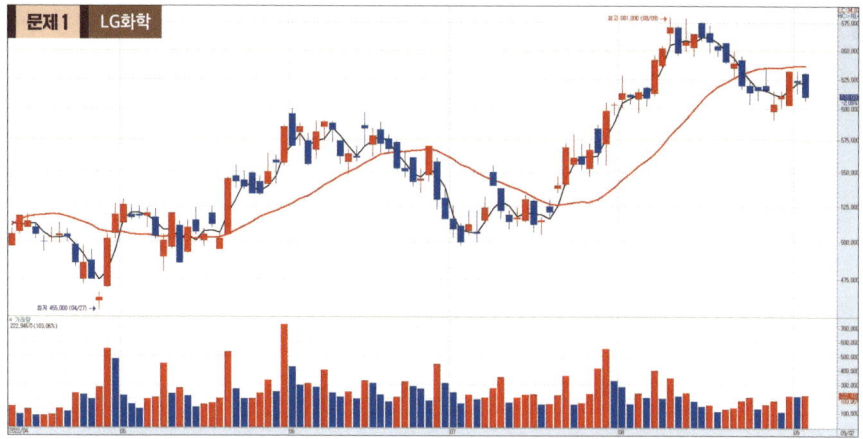

문제 2 · LS

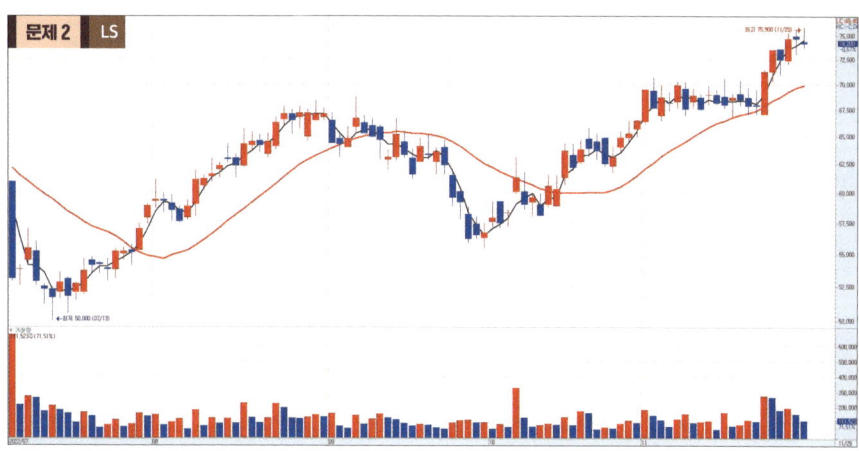

문제 3 · SKC

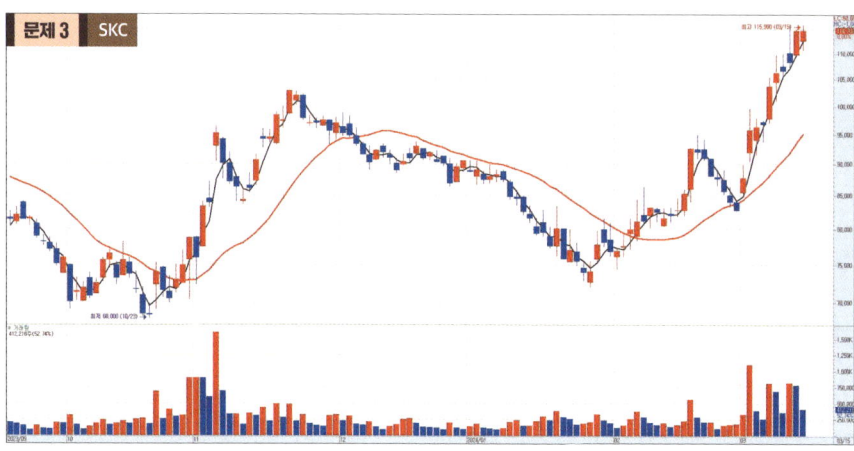

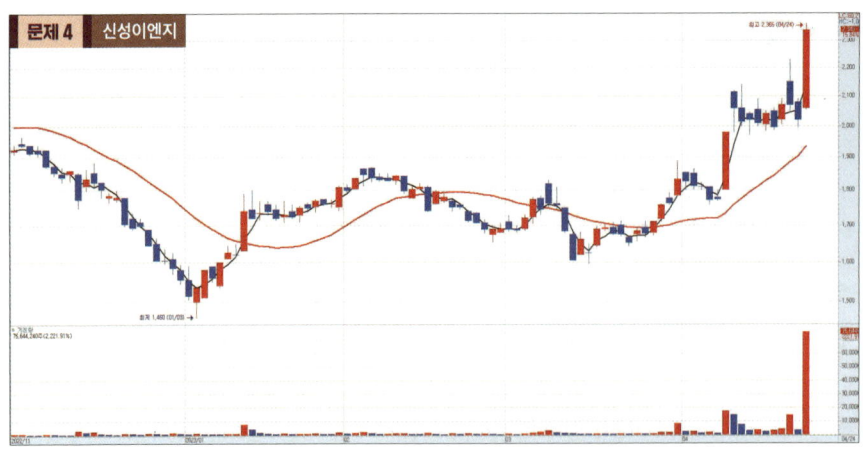

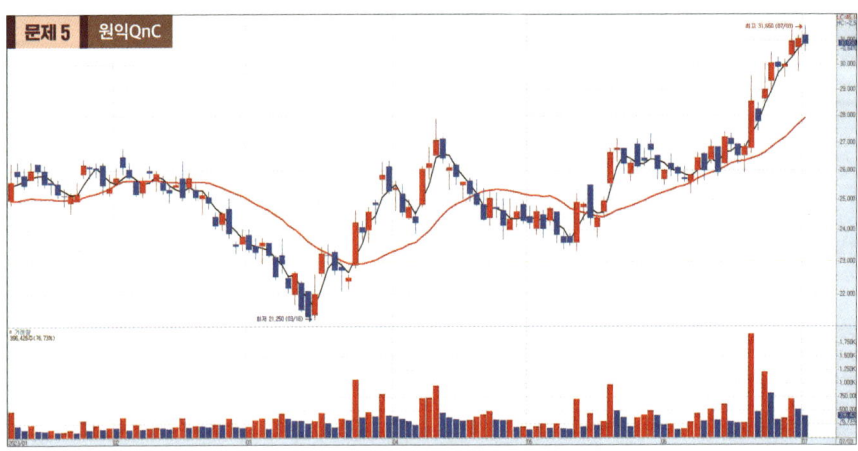

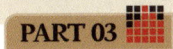

문제 7   지오엘리먼트

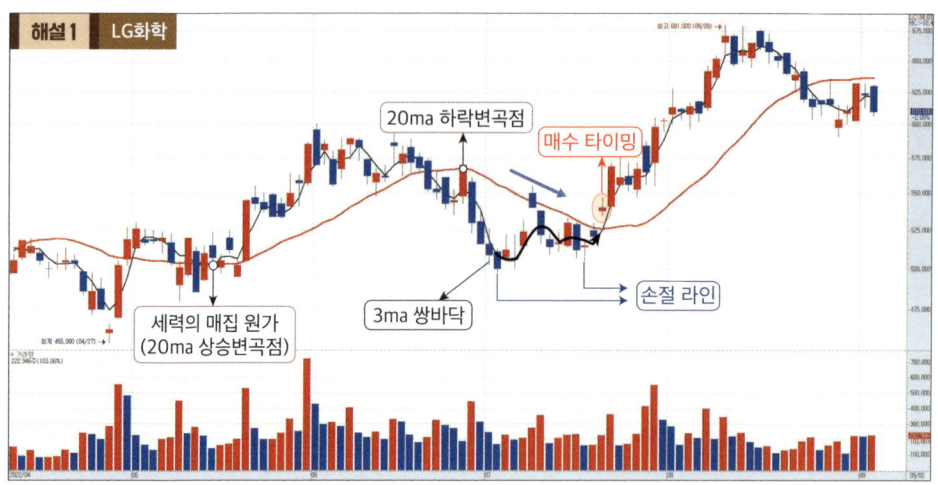

LG화학 차트 해설입니다.

세력의 매집 원가는 앞서 만들어진 상승변곡점이며 이후 주가가 조정이 나왔을 때 세력의 매집 원가를 훼손하지 않는 파동이 나왔습니다. 세력의 매집 원가에서 출현한 3일선 쌍바닥은 하락하는 20일 이동평균선을 더 이상 하락하지 못하게 막았으며 그 결과 20일선 쌍바닥이 만들어졌습니다. 매수 타이밍은 3일선 안착했을 때의 캔들이며 손절 라인은 3일선 쌍바닥에서 만들어진 캔들의 최저점입니다. 앞서 말한 것처럼 3일선 외바닥 지점을 손절 라인으로 잡아도 무방합니다. 이는 개인의 투자 성향 차이이며 어느 라인을 손절 라인으로 잡아야 하는지에 대한 절대적 확률적 근거는 없습니다.

LS 차트 해설입니다.

세력의 매집 원가를 잘 찾아서 라인을 그었는지 궁금합니다. 그리고 3일선 쌍바닥도 잘 찾았는지 궁금하네요. LS 차트에서는 또 한 번의 매수 타이밍이 나오는데 이는 3일선 쌍바닥을 완성 후 또 한 번 출현한 20일선 첫 번째 눌림 목입니다. 쌍바닥에서 20일선 첫 번째 눌림목은 아주 좋은 매수 시점이며 위 그림에서 20일선 첫 번째 눌림목이 만들어질 때 3일선은 저점을 높이는 3중 바닥을 그리며 올라가는 것을 볼 수 있습니다. 다시 정리하면 세력의 매집 원가 부근에서 3일선 쌍바닥이 하락하는 20일선 파동을 더 이상 하락하지 못하게 막아 주었으며 이후 출현한 또 한 번의 3일선 상승변곡점은 20일선 상승변곡점, 즉 쌍바닥을 완성하는 3일선 상승변곡점이 되었습니다.

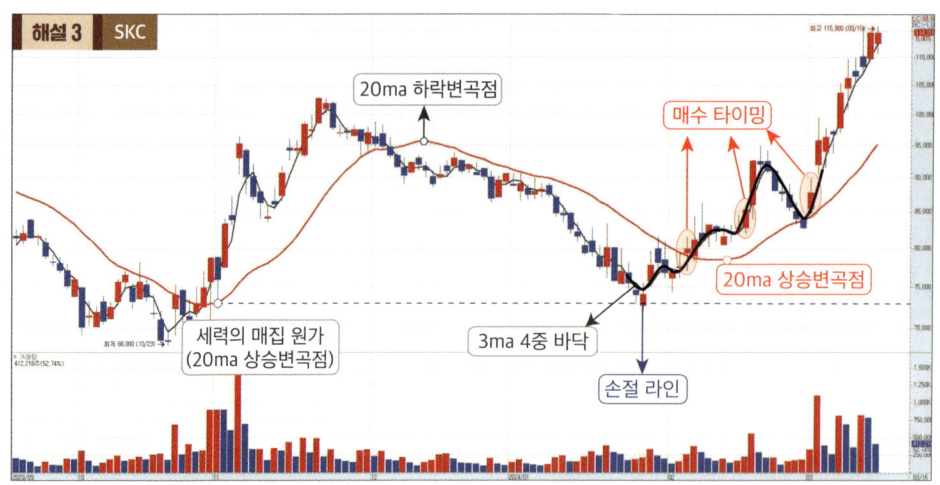

SKC 차트 해설입니다.

세력의 매집 원가를 지지하면서 3일선이 다중바닥을 그리며 매수기회를 주고 있습니다. 첫 번째 매수 타이밍은 3일선 쌍바닥이 만들어지는 시점입니다. 이때까지는 20일 이동평균선이 하락 추세인 것을 볼 수 있습니다. 이후 20일선 돌파 후 두 번째 매수 타이밍에 20일 이동평균선이 우상향으로 꺾이며 쌍바닥이 만들어지는 것을 볼 수 있습니다. 이후 한 번 더 20일선 부근에서의 눌림목이 나오며 한 번 더 3일선은 4중 바닥으로 전개가 되어 올라오는 20일선을 딛고 매수 타이밍을 제공합니다.

첫 번째 매수 타이밍에서 나오는 3일선 쌍바닥은 20일선 하락 파동을 막아내는, 다시 말해 매물을 소화하는 파동이며 두 번째 매수 타이밍은 20일선을 위로 끌어올리는, 즉 상승변곡점을 만드는 매수 타이밍이었으며 세 번째 매수 타이밍은 3일선 2중 바닥으로 확실히 저가 매수가 있음을 차트가 보여주고 있습니다.

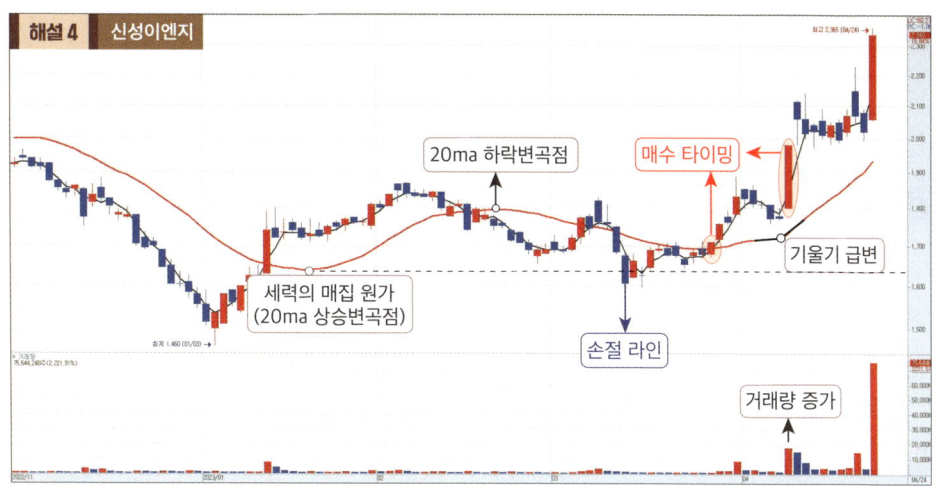

신성이엔지 차트 해설입니다.

　세력의 매집 원가를 훼손하지 않고 그 위에서 3일선이 쌍바닥을 만들면서 20일선의 하락을 방어해 주었습니다. 매수 타이밍은 3일선 쌍바닥을 만든 캔들이며 손절 라인은 3일선 외바닥 최저점입니다. 이후 20일선은 상승 추세로 바뀌는 과정에 거래량 실린 양봉이 출현하면서 기울기가 급변하는 모습을 볼 수 있습니다. 20일선이 상승 추세로 바뀌는 과정에 나오는 거래량 실린 양봉은 20일선의 기울기를 더욱 가파르게 바꾸며 향후 추세가 쉽게 무너지지 않음을 우리에게 알려줍니다.

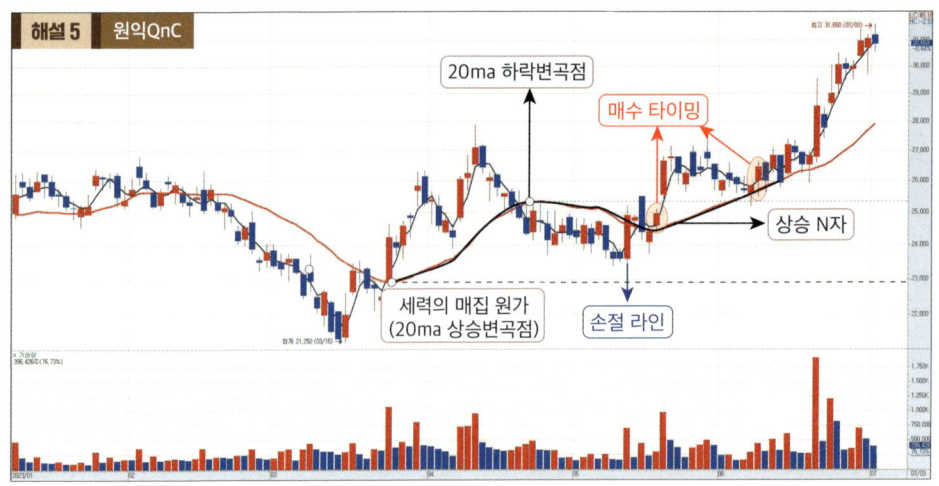

원익QnC 차트 해설입니다.

역시 세력의 매집 원가를 훼손하지 않고 이후 3일선이 다중바닥을 그리면서 20일선을 끌어올리는 모습을 보입니다. 여기서는 두 번의 매수 타이밍이 보일 것입니다. 3일선 쌍바닥을 그리며 상승하는 첫 번째 매수 타이밍과, 두 번째는 20일선 눌림목 부근에서 매수 타이밍이 보일 것입니다.

그런데 이때 20일선 눌림목 부근에서 보이는 매수 타이밍은 20일선 상승 N자 직후에 나온 눌림목입니다. 20일선 첫 번째 눌림목이지만 앞서 다른 문제와는 달리 이 차트에서는 20일선의 상승 N자가 만들어진 후 나온 눌림목이라는 것입니다. 20일선이 상승 N자가 되었다는 것은 그만큼 앞에 매도 대기 물량을 소화했다는 뜻이며 이후 나온 눌림목은 매도 저항이 없는 상태이기 때문에 보다 탄력적인 상승이 나올 수가 있습니다.

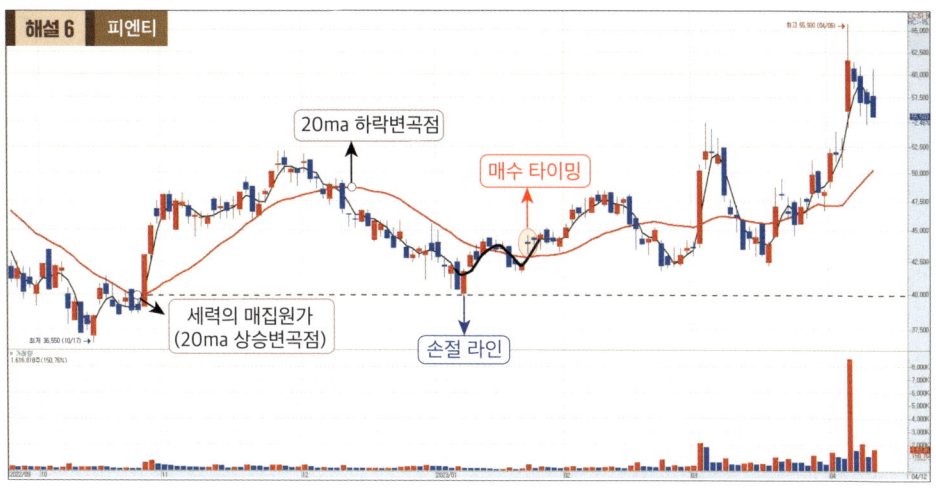

피엔티 차트 해설입니다.

전형적인 세력의 매집 원가를 훼손하지 않고 그 위에서 3일선 쌍바닥을 그리며 20일선을 상승 추세로 만드는 모습을 볼 수 있습니다. 여기서 응용하다 보면 매수 타이밍이 하나 더 보여야 하는데 혹시 독자분들은 한 번 더 매수 타이밍이 보이시나요? 20일선의 상승변곡점의 의미를 다시 한 번 되새기면, 한 번 더 매수 타이밍이 있는데 보이나요? 충분히 고민해 보신 후[문제6]의 추가 해설을 보시기 바랍니다.

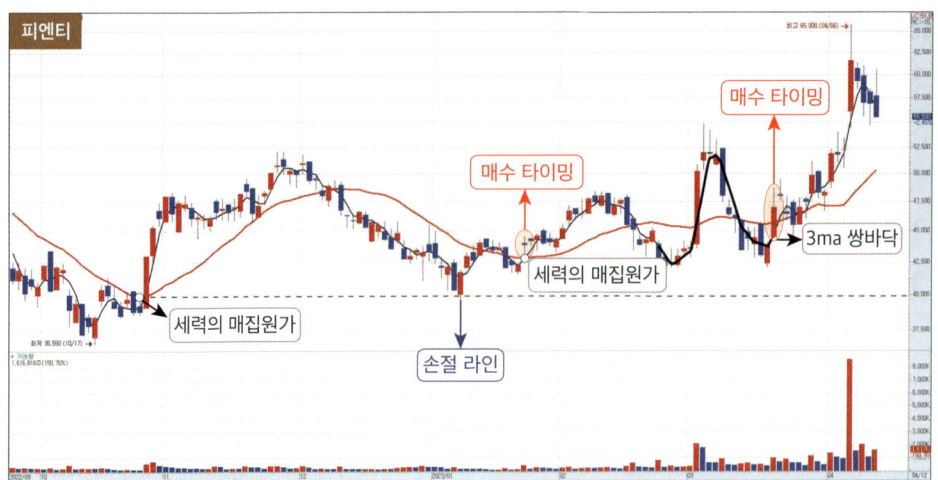

　　피엔티 차트의 추가 설명을 보면 또 한 번의 상승변곡점, 즉 세력의 매집 원가가 형성된 것을 볼 수 있습니다. 매수 타이밍과 동시에 또 한 번 세력의 매집 원가가 출현하였고 이후 주가의 흐름은 세력의 매집 원가 밑으로 빠지지 않은 채 3일선 쌍바닥을 그리며 상승하고 있습니다. 3일선 쌍바닥을 만든 캔들이 바로 매수 타이밍입니다.

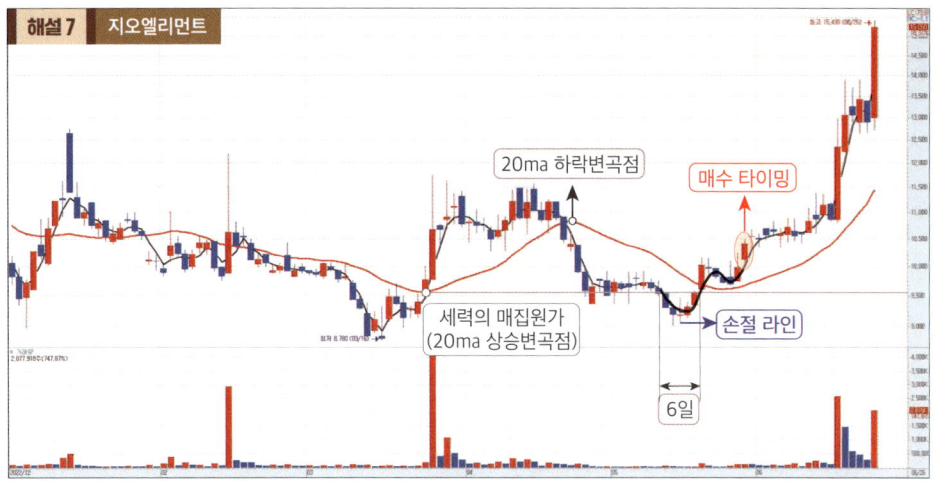

지오엘리먼트 차트 해설입니다.

세력의 매집 원가를 살짝 이탈하였으나 다시 6거래일 만에 세력의 매집 원가 위로 복귀하는 모습을 보여주고 있습니다. 이후 20일선 위에서 눌림목이 나오며 20일선 상승변곡점이 형성되는 것을 볼 수 있을 겁니다. 세력의 매집 원가 가격 밑으로 이탈 시 되도록 빠른 시일 내에 다시 매집 원가 위로 복귀를 하는 것이 20일선이 쌍바닥이 만들어질 확률이 커집니다. 세력의 매집 원가 가격 밑으로 이탈 후 10일 이내에 복귀해야 20일선이 쌍바닥이 만들어질 가능성이 커지며 10일을 넘어서면 쌍바닥 보다는 하락 N자로 전개될 가능성이 커집니다.

20일선 상승변곡점, 즉 세력의 매집 원가 밑으로 이탈하였다는 것은 앞서 만들어진 세력의 매집 원가 부근에 세력이 지켜야 할 혹은 방어해야 할 가격대가 없다는 뜻입니다. 그렇기 때문에 세력의 매집 원가 밑으로 가격은 점점 내려오고 20일선은 하락 N자가 되는 것입니다. 그러나 세력의 매집 원가 밑으로 이탈했다가 빠른 시일 내에 복귀하는 것은 세력이 개인투자자들에게 겁을 주고 쫓아오지 못하게 하는 액션이라고 간주하면 됩니다.

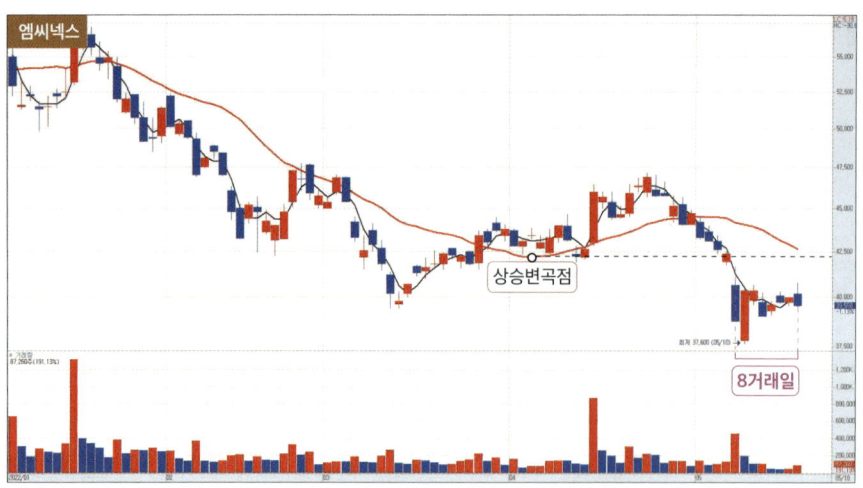

엠씨넥스 차트에서 보면 상승변곡점을 갭 하락으로 돌파한 후 8거래일 동안 다시 세력의 매집 원가인 상승변곡점 위로 복귀를 못 하는 모습입니다. 앞서 말씀드린 것처럼 저 상승변곡점에 세력의 본전이 투입됐다면 그리고 투입된 자본을 지키기 위해 세력이 관리를 한다면 저 상승변곡점 위로 빠르게 복귀 할 것입니다.

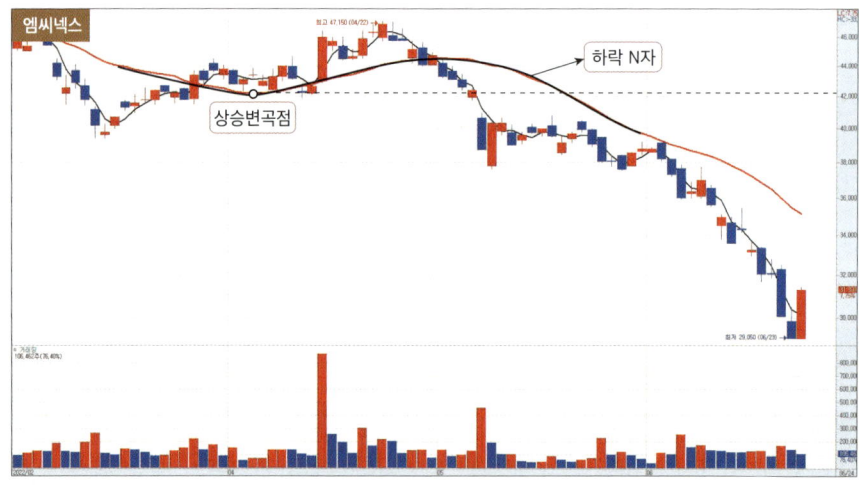

이후 주가는 상승변곡점 위로 복귀에 실패한 채 20일선이 하락 N자를 그리며 급락하는 모습을 보입니다. 상승변곡점 가격대에서 저가 매수세가 있었다면 3일선 쌍바닥을 그리는 파동이 나오거나 혹은 20일선을 돌파하는 모습이 나왔을 텐데 저가 매수세가 없었기 때문에 20일선이 하락 N자로 전개가 되는 것입니다.

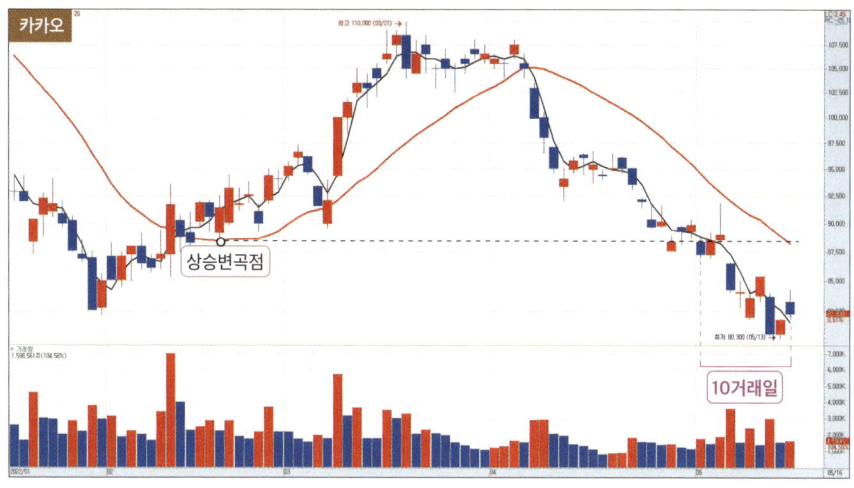

　　카카오 차트에서도 보면 상승변곡점 가격대에서 10거래일 동안 밑에서 머무는 모습을 볼 수 있습니다. 만약에 쌍바닥을 만들기 위해서는 11일 혹은 12일이 되는 날에 거래량 실린 장대양봉이 나와줘야 합니다.

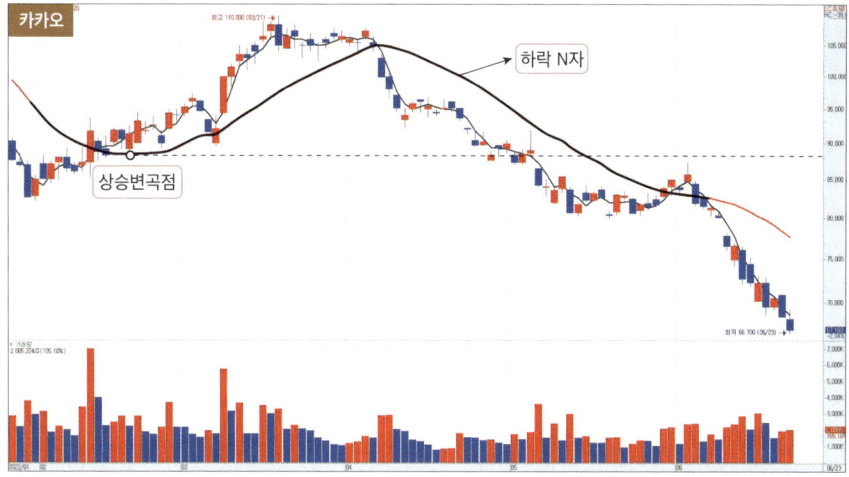

　　이후 해당 종목은 10거래일이 넘도록 상승변곡점 위로 복귀를 하지 못한 채 20일선이 하락 N자를 그리며 급락하는 모습을 보입니다. 20일선 쌍바닥과 20일선 하락 N자는 외바닥의 상승변곡점의 라인을 기준으로 그 라인 밑으로 빠지지 않으면 쌍바닥이 되는 것이고 그 라인 밑으로 빠지면 하락 N자가 되는 것입니다. 다른 관점에서 외바닥의 20일선 상승변곡점은 지지선 역할을 하며 지지선 역할을 하는 이유가 바로 외바닥 상승변곡점의 세력의 매집 원가가 숨어있기 때문입니다.

세력의 매집 원가는 여기! 세력의 매도 원가는 여기!

20일선의 상승변곡점은 세력의 매집 원가가 숨어있는 곳으로 추정되는 곳이고, 만약 정말 세력의 매집 원가가 상승변곡점에 있다면 세력의 입장에서는 효율적인 자금 운영과 가격 방어를 위해 추가 매수를 하면서 쌍바닥이 만들어진다고

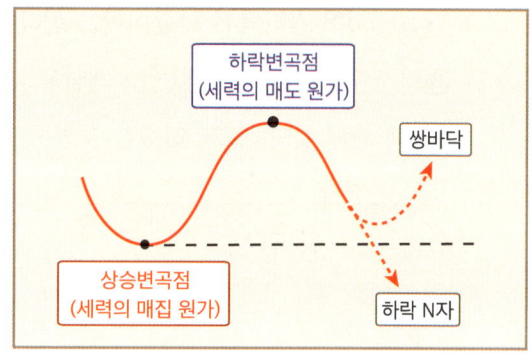

했습니다. 하지만 세력이 없고 개인투자자만 있다면 주가는 하락 N자로 전개가 됩니다.

반대 개념으로 20일선의 하락변곡점은 세력이 분할 매도를 하고 해당 종목에서 떠난 가격대로 추정이 되는 곳입니다. 매도했기 때문에 하락변곡점이 만들어진 것이고 그 하락변곡점이 20일선 하락변곡점이라면 일단 세력의 분할 매

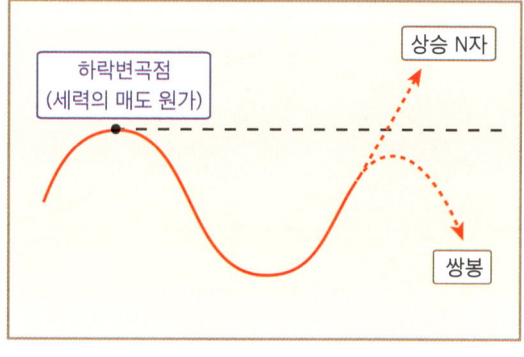

도 가격이라고 간주하여야 합니다. 만약에 세력이 해당 종목을 떠났다면 20일선 하락변곡점에서 매수를 해서 아직 가지고 있는 것은 개인투자자이며 이러한 개인투자자들의 물량이 매도 대기 물량이 되어 주가의 상승을 방해하고 이후 실망 매물이 나와 20일선은 쌍봉을 만들게 됩니다.

하지만 앞서 20일선 하락변곡점의 세력이 팔고 나가지 않았다면 다시 주가가 하락변곡점 부근으로 왔을 때 매도 대기 물량의 출현은 크지 않으며 그 매도 물량조차 세력이 추가로 흡수함으로써 주가는 하락변곡점을 돌파하여 20일선이 상승 N자를 만들게 됩니다.

상승 파동을 거꾸로 뒤집으면 하락 파동

20일선이 쌍바닥이 만들어지는 원리에 대해 앞서 그림으로 자세하게 설명한 바가 있습니다. 이번에는 그 개념을 차용하여 20일선이 쌍봉이 만들어지는 원리에 관해 설명하도록 하겠습니다.

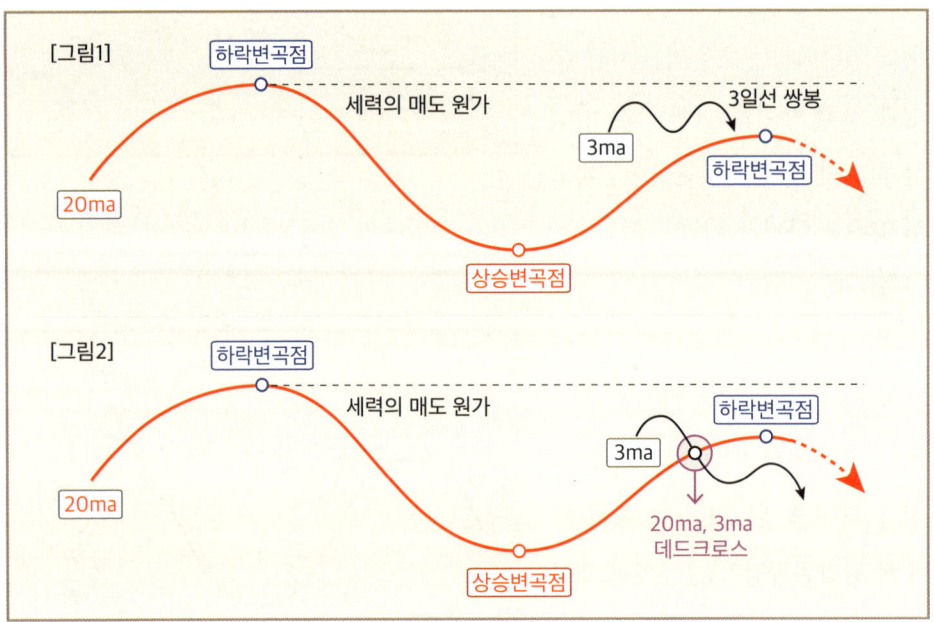

외바닥에서 20일선 상승변곡점이 세력의 매집 원가가 숨어있는 곳이라고 추정이 된다면, 20일선 하락변곡점은 세력의 분할 매도의 평균 가격이 숨어있는 곳입니다. 20일선의 쌍바닥이 만들어지는 원리 중 3일선 쌍바닥이 내려오고 있는 20일선을 상승전환 시킨다는 개념이 생각나시는지요? 그와 반대로 하락변곡점의 가격대에서 3일선 쌍봉은 올라오고 있는 20일선의 추세가 이어지지 못하고 하락하는 것을 암시를 합니다. [그림1]의 경우가 앞의 하락변곡점 가격대에서 3일선이 쌍봉을 그리며 더 이상 올라가지 못하고 20일선의 하락변곡점을 예고하는 모습입니다.

[그림2]의 경우는 3일선과 20일선이 데드크로스가 난 이후 다시 3일선과

20일선이 골드크로스를 실패한 이후 하락하는 파동입니다. [그림1]과 [그림2]의 공통점은 둘 다 하락변곡점 즉 세력의 매도 원가 가격대에서 3일선이 쌍봉을 그리며 하락했다는 것입니다. [그림1]은 20일선 위에서 3일선이 쌍봉을 그린 것이고 [그림2]는 20일선을 사이에 두고 3일선이 쌍봉을 그린 것입니다. 세력의 매도 원가 부근에서 3일선 쌍봉은 20일선이 상승 N자로 전개가 되지 않고 쌍봉으로 전개되는 강력한 힌트입니다.

강력한 매물대는 20일선 하락변곡점과 그전에 만들어진 캔들의 최고점

20일선이 하락변곡점이 만들어졌다는 것은 앞서 매수세보다는 매도세의 힘이 큰 상태가 지속되어 왔다는 뜻입니다. 그 시작점이 20일선 하락변곡점 앞에 만들어진 캔들의 고점입니다. 그 캔들의 고점이 시작되는 날부터 20일선의 하락변곡점이 만들어지는 구간이 바로 세력이 분할 매도한 구간으로 생각하면 됩니다. 이 구간에서 만약에 분할 매도를 했다면 이후 주가가 다시 상승할 때 강한 저항대가 되어 주가의 상승을 방해합니다. 캔들의 고점과 20일선 하락변곡점의 가격대 사이에서 만들어지는 3일선 쌍봉은 추가적인 주가 상승이 힘들 것이라는 것을 우리에게 알려줍니다.

20일선 하락변곡점과 캔들의 고점이 강력한 매물대라는 것이 이해가 되셨다면 아래 문제를 풀어보시길 바랍니다. 강력한 저항선이라고 여겨지는 곳에 줄을 그어보시길 바랍니다. 그리고 이 자리는 일단 꼭 팔아야 하는 자리라고 생각되는 곳에다 동그라미를 쳐보시길 바랍니다. 만약에 제가 생각하는 자리와 독자 여러분들이 생각하는 자리가 같다면 여러분들은 공부를 잘한 것입니다.

문제 4 TYM

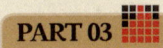

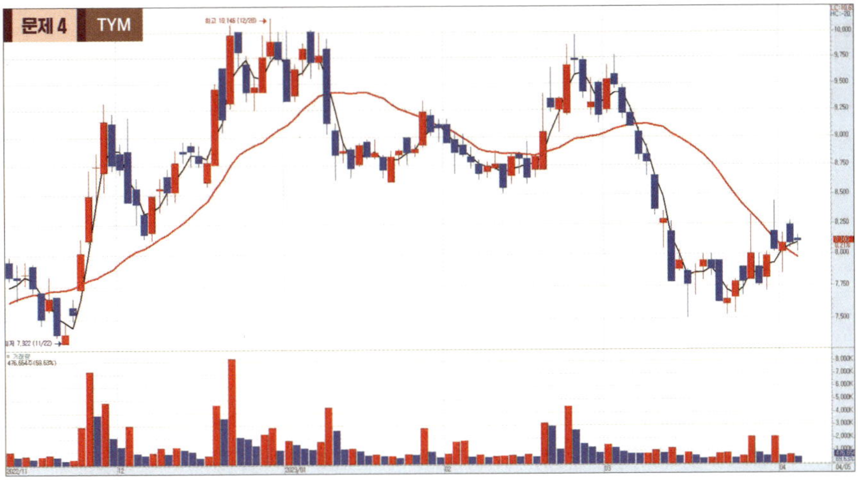

문제 5 LIG넥스원

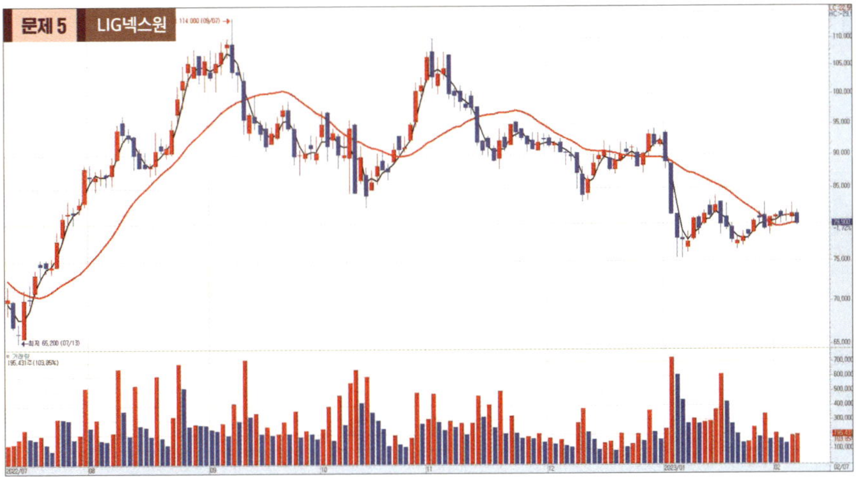

문제 6 어보브반도체

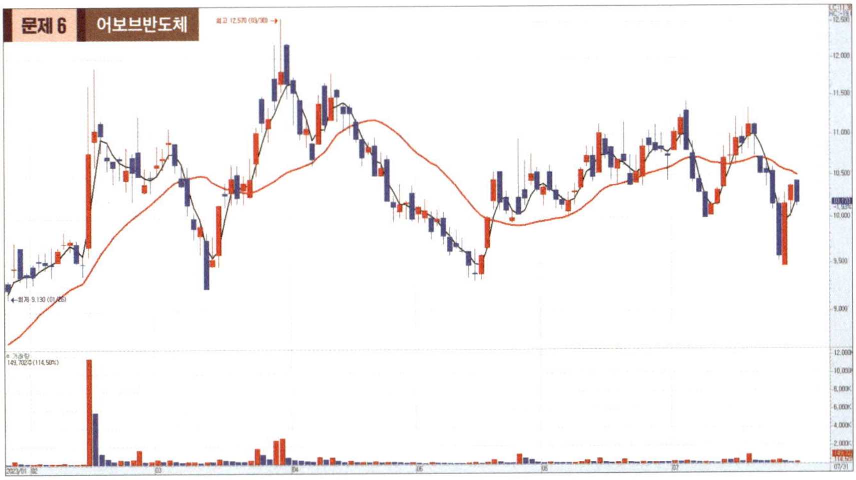

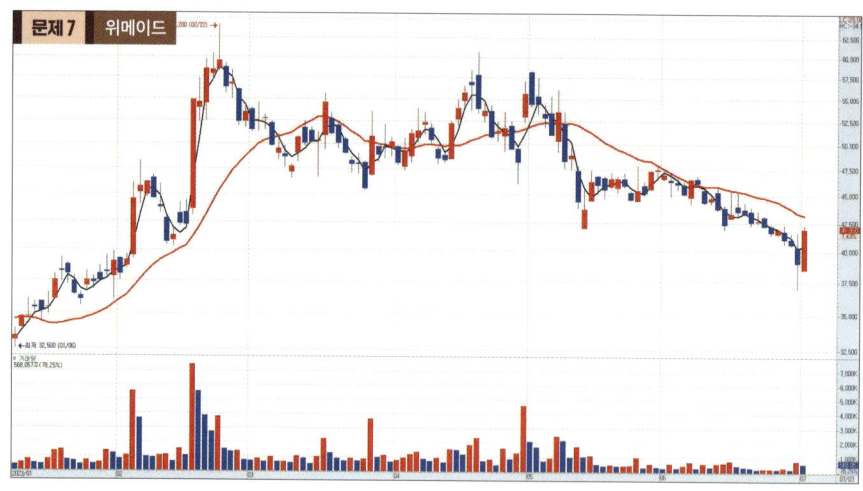

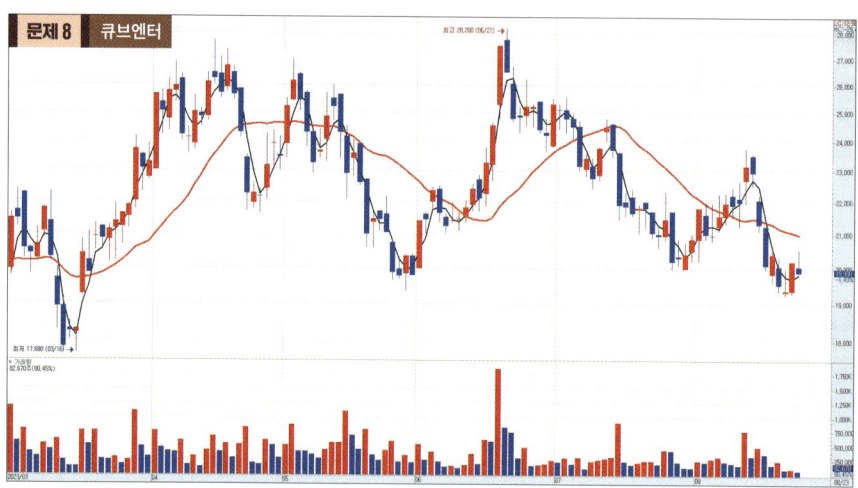

풍산 차트에 대한 해설입니다.

먼저 나타난 캔들의 고점과 이후 나타난 20일선 하락변곡점이 강력한 저항대를 이루어 이후 20일 이동평균선이 쌍봉을 그리며 하락하는 전형적인 모습입니다. 앞서 음봉으로 20일선이 하락 돌파가 되면서 20일선의 하락변곡점이 만들어지며 이후 3일선이 쌍봉으로 전개가 되며 20일선을 쌍봉으로 만드는 중요한 포인트가 되었습니다.

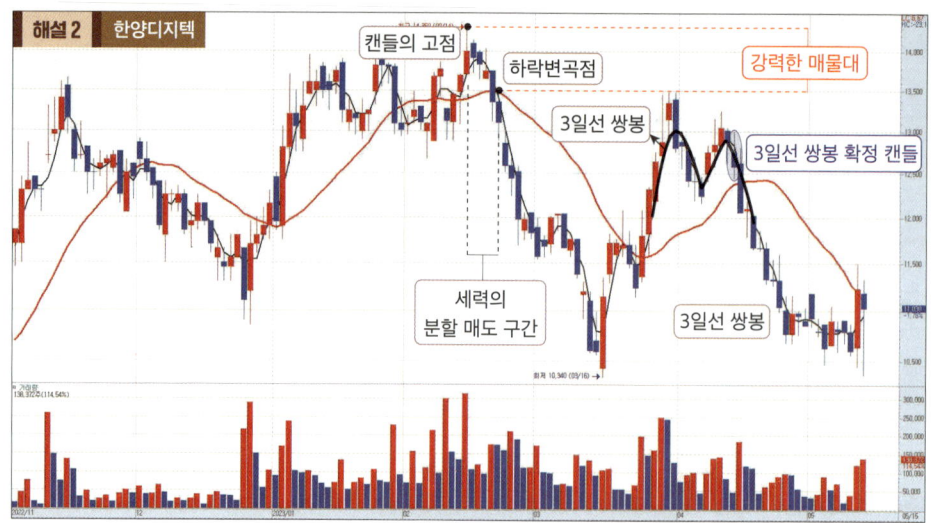

한양디지텍 차트에 대한 해설입니다.

캔들의 고점과 이후 만들어진 20일선 하락변곡점이 강력한 매물대로 작용하여 이후 주가가 반등 시 3일선 쌍봉을 그리며 하락하는 모습입니다. 이후 20일선은 하락변곡점을 만들고 20일선은 쌍봉으로 전개가 되었습니다. 특히 [문제2]에서는 3일선 쌍봉이 만들어지는 시점에는 반드시 매도하고 리스크 관리를 해야 하는데 그 이유는 20일선이 헤드 앤 쇼울더(Head And Shoulder) 패턴으로 전개가 되었기 때문입니다.

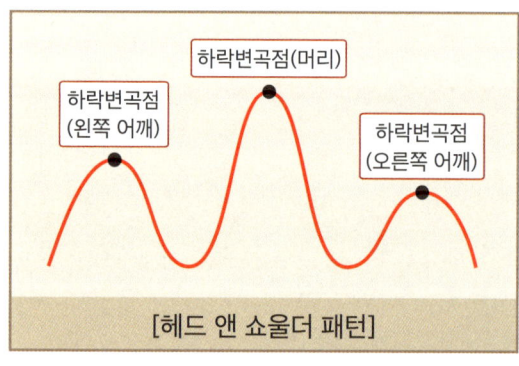

헤드 앤 쇼울더 패턴(Head And Shoulder)이란 주가가 상승을 끝내고 하락할 때 나오는 흔한 패턴으로 세 개의 하락변곡점으로 이루어져 있습니다. 첫 번째 하락변곡점을 왼쪽 어깨, 가운데 하락변곡점을 머리, 마지막으로 세 번째 하락변곡점을 오른쪽 어깨로 표현하며 이를 헤드 앤 쇼울더 패턴이라고 부릅니다. 머리 부분과 오른쪽 어깨 부분만을 보면 우리가 흔히 말하는 쌍봉의 모습인 것을 알 수가 있을 것입니다. [문제2]에서 20일선의 전개를 보면 헤드 앤 쇼울더 패턴으로 전개가 되는 것을 알 수 있으며 오른쪽 어깨에 해당하는 세 번째 하락변곡점이 나오기 전에 3일선 쌍봉의 출현으로 이후 주가는 하락하는 것에 대하여 우리에게 강력한 힌트를 줍니다.

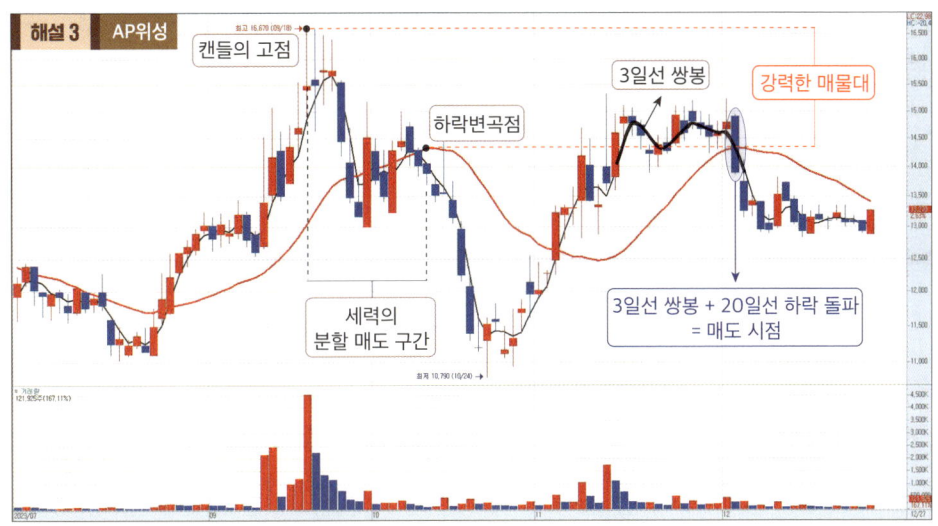

AP위성 차트에 대한 해설입니다.

역시 캔들의 고점과 이후에 나타난 하락변곡점이 강력한 매물대 역할을 하고 이후 3일선 쌍봉이 출현함과 동시에 20일선을 하락 돌파하는 음봉이 앞으로 20일선이 쌍봉을 그릴 것을 강력하게 시사하고 있습니다. 강력한 매물대에서 3일선의 쌍봉과 동시에 이뤄지는 20일선 하락 돌파는 되도록 매도하여 리스크 관리를 해야 할 자리임을 꼭 숙지하시길 바랍니다.

TYM 차트에 대한 해설입니다.

역시 캔들의 고점과 20일선 하락변곡점에 쌓인 강력한 매물대를 뚫지 못하고 3일선이 쌍봉을 그리며 하락하고 있습니다.

LIG넥스원 차트에 대한 해설입니다. 세력의 분할 매도 구간 이후 나타난 하락변곡점과 앞서 만들어진 캔들의 고점 부근이 강력한 매물대로 작용하고 있습니다. LIG넥스원 차트에서 여러분께 알려드리고 싶은 것은 3일선 쌍봉과 똑같은 크기의 매도세는 강력한 매물대 안에서 출현한 장대음봉이라는 것입니다. 장대음봉이란 가격변동폭이 큰 캔들인데 시작한 가격보다 끝나는 가격이 낮은 캔들을 말합니다.

장대음봉이 시작하는 가격보다 끝나는 가격이 더 낮은 이유는 당일 해당 종목에 매수한 사람들보다 매도한 사람들이 압도적으로 많다는 뜻입니다. 매수한 사람보다 매도한 사람들이 압도적으로 많은 장대음봉이 나타난 구간이 강력한 매물대라면 이는 반드시 매도 관점으로 인식해야 합니다. 또한 아직 3일선 쌍봉이 나타나지 않았더라도 거래량 실린 장대음봉은 3일선 쌍봉과 똑같은 것으로 간주하고 매도를 하여야 합니다.

강력한 매물대 + 3일선 쌍봉 OR 장대음봉 = 매도

이런 관점으로 봐야 리스크 관리를 할 수 있습니다.

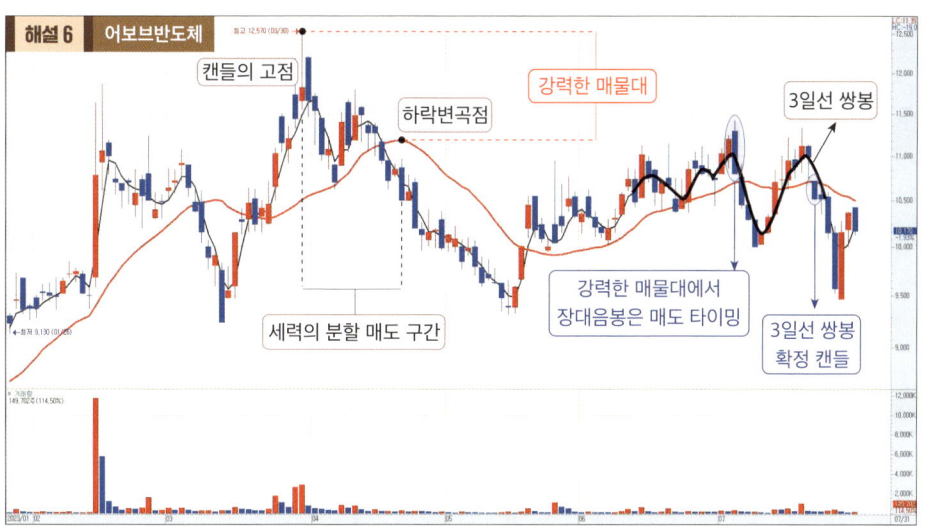

어보브반도체 차트에 대한 해설입니다.

LIG넥스원에서 설명한 것처럼 어보브반도체에서도 강력한 매물대 부근에서 장대음봉이 나왔습니다. 이는 강력한 매도 타이밍이라고 설명을 해드렸습니다. 장대음봉 뒤에 나타난 3일선 쌍봉은 주가 상승의 기대보다는 추가 하락에 대한 힌트를 강력히 주는 모습입니다.

위메이드 차트에 대한 해설입니다.

여기서도 3일선 쌍봉이 나타나기 전에 강력한 매물대에서 장대음봉이 나타났고 이후 3일선 쌍봉이 출현함으로써 강력한 매물대를 주가가 뚫고 올라가지 못할 것이라는 예측을 우리에게 알려 줍니다.

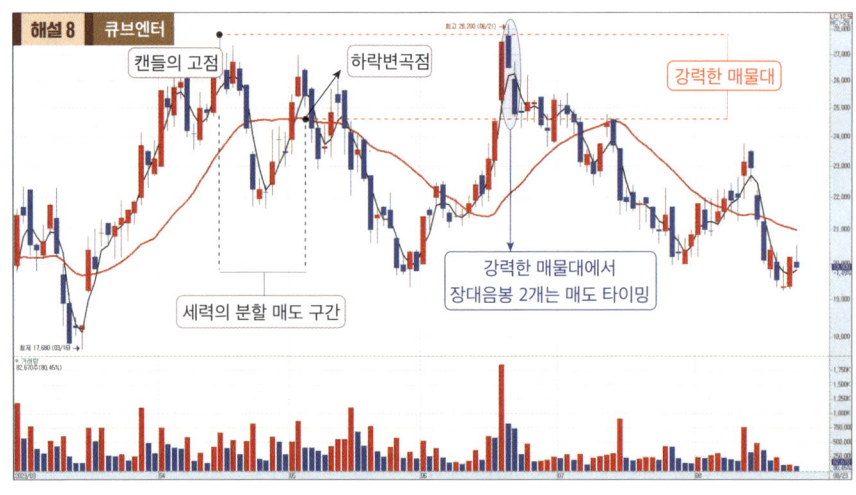

큐브엔터 차트에 대한 해설입니다.

강력한 매물대에서 출현한 두 번의 장대음봉은 아주 강력한 매도 타이밍입니다. 두 번의 장대음봉을 그냥 3일선 쌍봉과 똑같은 것으로 생각하면 됩니다. 두 번 출현한 장대음봉은 약 이틀 동안 해당 종목에 대해 매물 소화를 하

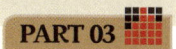

고 올라가는 모습이 아닌 강력한 매물대를 뚫지 못할 것이라는 실망 매물이 나타난 결과이며, 이후 매수세 실종으로 20일선은 쌍봉을 그리며 하락하게 됩니다.

아직도 잘 모르겠다면 이것만 파라

지금까지 20일선 파동과 3일선으로 매수해야 할 구간과 그리고 세력의 본전이 어디서 형성되는지 자세히 설명하였습니다. 그뿐만 아니라 세력의 매도 원가와 쌍봉이 만들어지는 원리 그리고 반드시 피해야 할 매도 자리에 대해서도 자세하게 설명하였습니다.

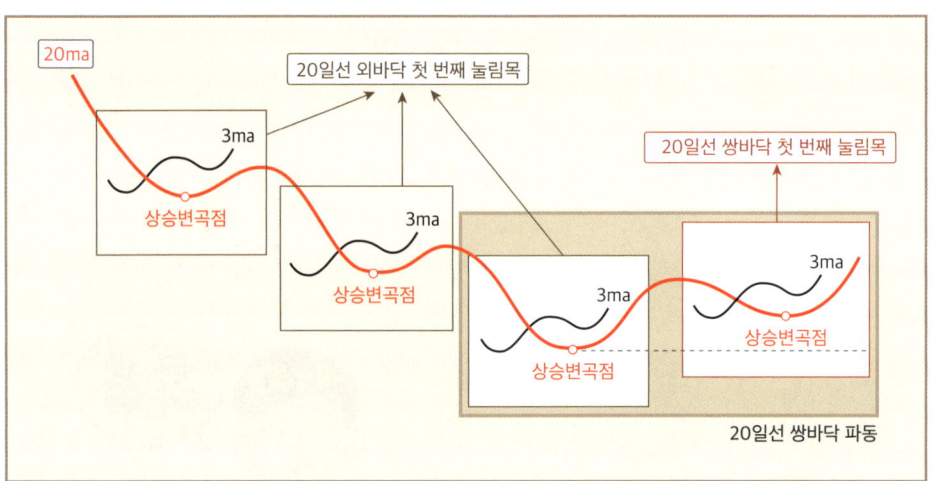

매수 관점에서 20일선의 파동을 다시 한 번 정리하면 20일선이 상승변곡점을 만들고 그 위에서 3일선이 쌍바닥을 만드는 구간이 바로 눌림목이며 동시에 매수 타이밍입니다. 매수 타이밍인 이유는 20일선의 상승변곡점이 세력

의 작품이며 3일선 쌍바닥으로 저가 매수세를 확인했기 때문입니다.

위 그림에서 첫 번째, 두 번째, 세 번째는 세력이 들어와 상승변곡점을 만들었지만 이후 세력이 중장기적으로 끌고 나가는 모습이 아닌 잠시 상승변곡점을 만들고 빠져나갔기 때문에 20일선이 하락 N자를 그리며 파동이 전개되었습니다.

이후 네 번째에서는 20일선이 쌍바닥이 만들어지며 앞서 만들어진 20일선 상승변곡점에 세력의 자금 투입이 있음을 알려주었습니다. 결론적으로 가장 안전하고 기회비용이 적게 들어가는 구간은 20일선 쌍바닥에서 3일선 첫 번째 눌림목이라는 결론이 도출됩니다.

주식을 처음 시작하시는 분들은 파동이 만들어지는 근본적인 원리와 그리고 그 파동을 만들어가는 주체가 개인투자자가 아니라 세력이라는 것을 모릅니다. 개인 투자자의 관점이 아닌 세력의 관점에서 차트를 분석하다 보면 세력이 주가를 끌어올리기 위해 반드시 해야 하는 액션들이 있고 그 액션의 결과물이 차트에 표시되는데 그 결과물들을 캔들, 거래량, 이동평균선만으로도 충분히 분석이 가능합니다.

초보 투자자들이 보조지표를 공부하면 무언가 과학적으로 분석하는 것 같고, 그럴싸한 차트 설정에 이제 주식을 깨우친 듯한 생각이 들지만 이는 절대적으로 착각입니다. 많은 초보 투자자가 보조지표를 공부하느라 엄청난 시간과 비용을 지불하고, 그 끝에 내린 결론은 '아 보조지표는 그냥 말 그대로 보조적으로 보는 지표구나'라며 공부를 그만둡니다. 세력의 입장에서 주가를 끌어올리는 데 꼭 해야 하는 액션이 무엇인지 파악을 하면 그 결과물을 가지고 매뉴얼화할 수 있으며 앞서 설명한 바와 같이 매수 타이밍과 손절 라인을 스스로 잡을 수 있습니다.

지금까지 보조지표 없이 20일선과 3일선 그리고 캔들을 가지고 차트를 분석하는 법을 배웠습니다. 혹시 이해가 잘 되셨나요? 안되셨으면 다음 장으로 넘어가지 마시고 다시 처음으로 돌아가시길 바랍니다. 그냥 가벼운 마음으로 끝까지 한 번 읽어보겠다는 것이 아니고 정독하고 계신다면 다시 처음으로 돌아가서 3일선 안착, 저항과 지지, 20일선의 파동에 대해서 확실하게 개념을 잡고 다음 장으로 넘어가시길 바랍니다.

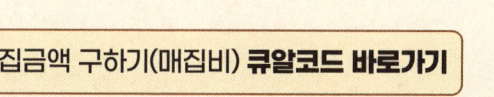
세력의 매집금액 구하기(매집비) 큐알코드 바로가기

PART 04

세력이 있는 종목을 더욱 빠르게 보다 낮은 가격으로 매수하기

01 물려 있는 사람이 적어야 빨리 상승한다
02 나는 더, 더, 더 빨리 눌림목 매매를 하고 싶다면!

 01

물려 있는 사람이 적어야 빨리 상승한다

이동평균선으로도 매물대를 알 수가 있다

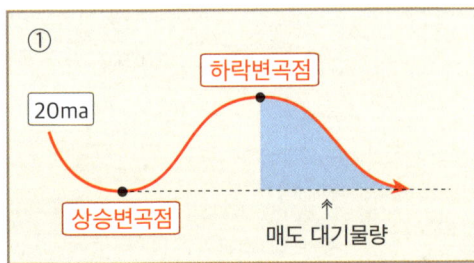

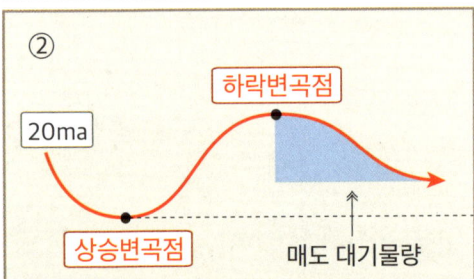

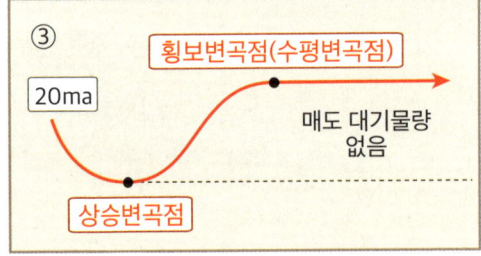

앞서 지지와 저항을 공부 할 때 매물대에 관해서 공부한 바 있습니다. 가장 많은 매물대는 주가가 조정을 받을 때, 지지선 역할을 하며 가장 많은 매물대는 상승 시에는 저항선 역할을 한다는 것을 배웠습니다.

매물대가 가지는 지지와 저항의 성격은 주식투자에 있어서 반드시 알아야 하는 사항인데 이동평균선으로도 매물대의 크기를 짐작할 수가 있습니다.

위 그림은 20일선의 파동에 따른 매물대를 설명한 것입니다.

1번 그림은 하락변곡점 이후 주가가 조정이 와서 전저점 부근까지 하락한 그림입니다. 주가가 다시 올라가려면 하락변곡점부터 시작되는 현재까지 가격대까지 물려있는 사람들의 매도 대기 매물을 해결해 주어야 올라갈 수가 있습니다. 해결해 준다는 의미는 새로운 매수세가 나타나서 앞에 물려있는 사람들의 물량을 신규로 매수해 준다는 의미입니다.

2번 그림은 1번 그림과 같이 매도 대기 매물이 있지만 그 하락폭이 1번 그림의 반밖에 되지 않습니다. 하락폭이 반 정도에 머무니 매도 대기 물량도 첫 번째 그림의 반 정도에 머무는 것을 볼 수 있습니다. 만약에 2번 그림을 세력이 작업을 해서 올려야 한다면 1번 그림에 비해 상대적으로 적은 돈으로 주가를 올릴 수 있습니다.

3번 그림은 매도 대기 물량이 없는 상태입니다. 이후 주가는 횡보하면서 수익도 나지 않고 손실도 나지 않는 상태를 의미합니다. 3개의 그림 중에서 가장 적은 돈으로 주가를 띄울 수 있는 그림은 3번입니다.

여기서 질문을 하나 하겠습니다. 우리가 주식투자를 하면서 자주 듣는 이야기가 '가격조정'과 '기간조정'이라는 말이 있는데, 가격조정에 해당하는 것은 무엇이며 기간조정에 해당하는 것은 무엇일까요?

1번 그림과 2번 그림이 가격조정에 해당하며 3번 그림은 기간조정을 나타냅니다.

> 1. 가격조정을 거친 주가는 고점에 비해 많이 하락한 상태이기 때문에 가격 메리트가 있습니다. 하지만 단점은 앞서 설명한 것처럼 주가가 올라가기 위해서는 이전에 물려있는 매도 대기 물량을 해결해 주어야만 올라갈 수 있습니다.
> 2. 기간조정을 거친 주가는 고점에 비해서 많이 하락하지 않았기 때문에 악성 매도 대기 물량이 없습니다. 따라서 주가가 탄력적으로 올라갈 수 있습니다. 하지만 바닥으로부터 많이 올라왔기 때문에 언제든지 차익 실현 물량의 출현으로 주가는 하락을 할 수 있습니다.

> 3. 가격조정을 끝낸 주식과 기간조정을 끝낸 주식 두 개 중 어떤 것이 좋은 주식일까요?

두 개의 주식 중 어떤 것이 수익을 내기 위하여 좋은 주식이라는 정답은 없습니다. 다만 이는 취향의 문제이며 투자성향에 달린 것입니다. 만약 내가 직장인이고 장 중에 쉽게 대응 할 수 없는 상황이라면 가격조정을 끝낸 주식을 조금 긴 호흡으로 가져가는 것이 하나의 선택일 수 있으며 시장에 적극적으로 참가할 수 있는 투자자라면 기간조정을 끝낸 주식을 매수하는 것도 나쁘지 않은 선택일 수 있습니다.

앞서 엘리엇 파동과 일목균형표를 개인적으로 공부하지 않은 이유에 관해 설명한 적이 있습니다. 엘리엇 파동을 속된 말로 때려치우고 다른 것을 공부하던 중 아주 심플하고 간단한 20일선 파동에 대해서 눈을 뜨게 되었습니다.

"상승하는 주식은 상승의 길이가 길고 조정이 짧다."

개미대학 세력의 매집 원가 구하기(1권)에서 서술한 내용입니다. 이는 아주 간단하면서도 대단한 명제입니다. 상승하는 주식에는 매수하려는 사람들이 많기 때문에 당연히 그 크기만큼 올라가며 이후 차익 실현 물량이 나와도 다시 상승할 것으로 생각하는 투자자들의 대기 수요 때문에 주가에 매수세가 붙고 또다시 올라갑니다. 이러한 심리를 아주 잘 나타내어주는 것이 20일선 AB파동입니다.

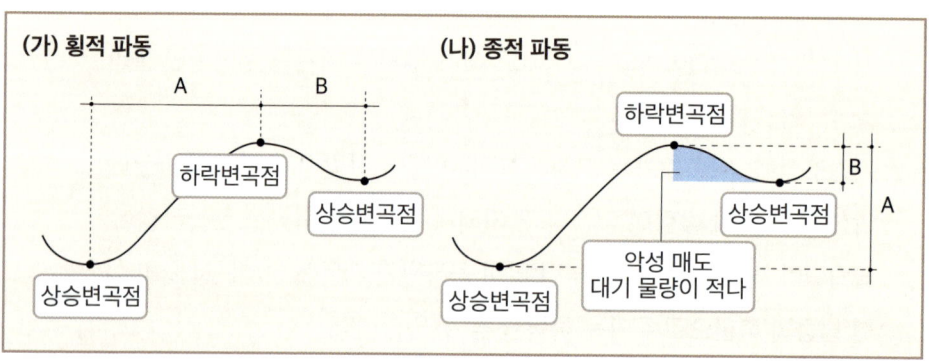

20일선 AB파동은 횡적인 파동과 종적인 파동 모두 입체적으로 봐야 합니다. 횡적인 파동 구간인 A파동이 B파동보다 길다는 것은 해당 종목에 상승을 기대하고 매수하는 사람이 많고(A) 차익 실현 물량(B)이 나와서 주가가 하락을 해도 이를 기회라고 생각하는 사람이 많기 때문에 생기는 자연스러운 파동입니다. 종적인 파동구간도 같은 개념으로 이해를 해도 됩니다. 그 결과 나타나는 것이 A파동이 B파동보다 크다는 것입니다.

이와 반대되는 개념은 "하락하는 종목은 하락의 길이가 길고 반등은 짧다."입니다.

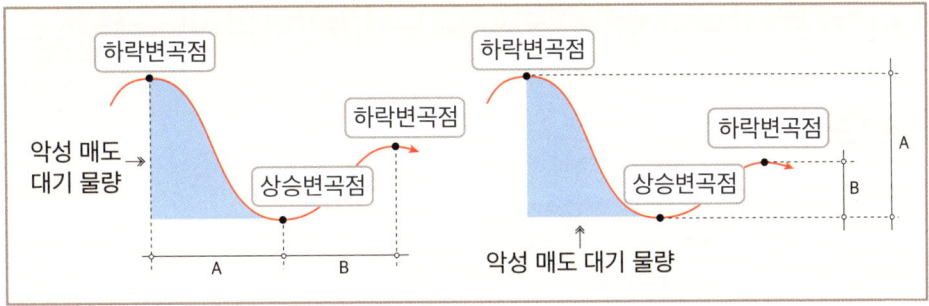

하락하는 종목은 하락이 길고 반등이 짧은 이유는 해당 종목에 대하여 상승의 기대감이 없기 때문에 매도하는 사람들이 많고 매수하는 사람들이 적은 날이 지속되기 때문에 하락의 폭이 긴 것입니다. 이후 주가가 다시 반등을 해도 해당 종목에 대하여 상승에 대한 기대치가 낮고 또 앞에 물려있는 악성 매도 대기 물량 때문에 부담스러워 매수한 후 머지않은 시간에 바로 매도하기 때문에 상승 파동의 길이가 하락 파동의 길이보다 상대적으로 짧아지는 것입니다.

그래서 하락하는 주식은 하락의 길이가 길고 반등의 길이가 짧은 것입니다. 여기 두 개의 차트를 보여 드리겠습니다. 횡적인 AB파동만 작도해 보시길 바랍니다.

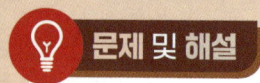

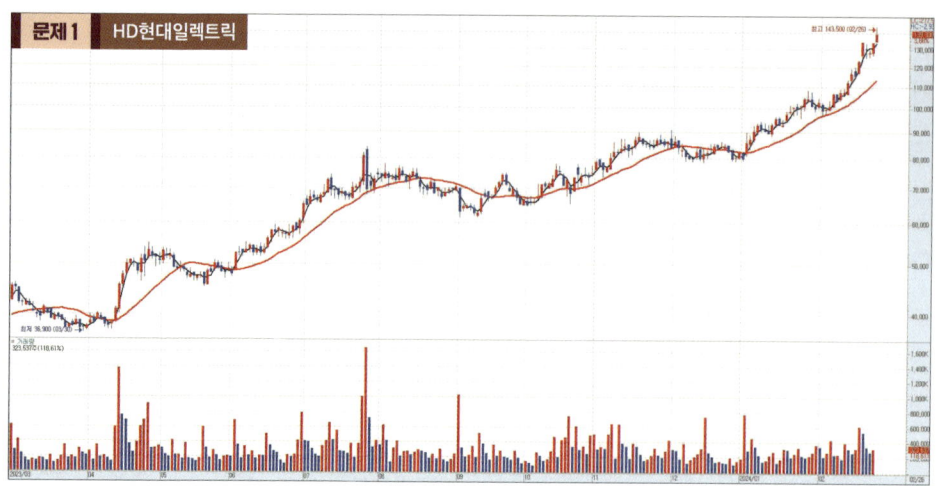

문제 1   HD현대일렉트릭

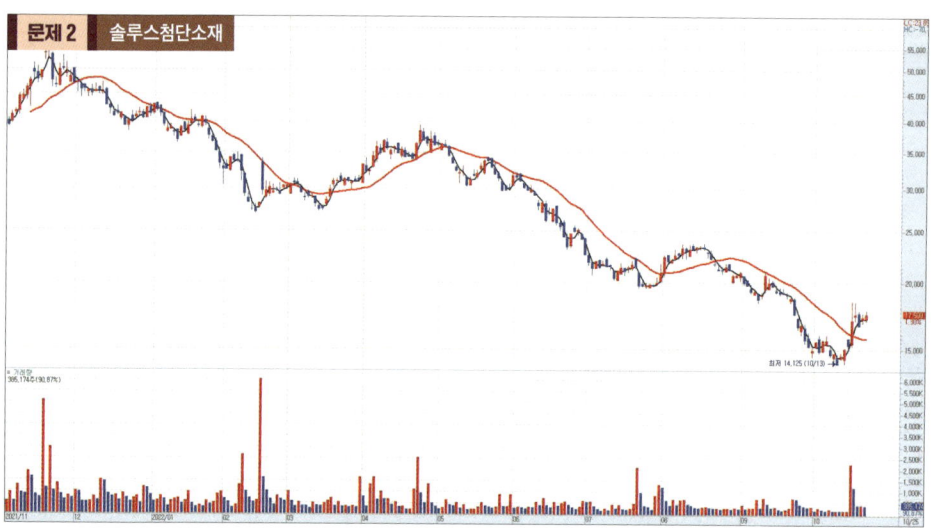

문제 2   솔루스첨단소재

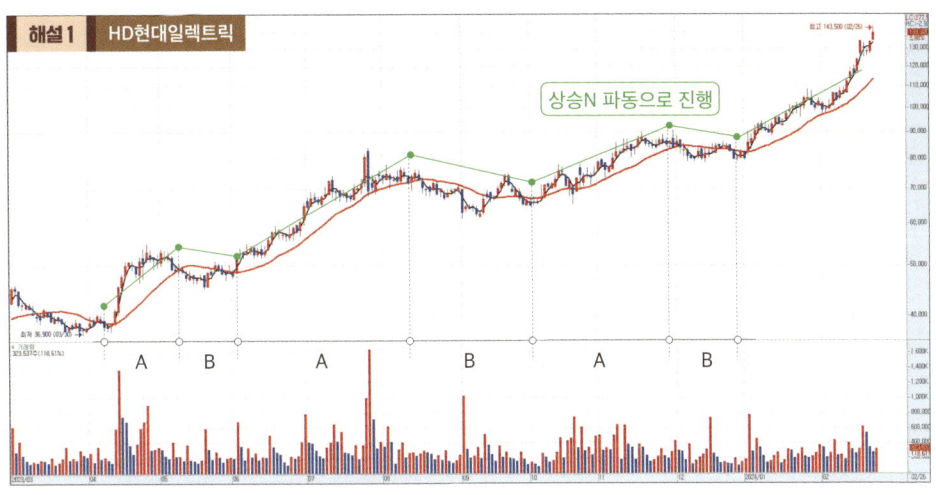

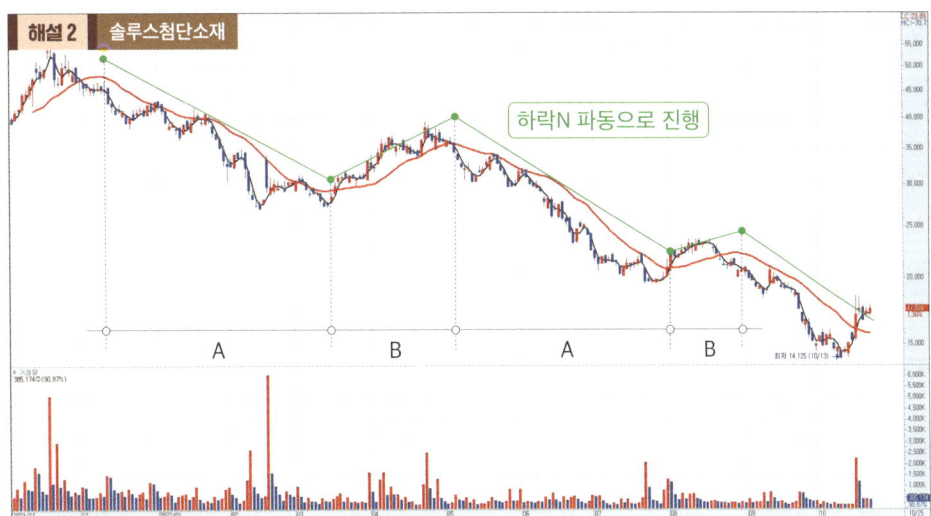

20일선 AB파동의 첫 번째 눌림목은 아주 좋은 매수 시점

20일선 외바닥 첫 번째 눌림목은 언제나 매수를 고려해야 할 자리라고 앞서 말씀드린 적이 있습니다. 20일선 외바닥 자리는 대부분 하락 N자 파동으로 진행되는 과정 중의 눌림목이며 이후 쌍바닥이 만들어질 것을 기대하고 선취매 하는 자리입니다. 만약에 쌍바닥으로 진행이 실패하면 큰 폭으로 하락하는 파동이므로 반드시 외바닥에서 첫 번째 눌림목을 공략할 때는 앞서 설명한 손절 라인을 반드시 지켜줘야만 합니다. 손절 라인에 대해서 다시 한 번 설명을 해드리면 3일선 상승변곡점 전에 형성된 캔들의 최저점을 손절 라인으로 정해야 합니다.

그리고 세력의 본전을 확인하고 매수하는 방법을 설명하면서 20일선 쌍바닥 완성 이후 첫 번째 눌림목에서 매수해야 하는 이유를 많은 지면을 할애해서 설명하였습니다. 20일선 AB파동은 20일선 쌍바닥 파동 중 하나라고 생각해도 되며 AB파동이 일반적인 쌍바닥보다 더 강력한 매수세가 붙어서 진행되는 파동이라고 생각하면 됩니다. 여기서 일반적인 쌍바닥이란 첫 번째 외바닥까지 하락했다가 올라가는 그러한 파동을 일반적인 쌍바닥이라고 하겠습니다.

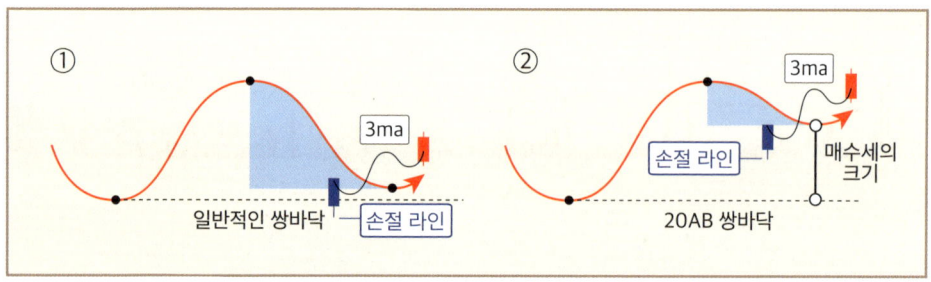

첫 번째 그림은 일반적인 쌍바닥의 첫 번째 눌림목에서 매수 타이밍과 손절 라인을 설명한 것입니다. 두 번째 그림은 20일선 AB파동의 쌍바닥에서 매수 타이밍과 손절 라인을 설명한 것입니다. AB파동이 일반적인 쌍바닥보다 앞에 물려있는 매도 대기 물량이 적기 때문에 더 탄력적으로 주가가 올라갈

수 있는 환경에 있다고 볼 수 있습니다. 자 그러면 다음 차트를 보고 20일선 AB파동을 찾고 매수 타이밍과 손절 라인을 스스로 찾아보시길 바랍니다.

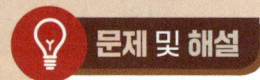

문제 및 해설

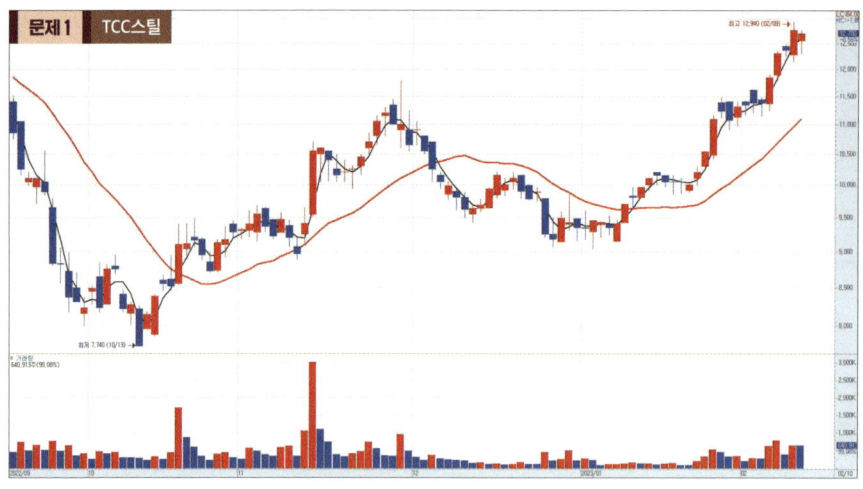

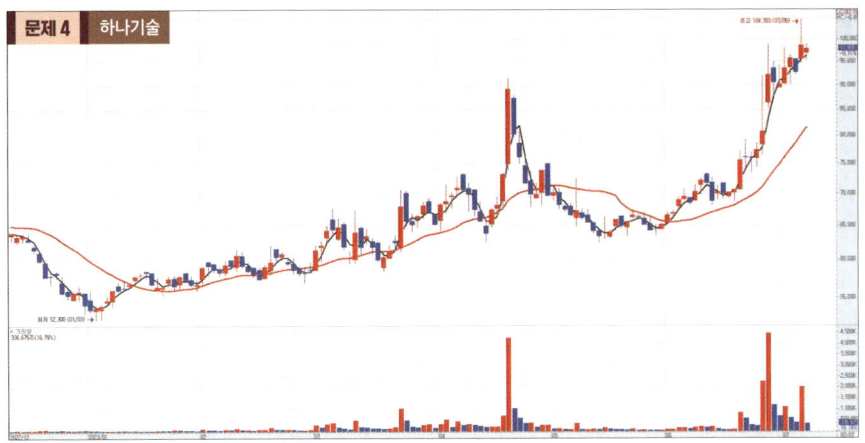

문제 4 하나기술

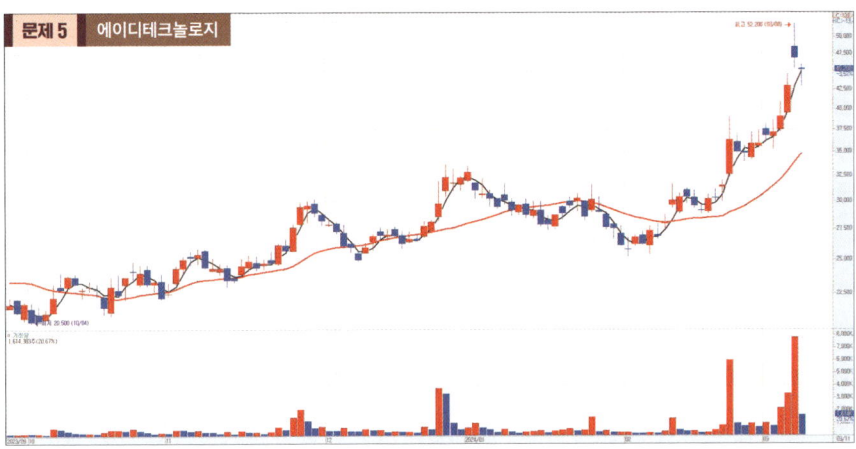

문제 5 에이디테크놀로지

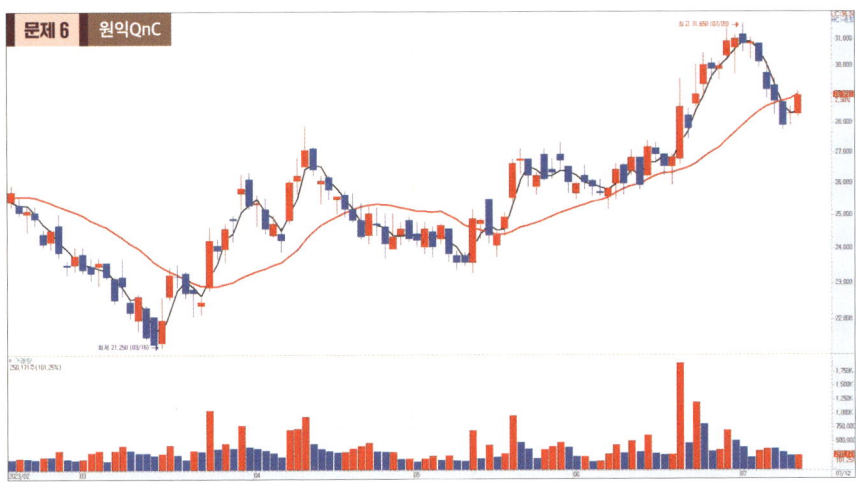

문제 6 원익QnC

01. 물려 있는 사람이 적어야 빨리 상승한다

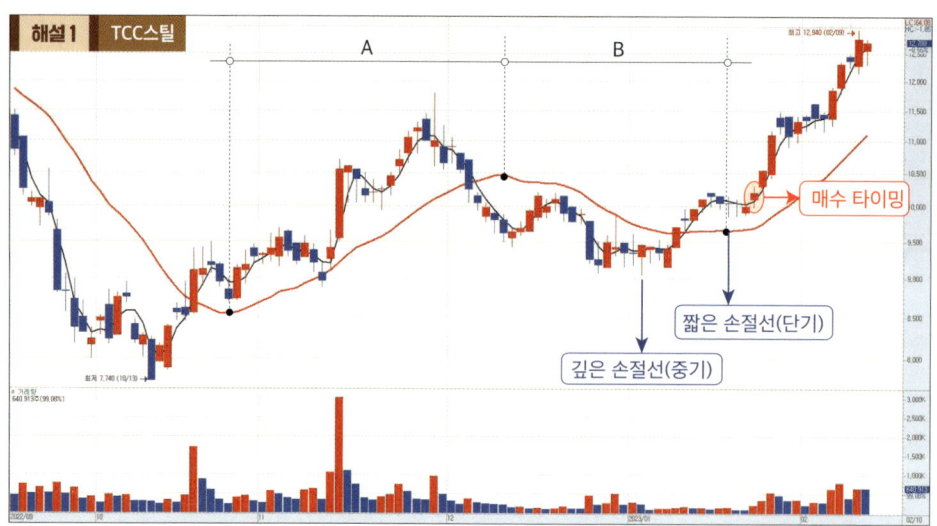

TCC스틸 차트에 대한 해설입니다.

20일선 AB파동을 그리면서 전개된 차트입니다. 이후 3일선 안착하는 모습을 보이며 매수 타이밍을 제공합니다. 손절 라인은 짧은 손절선과 깊은 손절선으로 설명하였습니다. 짧은 손절선은 손절매를 잘하며 매매기간이 짧은 기간을 선호하시는 분들을 위한 손절 라인이며 깊은 손절선은 손절이 어렵거나 모아가면서 투자하시는 분들을 위한, 즉 중장기 투자자들을 위한 손절 라인입니다. 20일선 쌍바닥 첫 번째 눌림목은 좋은 매수 타이밍인데 그중 20일선 AB파동의 첫 번째 눌림목은 물린 사람들이 적어서 기회비용을 작게 하고 큰 수익을 선호하시는 분들에게는 아주 좋은 매수 자리입니다.

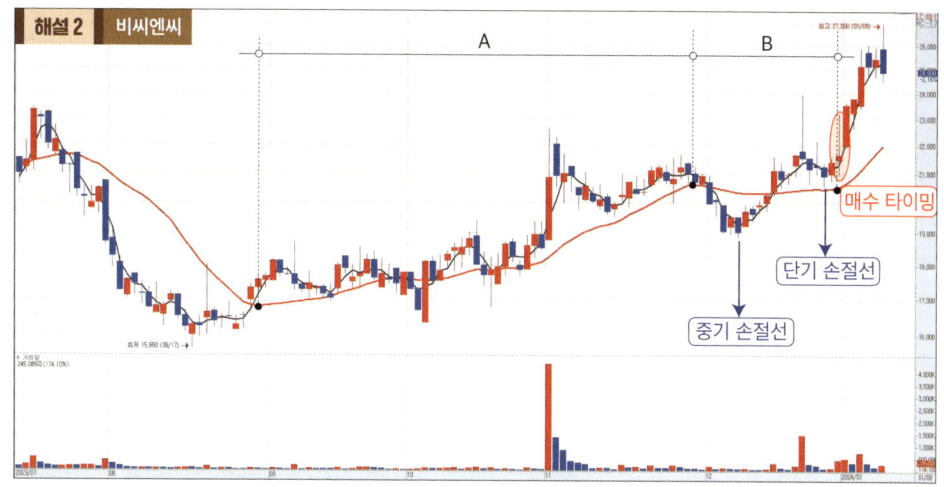

비씨엔씨 차트에 대한 해설입니다.

TCC스틸보다 더 강한 20일선 AB파동입니다. 조정구간인 B파동에서 20일선의 하락 기울기가 거의 없는 파동입니다. 20일선의 '하락 기울기가 거의 없다'라는 것은 '매도 물량이 거의 없다'라는 뜻과 같으며 이러한 차트는 전고점을 쉽게 뚫을 수 있는 환경에 놓여져 있습니다. 그래서 매수 타이밍은 B파동의 첫 번째 눌림목도 좋지만, 전고점을 돌파하는 순간도 괜찮은 자리입니다.

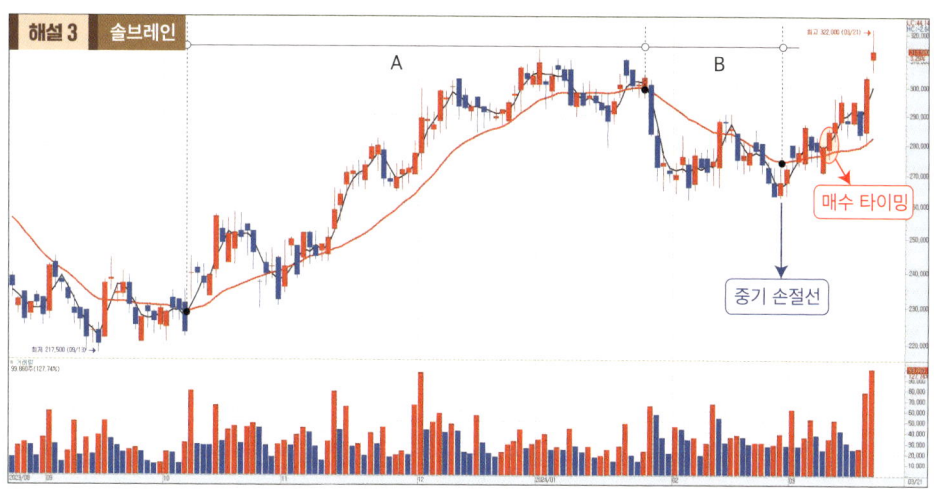

솔브레인 차트에 대한 해설입니다. 전형적인 20일선 AB파동이 만들어진 후 나타나는 첫 번째 눌림목 자리를 말합니다.

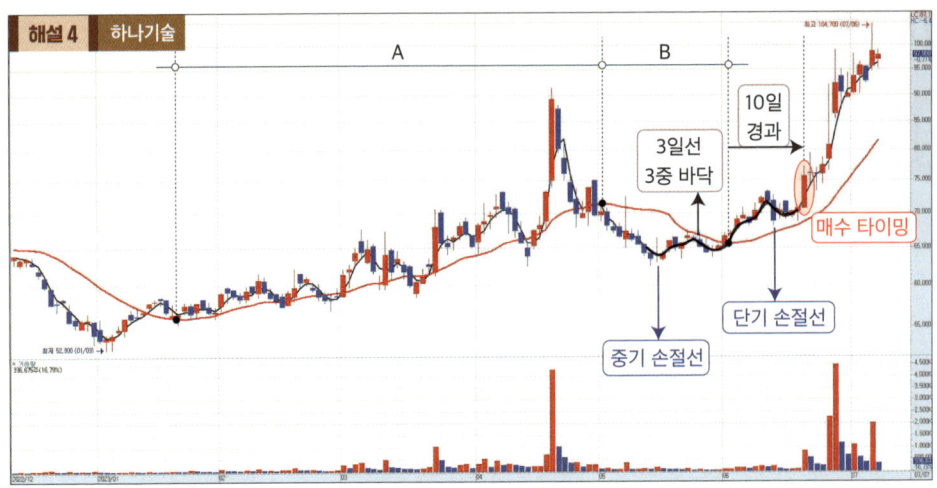

하나기술 차트에 대한 해설입니다.

해당 종목은 20일선 AB파동이 만들어진 후 10일 이상 지난 이후에 B파동에서 첫 번째 눌림목이 나타난 경우입니다. 이런 구간이 개인투자자들이 제일 견디기 힘든 순간입니다. 10일 이상 추적을 하며 3일선 상승변곡점을 기다리는 것은 쉬운 일이 아닙니다.

제가 주식투자를 하면서 좋아하는 문장이 "기다리고 기다리면 아는 자리가 나온다."입니다. 이 말뜻은 역시 기술적 분석은 확률적 접근이 아니라 내가 알고 보이는 자리에 들어가야 한다는 것입니다. 20일선 B파동 완성 이후 20일선의 기울기는 우상향이며 3일선이 3중 바닥 완성 후 나타나는 상승변곡점은 해당 주가가 최소한 내일은 하락보다는 상승이 나올 환경에 놓여 있다는 뜻입니다.

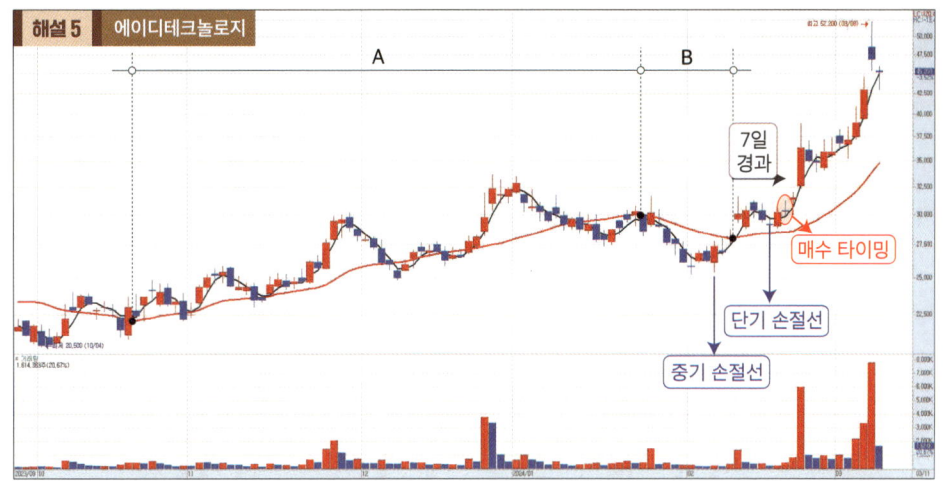

에이디테크놀러지 차트에 대한 해설입니다.

하나기술과 같이 에이디테크놀러지도 20일선 AB파동이 만들어진 후 7일 후에 매수 타이밍이 나온 경우입니다. 역시 7일 동안 추적 후 3일선 안착을 하는 순간을 기다렸다가 매수를 하는 것이 바람직합니다. 20일선 AB파동이 만들어지고 20일선 아래에서 3일선 상승변곡점, 20일선 위에서 3일선 상승변곡점, 즉 20일선을 가운데에 두고 쌍바닥이 만들어졌다는 것은 해당 종목의 중기 추세와 단기 매수세가 모두 확인된 경우입니다.

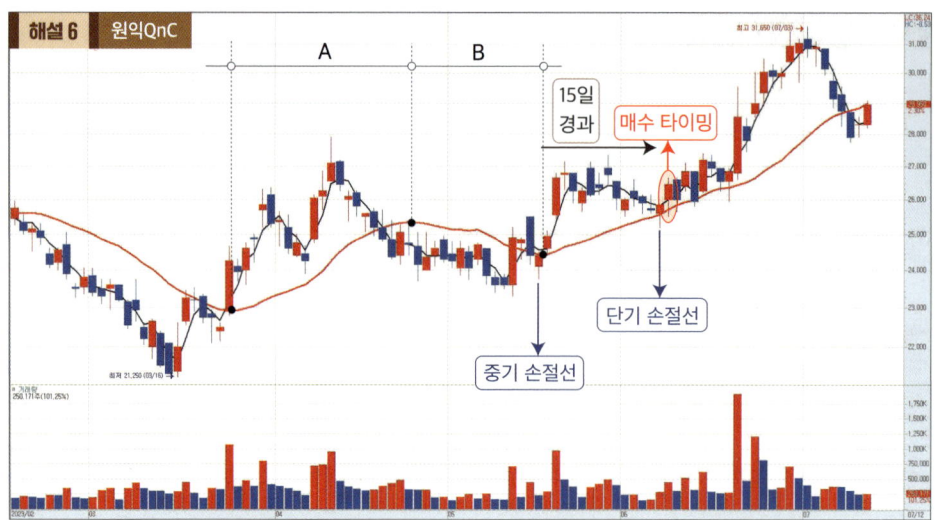

원익QnC 차트에 대한 해설입니다.

짧은 AB파동을 만들고 15일이 지난 후 매수 타이밍이 나왔습니다. 꽤 오랜 기간을 기다린 후 맞이하는 매수 타이밍입니다. 많은 시간이 지난 만큼 추세는 확고해졌으며 매물 소화가 된 것도 보이며 그리고 3일선 3중 바닥으로 확실한 매수세가 있음을 알려줍니다.

원익QnC 차트에 대한 추가 해설입니다.

앞에 삼각형은 하락하면서 만든 매물대를 말하며 두 번째 삼각형은 상승하면서 앞에 매물대를 소화하는 과정을 나타낸 것입니다. 매물대를 소화했다는 이야기는 해당 종목이 추가로 상승할 것이라는 전제가 깔린 것입니다. 이후 매물 소화를 하면서 상승한 상승폭의 절반 이상에서 3일선 안착을 했다는 것이 상승에 대한 힌트를 우리에게 말해주는 것입니다.

해당 종목은 20일선 상승 N자 파동을 완성 후에 3일선 안착을 한 모습을 보이고 있는데 이 또한 매물 소화가 끝났다는 뜻입니다. 20일선 상승 N자 파동은 앞에 하락변곡점 이후에 생긴 매물대의 소화가 다 이뤄져야 생기는 파동입니다. 정리를 하면 해당 종목은 20일선 AB파동을 만든 이후 상승 N자로 전개가 되면서 3일선 안착을 하는 모습이 보였는데 이 자체가 매물 소화가 어느 정도 끝나고 상승을 준비하는 눌림목 파동의 전형적인 모습입니다.

나는 더, 더, 더 빨리 눌림목 매매를 하고 싶다면!

더 빠르게, 더 낮은 가격으로, 그리고 안전하게

더 빠르게, 더 나은 가격으로, 더 안전하게 거래하고 싶은 것은 모든 사람의 희망입니다. 20일선 첫 번째 눌림목은 언제나 좋은 매수 자리임을 우리에게 알려준다는 것을 배웠습니다.

그리고 20일선의 파동이 AB파동으로 전개되는 것은 매물 소화가 어느 정도 해소된 상태이며 AB파동 위에서 나타나는 3일선 안착은 탄력적으로 상승할 수 있다는 것을 여러분들은 배웠습니다.

그런데 실제 주식투자를 하게 되면 우리를 괴롭히는 것이 있습니다. 그것은 바로 조급증입니다. 이 조급증 때문에 고점 매수, 저점 매도의 악순환을 겪게 됩니다. 하락하는 종목이 하락을 멈추고 20일선을 돌파할 때 그 종목을 바라보는 사람들은 두 가지 심리를 가지게 됩니다.

첫 번째는 이제 하락이 끝났나? 두 번째는 지금 매수할까? 두 개의 심리는 결국 똑같은 겁니다. 이제 하락이 끝나서 매수해도 된다고 생각하는 것입니다. 하지만 오랫동안 하락한 종목일수록 반짝 상승 후 다시 하락한 경우가 많았기 때문에 쉽게 들어가기가 쉽지는 않습니다. 그렇게 머뭇거리다가 20일선이 상승 추세로 돌아서고 3일선이 안착하는, 즉 20일선 첫 번째 눌림목이 완성되고 매수를 하려고 하면 머릿속에 드는 생각은 지금이 꼭 단기 고점 같다는 것입니다.

단기 고점인 것 같아서 매수를 머뭇거리다 다시 상승하는 종목을 바라보던 개인투자자들은 이윽고 매수를 하고 하루 이틀 계좌가 잠시 빨간색이었다가 차익 실현 물량이 나와 하락 하게 되면 다시 파란색으로 바뀐 계좌를 보고 매도를 합니다. 이 과정이 고점 매수, 저점 매도의 악순환입니다.

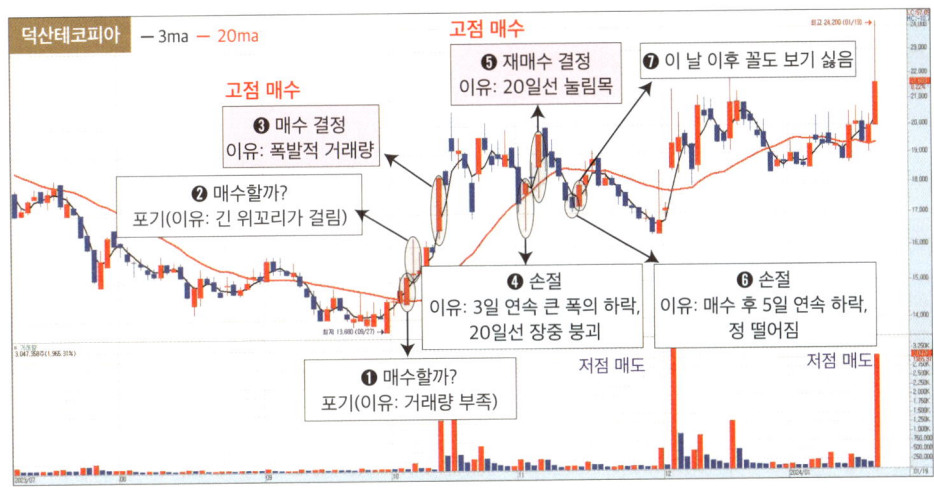

덕산테코피아 차트는 개인투자자들의 고점매수, 저점매도(손절)를 하는 전형적인 예시를 든 것입니다. 아마 위 설명을 보고 저건 내 이야기인데 하며 속으로 내심 뜨끔하신 분들도 있을 것입니다. 이 책의 근간을 이루고 있는 투자 스토리는 20일선 눌림목에서 매수를 하자는 것이며 그 중 AB파동으로 전개가 되는 20일선의 눌림목이 매물 소화를 어느 정도 마친 상태이기 때문에 탄력적으로 상승할 수 있다는 것입니다. 그런데 실제 주식투자를 하게 되면 내가 원하는 20일선 눌림목 차트가 보일 경우도 많지만 그렇지 않은 경우도 매우 많아 매수를 포기했는데 이후 급등하는 경험을 많이 하셨을 것입니다.

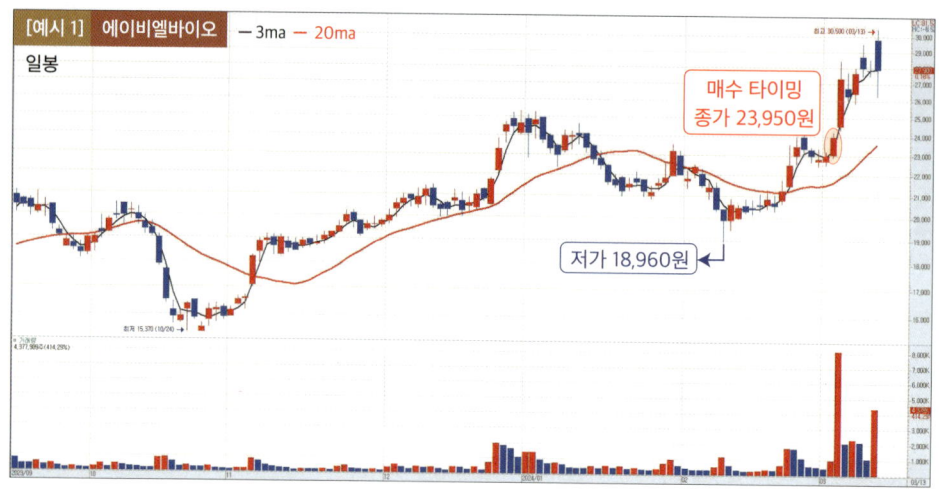

[예시1]은 전형적인 20일선 눌림목의 모습입니다. 눌림목이 완성되는 순간 해당 종목의 종가는 23,950원이었습니다. 그러나 이 종목이 20일선에서 저점을 찍었던 가격은 18,960원입니다. 18,960원에서 23,950원의 상승폭은 26.3%입니다. 내가 아는 눌림목 자리이지만 매수하기에는 바닥으로부터 많이 올라와서 부담스러운 자리이기도 합니다. 매수를 머뭇거렸는데 그 다음 날부터 급등을 해서 30,500원대까지 상승을 합니다. 이런 경험 다들 가지고 있지 않나요?

[예시2]는 20일선 눌림목에 대해서 확실하게 인지를 못 했는데 이후 거래량 실린 장대양봉이 출현하면서 20일선의 추세를 우상향으로 확정시키는 모

습이 나왔습니다. 20일선이 상승변곡점이 만들어진 뒤, 14일이 지난 후에야 거래량 실린 장대양봉이 나오면서 해당 종목에 강력한 눌림목이 형성되었다는 것을 알려줍니다. 이때 개인투자자들의 고민은 14일 동안 기다리는 것이 힘들며 막상 거래량 실린 장대양봉이 나오면 고가라서 매수하기 부담스럽다는 것입니다. 그뿐만 아니라 1,780원에서 2,490원, 즉 40% 가까이 되는 상승도 부담이 됩니다. 그래서 바닥에서 많이 올라온 것 같아 선뜻 매수하기 힘듭니다.

[예시3]도 [예시2]와 비슷한 경우입니다. 거래량 실린 장대양봉으로 20일선 상승변곡점의 출현을 예고한 이후 또 한 번의 눈에 확 띄는 눌림목이 나오기까지 걸린 기간은 17일입니다. 17일 동안 해당 종목을 추적하면서 거래량 실린 양봉을 장 중에 확인하면서 매수하면 더할 나위 없이 좋겠지만, 실제로 주식투자 하다 보면 정작 사려고 한 종목을 이런저런 이유로 사지 못하는 경우가 많습니다.

이런저런 이유 중에 가장 큰 것은 역시 13,910원에서 20,000원대까지 올라온 가격의 상승폭(43.8%)입니다. 가격의 상승은 어떤 종목을 매수하려고 할 때 특히 눌림목 구간에서 장대양봉이 출현한 날 지금이 혹시 고가가 아닐까 하는 의심을 품게 되어 매수를 주저하게 만듭니다. 이러한 경험은 초보투자자라면 누구나 다 가지고 있을 경험이라 생각합니다.

[예시4]도 [예시3]과 거의 비슷한 패턴의 눌림목입니다. 20일선을 거래량 실린 양봉으로 뚫고 나서 13일만에 다시 한 번 거래량 실린 양봉으로 본격적인 시세가 시작되었음을 알려주고 있습니다. 파동은 20일선 AB파동으로 전개되고 있으며 거래량 실린 양봉이 전고점을 뚫을 수 있는 환경이 조성되었음을 알려주고 있습니다. 하지만 역시 10일 이상 해당 종목을 추적하면서 기다리는 것은 사람에 따라서 어려운 과정일 수 있습니다.

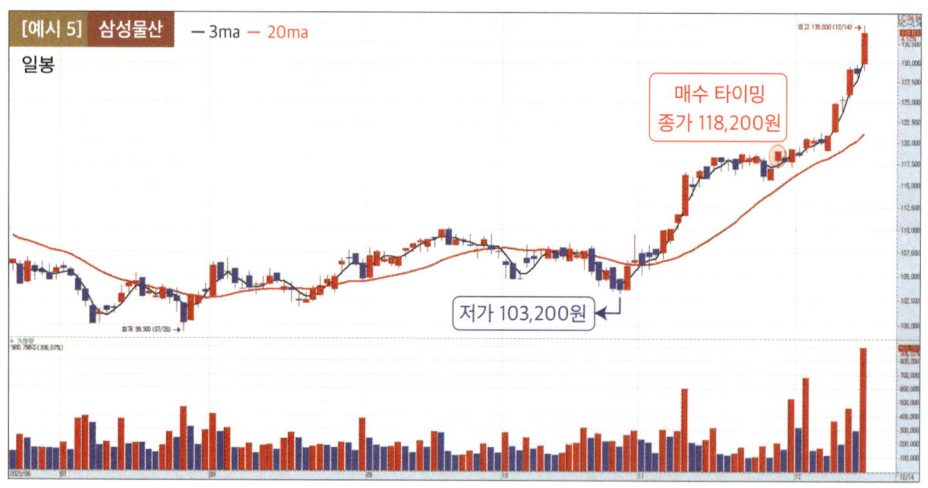

[예시5]의 경우에는 개인투자자들이 가장 힘들어하는 패턴입니다. 매수 타이밍으로 표시한 눌림목의 종가는 118,200원입니다. 20일선 돌파하기 전에 저

점 가격은 103,200원으로 14.5% 이상 상승한 경우입니다. 해당 종목은 코스피의 대형주에 해당하는 삼성물산으로 평소 가격의 변동 폭이 작은 종목이기 때문에 바닥으로부터 14% 이상 상승한 종목을 매수하기에는 부담스럽습니다. 매수를 머뭇거렸던 종목은 다시 한 번 급등하게 됩니다.

[예시1]부터 [예시5]번까지 개인투자자들이 겪은 다양한 사례에 관해 서술하였습니다. 아마도 예시에 적힌 말들을 보면서 최소한 한 두 번쯤은 '저거는 내 경험이다.'라는 분들이 있으리라 확신합니다. 그럼, 지금부터 그런 고민에 대한 해결책을 알려드리도록 하겠습니다.

20일선 눌림목을 남들보다 빠르게 매수하는 법

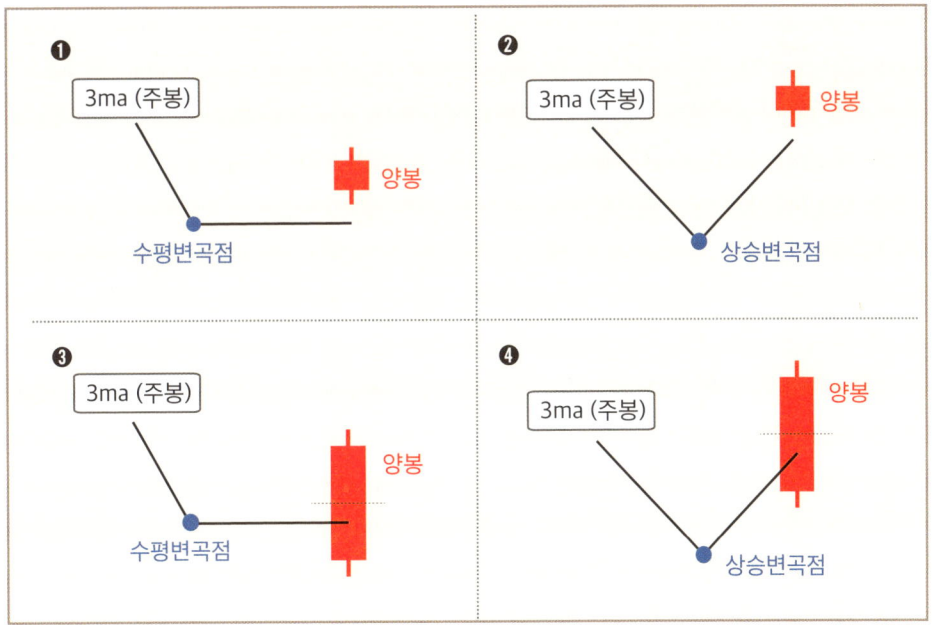

앞서 매도와 매수에 관해 설명할 때 5일선 안착에 관해 설명했으며 그보다 더 빨리 매수하는 방법은 3일선 안착에 대한 매수법을 알려 드렸습니다. 매뉴얼은 단순하고 적용이 쉬워야 합니다. 3일선 안착이라는 매뉴얼을 가지고 똑같이 주봉상에서 3주선 안착이라는 매뉴얼을 쓰게 되면 매수해야 하는 시점과 손절 라인까지 저절로 정해지게 됩니다.

    기법이라는 것은 일관되고 통일성이 있어야 적용이 가능합니다. 일봉에서 쓰는 기법과 주봉에서 쓰는 기법, 그리고 월봉에서 쓰는 기법이 모두 다르다면 실전에 적용하기 매우 힘듭니다. 그뿐만 아니라 분 단위 차트에서도 우리는 주식투자를 하는 경우가 있는데 이마저도 기법이 모두 상이하다면 주식투자를 하기에 굉장히 힘들고 불편해질 것입니다. 일봉에서 3일선 안착이 가장 **빠른** 매수 타이밍이라는 것을 완벽하게 이해했다면 20일선 눌림목보다 3주선 안착이 훨씬 빠른 이유에 대해서 이해가 되리라 생각합니다.

    이해가 아직 안 된 독자분들을 위해 다시 한 번 설명하면 20일선 눌림목은 20일선 상승변곡점이 완성된 이후 공략해야 할 자리입니다. 3주선은 일봉으로 환산하면 15일선입니다. 3주선 안착을 다른 말로 하면 주가가 15일선 밑에 있다가 15일선 위로 올라타 있음을 이야기합니다. 15일선으로 올라타면 해당 종목은 15일선 상승변곡점이 완성되었을 것이며 이는 20일선 상승변곡점이 만들어지는 시간보다 일수로는 5일 이상 **빠르게** 매수할 수 있다는 결론이 나옵니다.

    20일선 눌림목 매수란 20일선 상승변곡점이 완성된 이후 해당 종목이 20일선 위에서 캔들이 3일선에 안착하거나 혹은 거래량 실린 양봉에 매수하는 것을 말합니다. 그리고 3일선 안착 혹은 거래량이 실린 양봉이 나오기까지는 가격조정과 기간조정이 필요합니다.

    상승변곡점이 만들어진 후 가격조정과 기간조정의 과정을 기다리지 못하거나 혹은 선취매를 공격적으로 하고 싶은 사람은 주가가 20일선 위에 머물 때 매수하면 됩니다. 그런데 이왕이면 공격적인 선취매를 하려면 15일선을 이용하는 것이 합리적이며 그 이유는 앞서 말한 것처럼 15일선이 주봉상에서는 3주선에 해당하기 때문입니다.

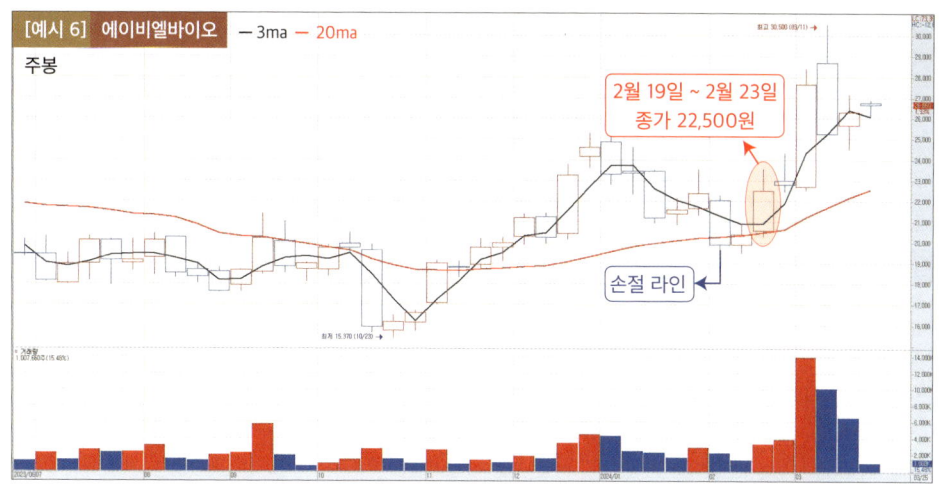

[예시6]은 [예시1]의 주봉 차트입니다. 3주선 안착이 보이나요? 만약에 3주선 안착이 보인다면 앞서 설명한 3일선 안착의 개념을 잘 이해한 것입니다. 주봉 단위의 차트는 캔들과 거래량이 완성되는 시점이 목요일 오후부터 금요일 3시 반까지입니다. 주봉상에서 목요일 오후부터 3주선 안착하는 모습이 보인다면 목요일부터 그 다음 날 오후까지 분할 매수하는 것이 3주선 안착의 매뉴얼입니다.

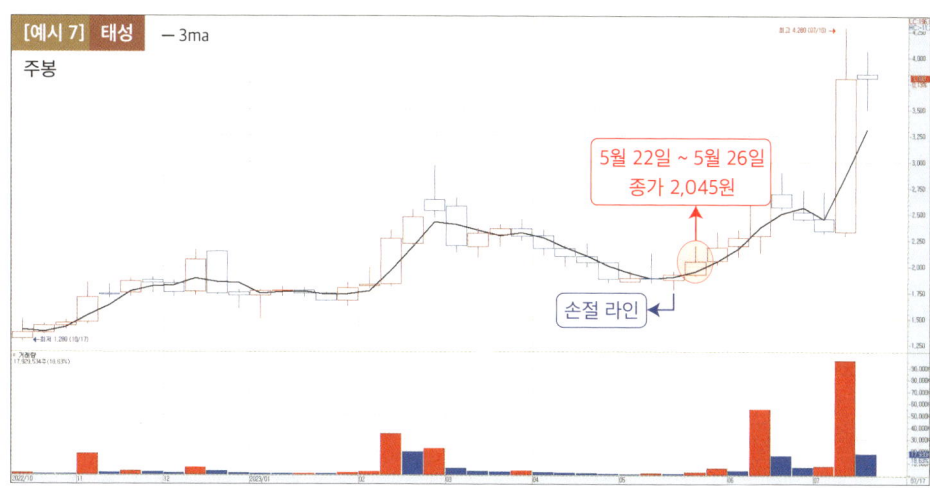

[예시7]은 [예시2]의 주봉 차트입니다. 3주선 안착 이후 주가는 상승하는 모습을 보입니다. 여기서 강조하고 싶은 것은 주봉 차트에서 좋은 매수 시점은

주봉의 쌍바닥이라는 것입니다. 주봉상에서 3주선 쌍바닥은 일봉상에서 15일선 쌍바닥이며 일봉에서 15일선 쌍바닥은 곧 20일선 쌍바닥을 암시합니다. 다시 말하면 주봉상에서 3주선 쌍바닥에 매수하는 것은 일봉상 20일선 쌍바닥에서 매수하는 것과 거의 같거나 혹은 더 빠르게 매수하는 방법입니다.

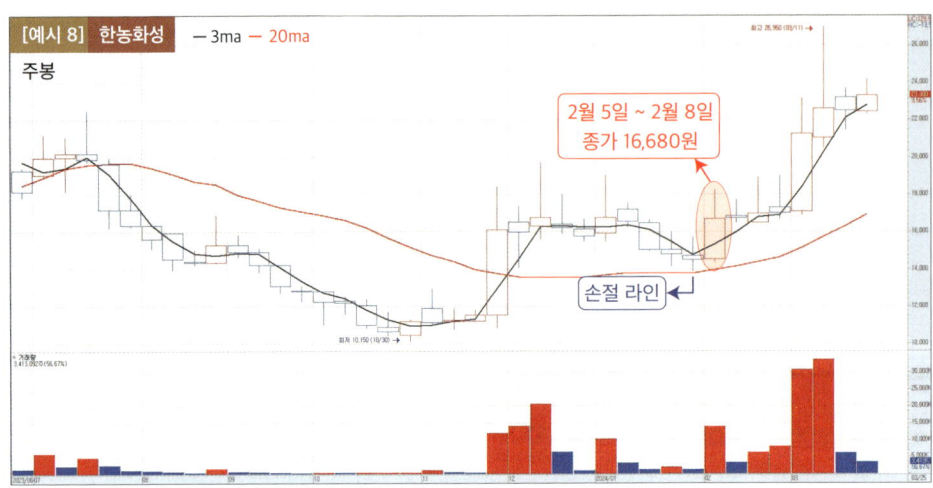

[예시8]은 [예시3]의 주봉 차트입니다. 크게 보면 20주선 밑에서 3주선이 쌍바닥을 그리며 진행되고 있고 이후 20주선 위에서 3주선이 우상향을 그리며 주봉상 눌림목이 만들어지고 있는 것을 확인할 수 있습니다. 일봉상 눌림목이 아주 좋은 매수 시점이듯이 주봉상의 눌림목도 아주 좋은 매수 타이밍입니다. 매수 매뉴얼은 캔들이 만들어지는 시기가 목요일, 금요일이기 때문에 목요일 오후부터 금요일 오후까지 지켜보면서 분할 매수를 하면 됩니다. 일봉과 다른 점은 일봉은 하루 만에 만들어지지만, 주봉 캔들은 5일 동안 만들어지며, 5일 동안 만들어지는 만큼 많은 돈이 투입되기 때문에 해당 차트는 신뢰도가 더 높다고 말할 수 있습니다.

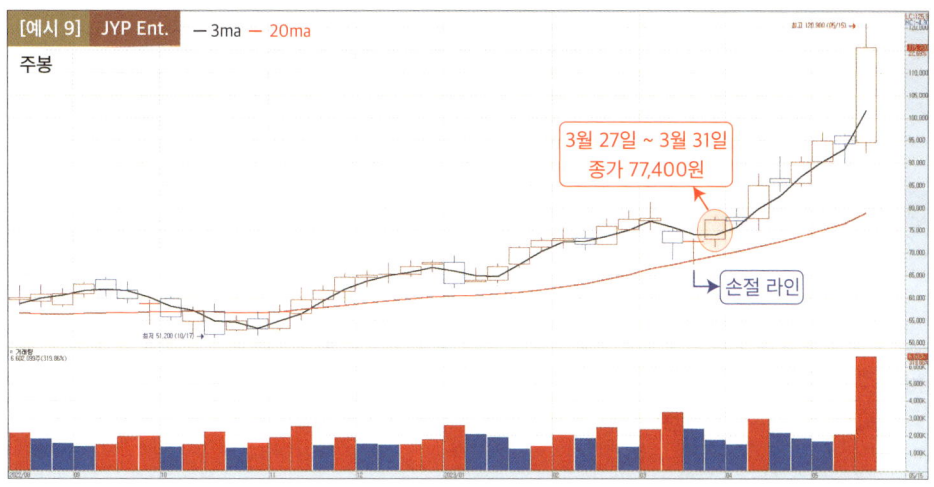

[예시9]은 [예시4]의 주봉 차트입니다. 20주선 위에서 3주선이 눌림목의 모습으로 전개되는 것을 볼 수 있습니다. [예시8]의 차트가 수급이 몰리고 강하게 진행이 되면 [예시9]의 차트로 전개가 됩니다.

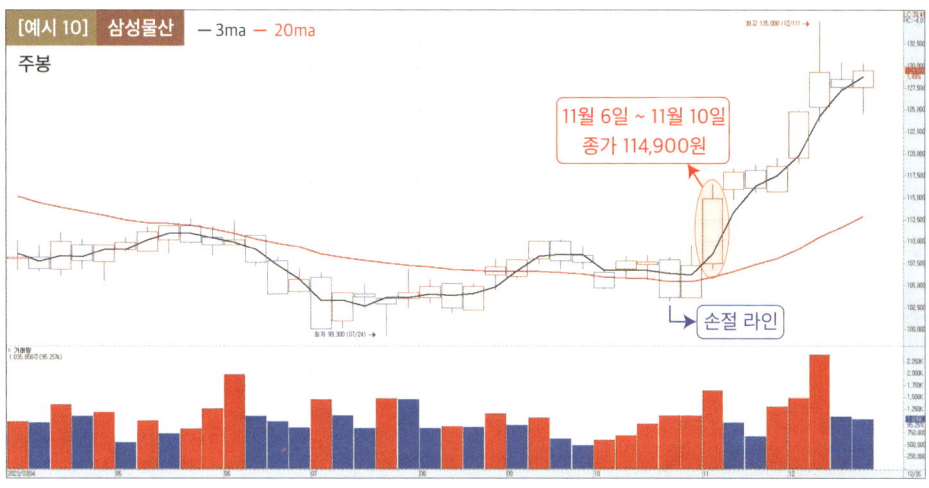

[예시10]은 [예시5]의 주봉 차트입니다. 20주선이 하락을 하다가 11월 6일부터 11월 10일까지 강한 매수세로 장대양봉이 나오고 이후 20주선이 급격하게 꺾이는 모습을 볼 수가 있습니다. 차트를 조금 더 면밀히 분석하면 3주선이 쌍바닥으로 진행이 되다가 해당 캔들이 나오고 난 이후 더 강하게 올라가는 모습을 볼 수가 있습니다.

지금까지는 3주선의 안착에 대해서 설명을 하였습니다. 그럼, 지금부터는 왜 3주선 안착이 20일선 눌림목보다 더 빠르게 더 낮은 가격으로 매수가 가능한지에 대해서 일봉과 비교하며 설명하도록 하겠습니다.

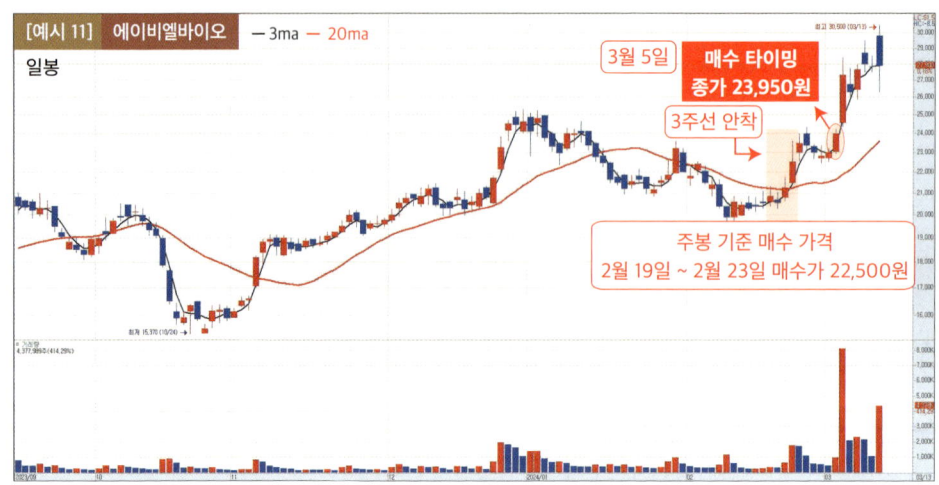

에이비엘바이오 차트입니다.

주봉에서의 매수 타이밍은 2월 19일부터 2월 23일이었으며 매수가는 22,500이었습니다. 이는 일봉에서의 3월 5일 매수 타이밍보다 거래일 기준으로 5일 이상 빠르게 선취매 할 수 있었으며 금액은 6.4% 이상 낮은 가격에 매수할 수 있었습니다.

태성 차트입니다.

일봉상에서의 매수 타이밍은 6월 15일이었으며 종가는 2,490원이었습니다. 하지만 3주선 안착했을 때 5월 22일부터 5월 26일이었으며 이는 거래일 기준으로 10일 이상 빠르게 매수할 수 있었습니다. 매수 금액은 일봉의 매수 타이밍보다 무려 20% 이상 낮은 가격에 매수할 수 있어 심리적으로 안정감을 주는 매수 포인트입니다. 주식에서 심리는 굉장히 중요한데 해당 종목을 낮은 가격에 매수할 수 있어야 조정에도 버틸 수 있습니다. 3주선 안착 매수 매뉴얼은 낮은 가격과 빠르게 선취매 할 수 있는 기회를 우리에게 제공합니다.

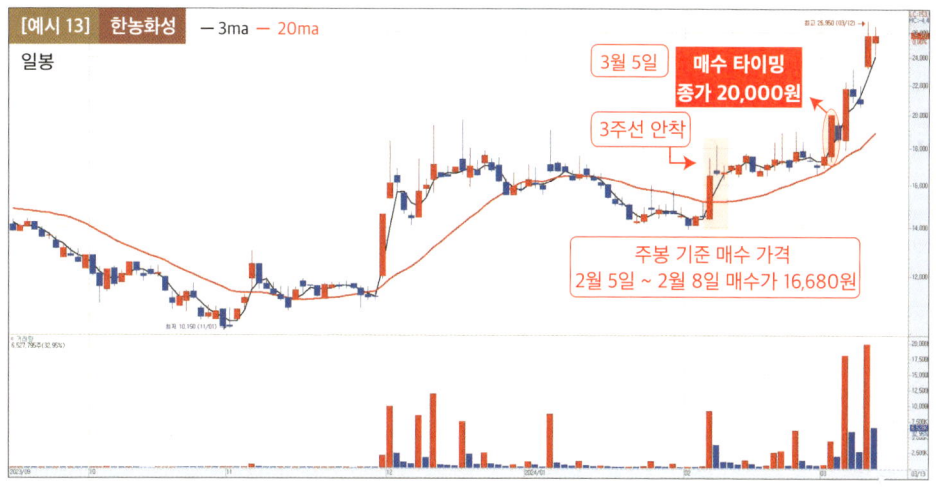

한농화성 차트입니다.

일봉에서의 눌림목 매수 타이밍은 3월 5일이고 종가는 20,000원이었습니다. 하지만 3주선 안착을 했을 때의 마지막 2월 8일 종가는 16,680원으로 일봉 눌림목보다 12일 이상 빠르게 매수할 수 있었으며 가격도 20% 가까이 낮은 가격에 매수할 수가 있었습니다.

JYP Ent. 차트입니다.

4월 13일에 80,600원의 매수 타이밍으로 20일선 매수 매뉴얼이 출현했지만 3주선 안착의 매뉴얼을 쓰면 거래일 기준으로 10일 이상 빠르게 매수할 수 있었으며 매수가는 77,400원으로 4% 이상 더 낮은 가격에 매수할 수 있었습니다. 주봉의 매수 매뉴얼을 적용한 이후에 해당 종목이 확실하게 4월 13일처럼 눌림목이 출현하면 비중을 늘려 추가 매수하는 방법도 아주 좋은 방법입니다.

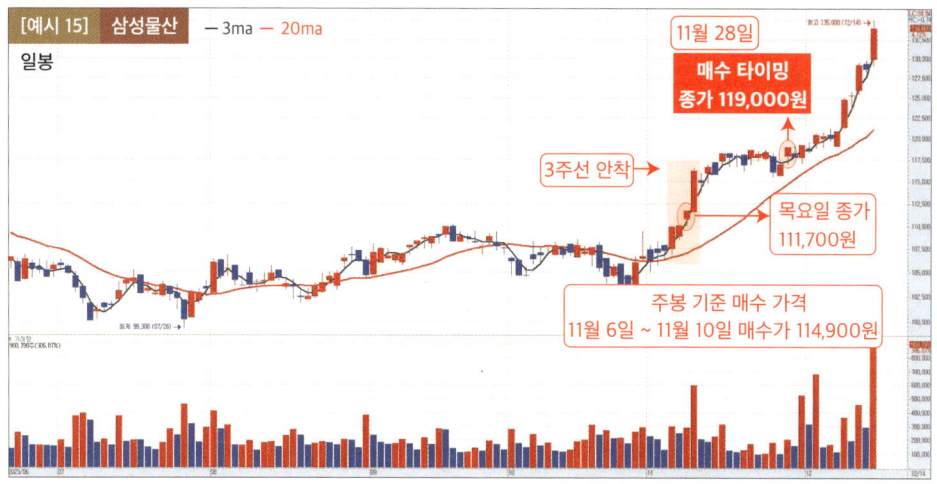

삼성물산 차트입니다.

　11월 28일에 눌림목 매수 타이밍을 줬던 해당 종목은 11월 10일날 114,900원의 가격으로도 3주선 안착을 적용하여 매수할 수 있었습니다. 3주선 안착의 가격과 일봉상 눌림목의 매수 가격이 본 예시에서는 크지 않지만, 만약 해당 종목을 목요일에 매수(종가 117,000원)했으면 6.5% 이상 저렴하게 매수할 수 있었습니다.

PART 05
차트가 주는 정보를 점수로 환산하여 매수하다

① **3·20·60-1 매뉴얼**
(탄력적인 종목을 매수하고 싶다면!)

② **3·20·60-2 매뉴얼**
(추세는 완성되었지만 조금 낮은 가격에 종목을 매수하고 싶다면!)

③ **3·20·60-3 매뉴얼**
(거의 바닥 부근에서 종목을 매수하고 싶다면!)

3·20·60-1 매뉴얼
(탄력적인 종목을 매수하고 싶다면!)

20일선 첫 번째 눌림목의 조건은 20일선 상승변곡점과 3일선 쌍바닥입니다. 앞 장에서는 20일선 첫 번째 눌림목에 관해 서술할 때 다른 이동평균선에 대한 설명은 없었지만, 지금부터는 20일선 이동평균선보다 단위가 큰 60일선 이동평균선과의 관계를 설명하려고 합니다.

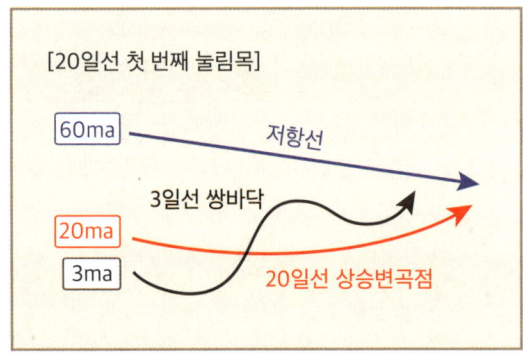

20일 이동평균선의 첫 번째 눌림목은 두 가지 관점에서 분석해야 합니다. 첫 번째는 60일 이동평균선이 20일 이동평균선 위에 있는지 아니면 20일 이동평균선 밑에 있는지를 체크해야 합니다. 만약 60일 이동평균선이 20일 이동평균선 위에 있다면 60일 이동평균선은 저항선의 역할을 하게 됩니다. 그리고 두 개의 이동평균선이 60일과 20일의 순으로, 즉 역배열 순으로 진행되어 왔다면 해당 종목은 아마도 가격조정을 겪어왔을 것입니다.

가격조정을 겪어왔던 종목에 대해 매수할 때 20일선 밑에서 매수하는 것은 위험합니다. 가격조정이라는 말 자체가 누군가 남들보다 더 빨리 낮은 가격에라도 팔고 싶은 마음 때문에 생긴 조정입니다. 따라서 가격조정을 심하게 겪은 종목은 반드시 최소한 두 개를 확인해야 하는데 그것이 바로 20일선 상승변곡점과 3일선 쌍바닥입니다.

60일선을 위에 두고 20일선 첫 번째 눌림목이 상승을 계속 진행하게 되면 다음과 같은 파동으로 진행됩니다.

20일선 첫 번째 눌림목을 만든 이후 주가가 추가적인 상승이 나오면 20일과 60일의 골든크로스가 나타나게 됩니다. 20일과 60일 골든크로스를 사람이 하는 일로 바꿔 말하면 세력(20일선)이 해당 종목의 업황이 좋아질 것을 예측하여

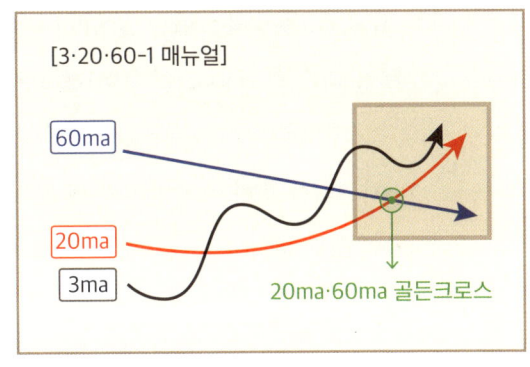

[3·20·60-1 매뉴얼]

분할 매수한 결과이며 오늘부터 시작해서 과거 60일 동안 해당 종목을 매수한 사람들은 손실중인데 이 손실중인 사람들의 매도(손절) 물량을 소화했다는 의미입니다.

즉 20일과 60일 골든크로스 자체가 세력이 들어와 있으며 업황이 개선될 것을 암시하며 그 위에서 3일선 쌍바닥을 그리는 것은 단기 매수세까지 몰렸다는 것입니다.

20일과 60일 골든크로스가 난 직후 3일선 상승변곡점 출현을 이 지면에서는 3·20·60-1 매뉴얼이라고 칭하겠습니다.

3·20·60-1 매뉴얼 조건

3·20·60-1 매뉴얼의 조건은 다음과 같습니다.

> 1. 20일, 60일 골든크로스 발생
> 2. 20일, 60일 골든크로스 발생한 이후 3일선 상승변곡점 출현
> 3. 동시에 3일선이 20일선과 60일선과의 이격도가 작아야 한다.

1번과 2번의 의미는 설명을 통해 잘 숙지 되었을 것으로 생각합니다. 그런데 3번에 대한 의미는 잘 모르실 수 있어 설명합니다.

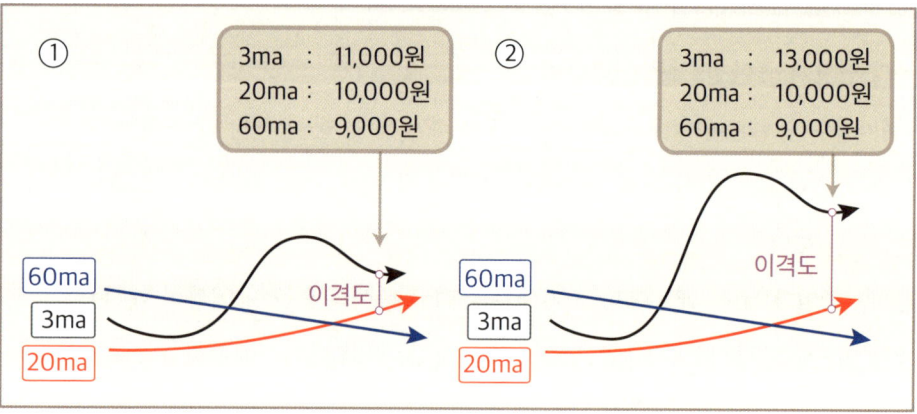

1번 그림에서 보면 3일선과 20일선, 60일선이 정배열로 배열되어 있습니다. 그리고 이동평균선들 사이의 간격(이격)이 좁음을 알 수 있습니다. 이동평균선의 간격이 좁다는 것을 주식 용어로 '이격도가 작다'라고 합니다. 보통 이격도는 캔들과 이동평균선 사이의 거리를 말하지만, 이동평균선과 이동평균선의 사이도 이격도라고 말합니다.

첫 번째 그림에서 3일선의 가격은 11,000원이고 20일선의 가격은 10,000원입니다. 20일선에 대한 3일선의 이격도는 11,000÷10,000=11%입니다. 이격도를 사람이 하는 일로 바꾸어 설명하면 20일 동안, 이 주식을 산 사람들의 평

균 가격은 10,000원이며 3일 동안, 매수한 사람들의 평균 가격 기준으로 현재 11%의 수익이 발생했다는 의미입니다.

같은 방식으로 60일선의 이격도는 22%이며 수익률 관점에서 보면 60일 동안, 이 주식을 산 사람의 평균 가격은 9,000원이고 3일 동안 매수한 사람들의 평균 가격 기준으로 수익률은 22%란 이야기입니다.

같은 논리로 2번 그림에 대한 설명을 하면 20일선 대비 3일선 가격 기준으로 30% 수익이 발생했다는 의미이며 60일선 대비로는 44% 이상 수익이 발생했다는 의미입니다.

10,000원에 매수해서 11% 수익이 발생한 경우와 30% 수익이 발생한 경우 어느 쪽이 더 차익 실현 즉, 매도하고 싶은 욕구가 클까요? 당연히 30% 수익이 발생한 경우입니다.

9,000원에 매수해서 22%의 수익과 44%의 수익 중 역시 매도 욕구가 큰 경우는 44%의 수익이 난 경우입니다.

이격도가 크다는 것은 사람이 하는 일로 말하면 이익 실현의 욕구가 크다고 말할 수 있습니다. 3·20·60-1 매뉴얼은 세 개의 이동평균선이 정배열이며 이격도가 작은 것은 즉, 이익 실현의 욕구가 작은 형태의 파동을 말합니다. 20일선 첫 번째 눌림목에 매수 타이밍을 놓친 투자자들이 추적하면서 매수를 하려고 노력해야 하는 다음 자리가 3·20·60-1 매뉴얼이며 특히 3번 조건(세 개 이동평균선의 이격도가 작아야 한다.)에 집중해야 합니다.

네패스아크 차트에서 보면 20일선 상승변곡점을 완성한 후 20일선 첫 번째 눌림목이 나오고 있으며 이는 전형적인 매수 타이밍입니다. 매수 타이밍이 완성되는 시점에 차트의 모습은 이동평균선이 60일선과 20일선 역배열인 상태에서, 3일선과 캔들이 60일선을 돌파하며 눌림목을 만들고 있습니다.

만약 첫 번째 눌림목에서 매수를 못 했다면 기다렸다가 20일선과 60일선의 골든크로스를 확인한 후 다시 3일선의 상승변곡점이 만들어지는 3·20·60-1 매뉴얼을 추적해야 합니다. 이때 네패스아크의 3·20·60-1 매뉴얼을 보면 3일 20일 60일 이동평균선의 이격도가 큰 것을 확인할 수 있습니다.

'이동평균선 배열의 이격도가 크다'라는 것에는 두 가지를 측면을 고려해야 합니다.

> 첫 번째는 해당 종목에 강한 매수세가 있기 때문에 이격도가 큰 것입니다.
> 두 번째는 강한 매수세 속에는 언제든지 이익 실현 물량이 나올 수 있다는 것입니다.

주식은 언제나 두 가지 가능성이 열려있기 때문에 어려운 것인데 3·20·60-1 매뉴얼에서 강조하는 것은 이격도가 큰 종목에서는 이익 실현 물량이 나올 가능성에 대비해 손절 라인을 꼭 지키라는 것입니다.

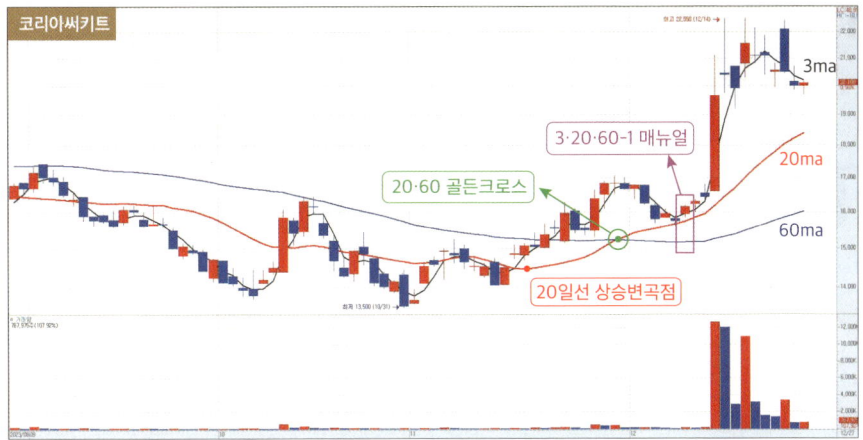

　　코리아써키트 차트에서 보면 3·20·60-1 매뉴얼이 출현한 자리에 이동평균선의 이격도가 작은 것을 확인할 수 있습니다. '이격도가 작다'라는 것은 해당 종목을 매수한 사람들이 이익 실현 욕구가 크지 않다는 것을 말해주지만 또 한편으로는 강력한 매수세도 없다는 뜻입니다.

　　하지만 하나 확실한 것은 3일선 상승변곡점으로 저가 매수세가 들어왔다는 것을 확인시켜 주며 20일선과 60일선의 골든크로스로 중기 추세가 완성되었다는 것을 말해줍니다.

　　거듭 말하지만, 남에게 설명할 줄 알아야 투자가 가능하다고 말씀드렸습니다. 아래 다섯 개의 예시 차트를 보여드리겠습니다. 매수를 해야 할 자리에 동그라미를 표기하고 매수를 해야 하는 이유를 간단히 적어보시길 바랍니다. 그리고 3·20·60-1 매뉴얼도 찾아보시고 해당 종목의 이격도도 체크하며 본인이라면 매수를 할지 여부도 생각해 보시길 바랍니다.

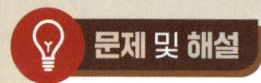

문제 및 해설

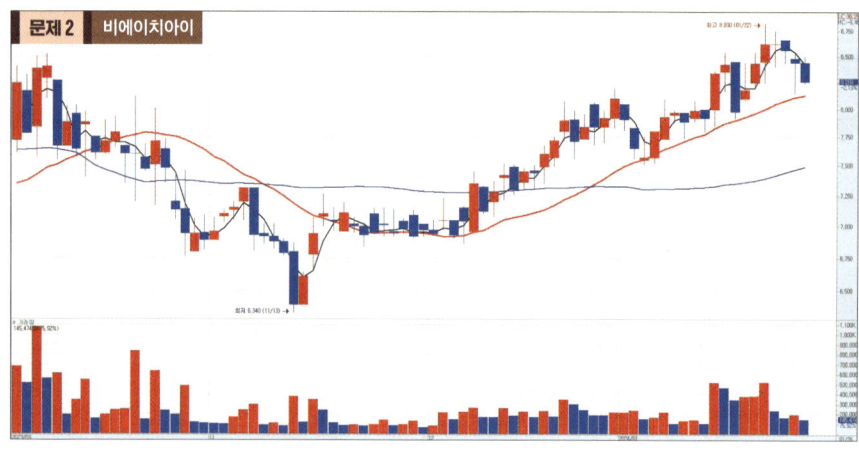

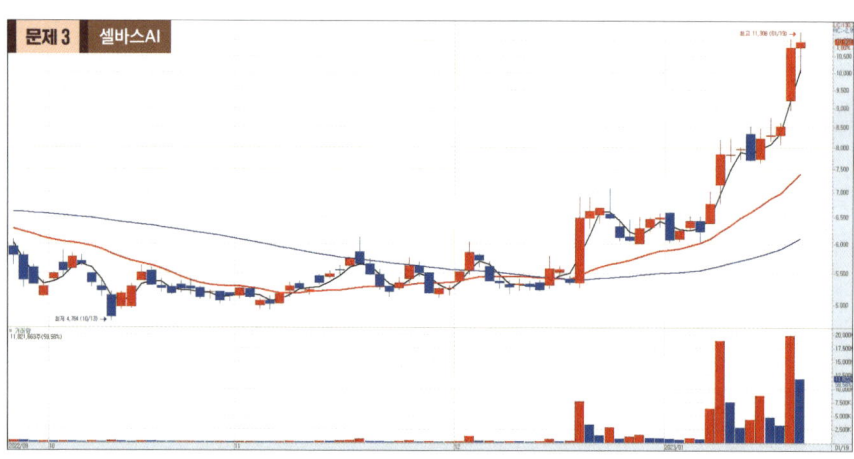

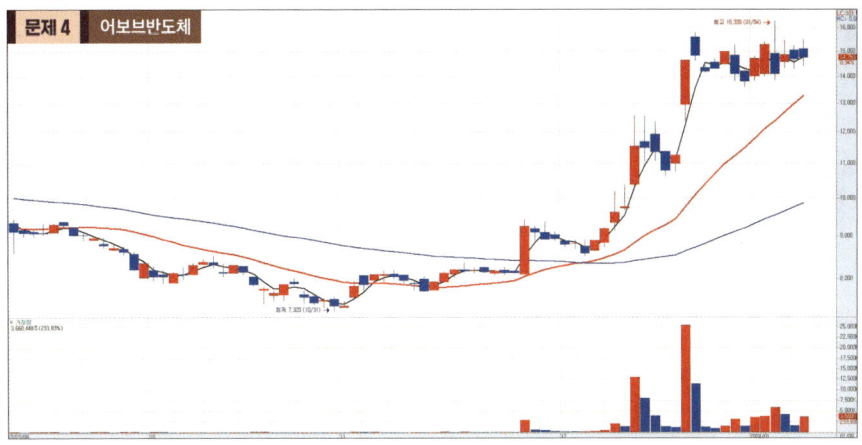

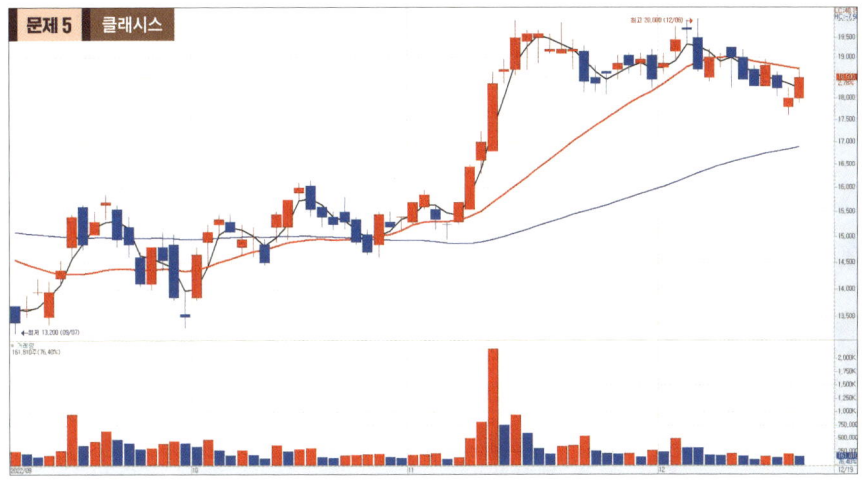

　　신중하게 차트를 훑어보고 매수할 자리를 찾아보셨나요? 어떤 차트는 매수 자리가 한 개만 보이고 어떤 차트는 매수 자리가 최대 4개 이상 보이는 것도 있습니다. 본인이 찾은 자리가 부족하다고 생각하면 다시 한 번 천천히 그리고 꼼꼼히 살펴보시길 바랍니다.

동아에스티는 두 번의 눌림목으로 만든 3·20·60-1 매뉴얼을 만들었습니다. 두 번째 눌림목에서는 음봉으로 3일선 상승변곡점을 완성했습니다. 캔들의 3일선 안착에 대한 조건이 꼭 양봉은 아닙니다. 몸통이 작은 음봉의 모습으로 3일선 안착을 하고 상승변곡점이 만들어지면 이 또한 매수 타이밍입니다.

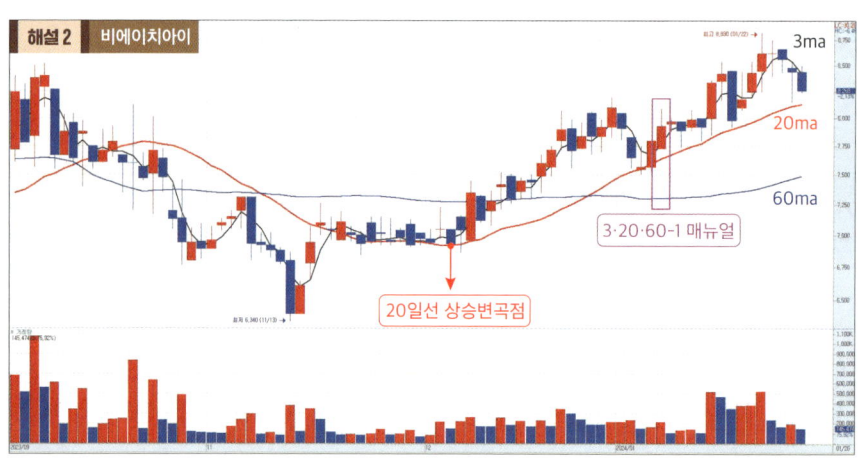

비에이치아이 차트에서는 뚜렷하게 20일선 눌림목의 모습은 보이지 않습니다. 이후 3·20·60-1 매뉴얼이 선명하게 보이면서 매수 기회를 줍니다. 앞서 우리는 20일선 눌림목의 모습보다 빠르게 매수하는 방법에 대해서 배웠는데 그것은 3주선 안착입니다. 해당 종목도 20일선 눌림목의 모습은 뚜렷하게 보이지 않았지만 3주선 안착의 개념으로 보면 분명히 매수 타이밍이 뚜렷하게 보입니다. (복습 차원에서 한 번 더 말씀을 드립니다. 기억이 안 난다면 3주선 안착에 대한 내용을 다시 한 번 살펴보시길 바랍니다.)

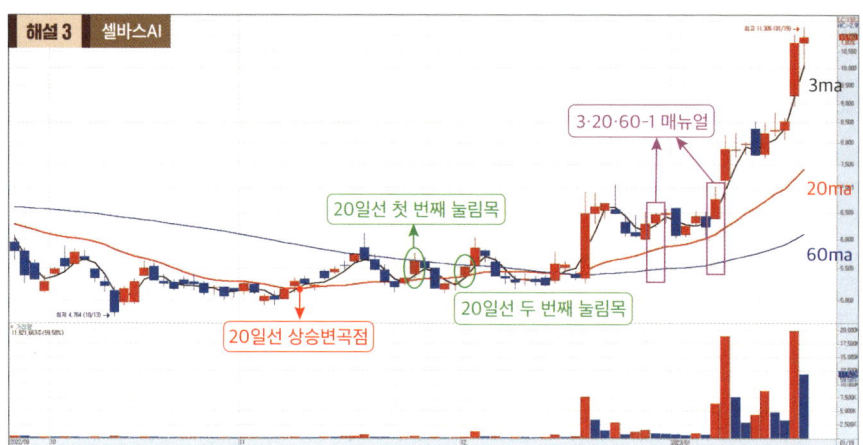

셀바스AI 차트에서 두 번의 20일선 눌림목 매수 기회를 주고 이후 두 번의 3·20·60-1 매뉴얼에 해당하는 모습을 보입니다. 제가 온라인 혹은 오프라인에서 매수하고 싶은 종목이 있으면 추적, 관찰하고 아는 자리가 나올 때까지 기다리라고 강의합니다. 추적, 관찰 후에 매수를 결정해야 할 자리가 20일선 눌림목과 3·20·60-1 매뉴얼 자리입니다.

20일선 상승변곡점이 나오고 나서 두 번째 눌림목 구간과 두 번째 3·20·60-1 매뉴얼 자리는 단기간 내에 3일선 쌍바닥을 만들면서 진행한 자리로, 개인적으로 좋아하는 자리입니다. 그리고 거래량이 실리면 더 신뢰도가 높은데 3·20·60-1 매뉴얼에서 두 번째 자리에서는 거래량이 증가하는 모습으로 해당 종목이 매도보다는 매수세가 압도적으로 많음을 말해주고 있습니다.

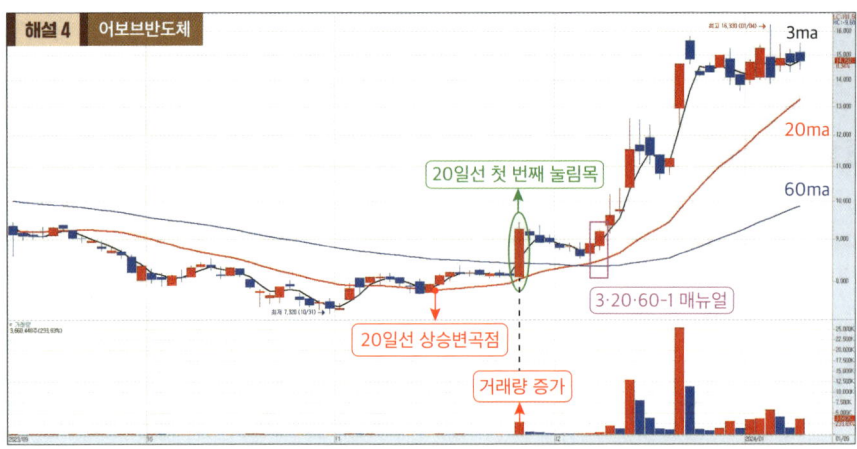

어보브반도체 차트에서는 두 번의 매수 타이밍을 주고 있습니다. 거래량 실린 장대양봉으로 만든 첫 번째 눌림목과 이후 3·20·60-1 매뉴얼의 출현입니다. 3·20·60-1 매뉴얼의 모습은 캔들과 3일 이동평균선 그리고 20일, 60일 이동평균선의 이격도가 작습니다. 추적, 관찰하면서 체크해야 할 모습 중 하나가 앞서 말한 것처럼 이동평균선들과의 이격도입니다. 이격도를 항상 꼭 체크하는 습관을 들이시길 바랍니다.

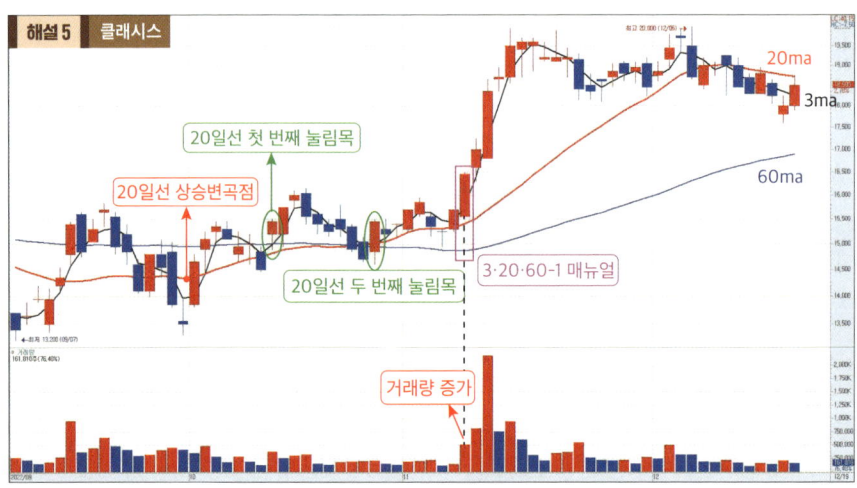

클래시스 차트에서는 두 번의 20일선 눌림목을 만들고 세 번째에는 3·20·60-1 매뉴얼 파동을 만들면서 단기간에 상승했습니다. 3·20·60-1 매뉴얼 자리

에서는 거래량까지 증가하며 상승에 대한 신뢰도를 더욱 높여줍니다. 거래량 증가는 주가 상승의 에너지인데 3일선과 20일, 60일 이동평균선의 이격이 작은 상태에서 거래량 상승은 아주 좋은 매수 자리입니다.

앞서 다섯 개의 문제를 풀어보셨는데 각자 생각한 자리와 제가 설명한 자리가 일치한 부분이 많으셨나요? 많았다면 아주 열심히 공부한 것이고 차이가 크게 났다면 PART 04의 처음으로 돌아가셔서 공부하시길 바랍니다.

해설에서 20일선 첫 번째 눌림목과 3·20·60-1 매뉴얼 자리에 관해 설명하였습니다. 공부하신 분들이 생길 수 있는 궁금증에 대해서 추가로 설명하도록 하겠습니다.

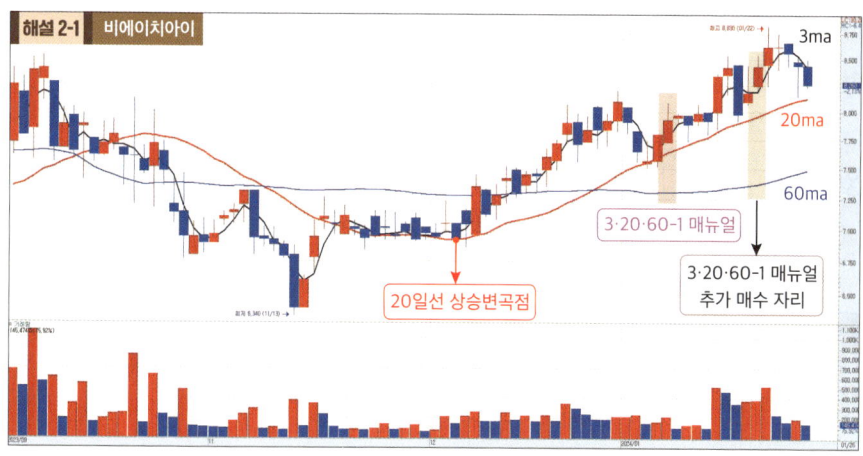

첫 번째 3·20·60-1 매뉴얼 자리 출현 후 한 번 더 3일선 상승변곡점이 출현하면서 3·20·60-1 매뉴얼에 해당하는 매수 자리가 나온 것을 볼 수 있습니다. 첫 번째 자리와 두 번째 자리의 가장 큰 차이점은 이격도입니다.

첫 번째 자리의 20일선과 60일선의 이격도와 두 번째 자리의 20일선과 60일선 이격도 중 큰 쪽은 두 번째 자리입니다. 이격도가 클수록 차익 실현 물량에 대해 경계해야 합니다. 그래서 필자가 가장 중요시 여기는 자리는 20일선과 60일선의 골든크로스 이후 첫 번째 나타나는 3·20·60-1 매뉴얼 자리입니다.

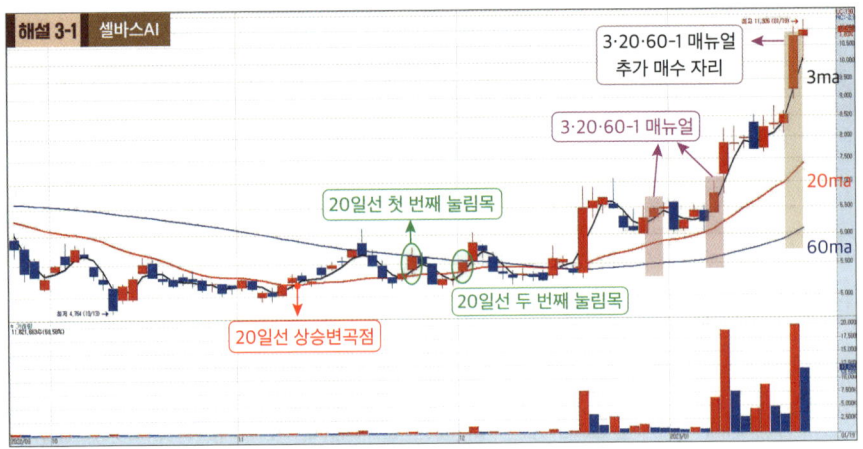

셀바스AI 차트에서도 추가 매수 자리가 출현하는데 앞서 두 번의 3·20·60-1 매뉴얼 자리와는 다르게 3일선, 20일선, 60일선 세 개의 이동평균선의 간격이 큰 것을 볼 수 있습니다. 큰 만큼 강한 매수세가 유입된 것으로 판단될 수 있지만 그 반대 이면에는 강한 매수세만큼 강한 매도세가 있음을 항상 염두에 두어야 하며 손절 라인을 반드시 지켜야 합니다.

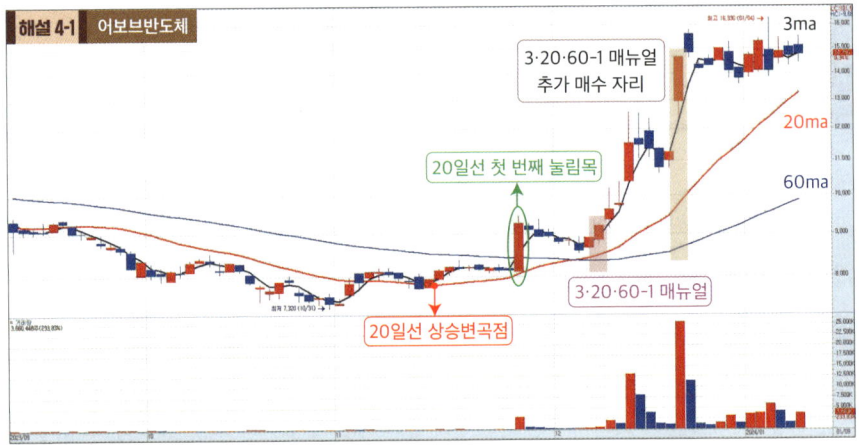

어보브반도체 추가 매수 자리는 3일선, 20일선, 60일선 이동평균선이 벌어져 있으며 급등 이후에 주가가 횡보하는 것을 볼 수 있습니다. 횡보 이후 주가에 대한 흐름에 대해서는 언급하지 않겠습니다. 추가로 상승할 수도 있고 하락할 수도 있습니다. 여기서 강조하고 싶은 건 3·20·60-1 매뉴얼의 자리를 선택할 때 이격도가 크면 그만큼 이익 실현의 물량이 클 수 있다는 것입니다. 그리고 손절 라인에 대한 철저한 대응입니다. 만약에 3·20·60-1 매뉴얼의 자리에서 큰 이격도가 부담된다면 이격도가 작은 3·20·60-1 매뉴얼 자리를 공략하시길 바랍니다.

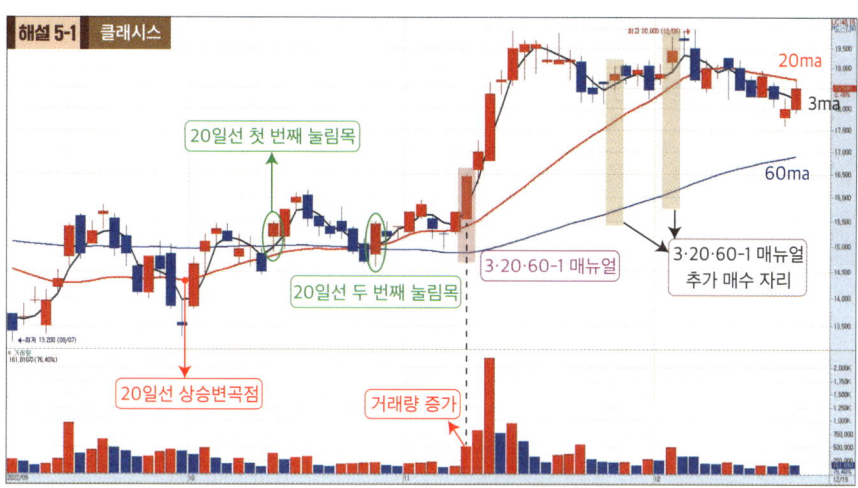

클래시스 차트에서 첫 번째 3·20·60-1 매뉴얼 자리는 이동평균선 간의 이격도가 작으며 거래량까지 실리면서 탄력적으로 상승하는 모습이 나왔습니다. 이후 나타난 두 번의 추가 매수 자리는 20일과 60일 이동평균선 간의 이격도가 커지면서 추가적인 강력한 매수세가 나오지 않으면서 이후 주가는 약세의 모습을 보입니다.

3·20·60-1 매뉴얼에서 강조하고 싶은 것은 20일선이 하락 추세일 때보다는 상승 추세일 때 매수 타이밍을 고려하라는 것이며 20일선 첫 번째 눌림목에 실패했을 때 꾸준히 추적하다가 20일과 60일의 골든크로스를 확인 후 3·20·60-1 매뉴얼이 나오면 매수를 하라는 것입니다. 이때 세 개의 이동평균선이 벌어지면 강한 매수세가 있으나 이익 실현 물량에 대한 것도 준비해야 한다는 것입니다. 반면에 세 개의 이동평균선이 이격도가 작으면 강한 매수세는 없으나 상승에 대한 필요충분조건은 완성되었기 때문에 이 또한 매수를 준비해야 하는 것입니다.

3·20·60-2 매뉴얼
(추세는 완성되었지만 조금 낮은 가격에 종목을 매수하고 싶다면!)

3·20·60-2 매뉴얼 조건

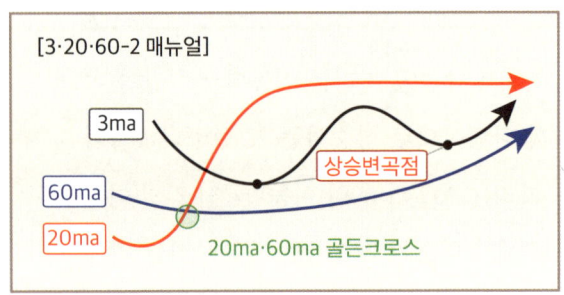

3·20·60-1 매뉴얼은 세 개의 이동평균선이 정배열되면서 이격도가 작으며 거래량이 증가하는 모습인데 이때 20일선을 지지를 못 받고 상승에 실패하면 3일선은 20일선과 60일선 사이로 내려오게 됩니다. 이후 다시 주가가 상승하기 위해서는 20일선과 60일선 사이에서 저가 매수세가 확인되어야 하는데 그 모습이 바로 3일선 쌍바닥이며 이런 모습이 3·20·60-2 매뉴얼입니다.

3일선 쌍바닥은 아주 중요한 역할을 합니다. 첫 번째 역할은 20일선이 60일선으로 내려오는 것을 막아주는 역할을 합니다. 다시 말해 20일선과 60일선이 데드크로스가 발생하는 것을 막아 추세를 유지해 주는 역할을 합니다. 그리고 이후 강한 상승이 나오기 위해서는 20일선이 60일선 위에서 V존을 그리며 올라가야 하는데 V존이 나오기 위한 마중물 역할을 합니다.

그리고 이후 V존을 그리며 상승하는 모습이 바로 3·20·60-1 매뉴얼입니다. 3·20·60-1 매뉴얼과 3·20·60-2 매뉴얼은 서로 앞서거니 뒤서거니 하면서 전개가 됩니다.

아래 그림은 3·20·60-2 매뉴얼 파동의 모습을 거친 후 다시 3·20·60-1 매뉴얼 파동의 모습으로 올라가는 모습입니다. 반대로 3·20·60-1 매뉴얼 파동으로 전개가 되다가 조정이 오면 3·20·60-2 매뉴얼의 모습이 나오며 이때 3·20·60-1 매뉴얼 자리에서 매수했다가 물렸을 때 물타기 자리로 사용합니다.

3·20·60-2 매뉴얼에서 제일 중요한 것은 3일선 쌍바닥입니다. 3일선 파동의 모습은 앞으로 해당 주식이 하락 추세로 접어드는지 혹은 상승 추세로 전환되는지를 알려주는 가장 작

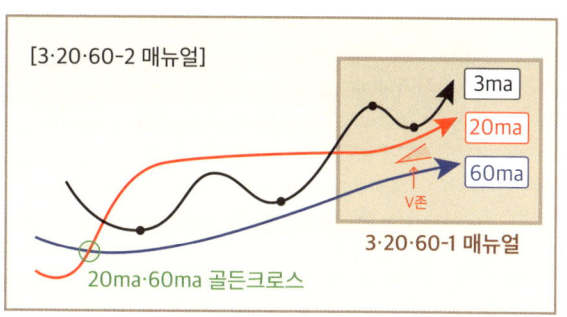

은 단위의 파동이며 또한 매수해야 할 시점과 손절선을 알려주는 아주 중요한 정보입니다. 매수 타이밍은 3일선 쌍바닥 구간의 상승변곡점이 완성되거나 혹은 캔들이 3일선에 안착한 모습이 보일 때이며 손절선은 3일선 외바닥 구간에서 만들어진 최저점을 적용하면 됩니다.

3·20·60-2 매뉴얼 모습은 3일선이 20일선과 60일선 사이에 있는 것이라고 했습니다. 이때 20일선은 저항선으로 작용하며 60일선은 지지선으로 작용하고 있습니다.

주가가 상승하기 위한 환경 중에 20일선은 부정적으로 작용하며 60일선은 긍정적으로 작용하는 팽팽한 균형을 이룬 상태입니다. 이 균형을 깨기 위한 필요충분조건은 바로 저가 매수세이며 3일선 쌍바닥이 바로 그 균형을 깨는 모습입니다. 만약에 이 균형을 깨는 3일선 쌍바닥의 모습에 거래량까지 실리면 해당 종목은 앞으로 상승 쪽에 무게를 두고 접근해야 하는 것이 맞습니다.

개미대학 1권 (세력의 매집 원가 구하기)에서는 3일선과 20일선, 60일선 그리고 거래량에 각각 수치로 계량화하고 점수를 부여하여 차트를 분석하는 방법에 관해서 설명한 바가 있는데 한 번 더 설명하도록 하겠습니다.

■ 차트에 점수를 매기는 법 ■

추세	우상향	수평	우하향
60일선	33점	15점	0점
20일선	33점	15점	0점
저가 매수세	매집봉 33점		3일선 쌍바닥 15점

■ 20일선과 60일선의 대표적 4가지 파동 ■

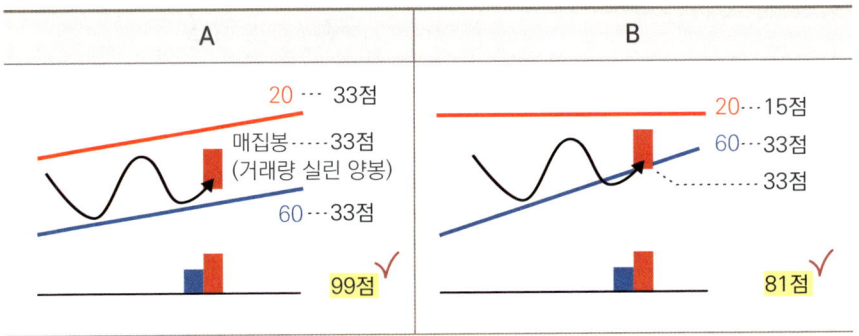

3·20·60-2 매뉴얼에는 크게 두 가지로 분류가 됩니다. 20일선과 60일선이 동시에 우상향이며 3일선이 쌍바닥을 만드는 경우와 20일선은 수평이거나 살짝 내려오면서 3일선이 쌍바닥을 만드는 경우입니다. 두 가지 경우 다 3·20·60-2 매뉴얼에 해당하며 이때 우리는 3일선 쌍바닥을 추적하며 균형이 깨지는 모습을 포착하여 매수해야 합니다.

A는 20일선이 우상향, 60일선도 우상향으로 66점을 가진 상태입니다. 이때 3일선이 쌍바닥과 동시에 거래량 실린 양봉(매집봉(33점))이 출현하여 차트 점수가 99점이 되어 매수를 위한 필요충분조건을 충족하게 됩니다. 만약에 거

래량 실린 양봉(매집봉)이 나오지 않고 3일선 쌍바닥만 만들어졌다면 점수는 15점이 되어 토탈 점수 81점으로 이 또한 매수 기준에 부합합니다.

B는 20일선이 수평(15점)이며 60일선은 우상향(33점)입니다. 48점으로 50점 미만이며 현재 차트가 주는 정보는 매수와 매도 어느 것도 정해지지 않은 균형을 이룬 상태입니다. 이때 출현하는 3일선 쌍바닥에 거래량 실린 양봉(매집봉(33점))은 차트에 33점이 부여되며 토탈 점수 81점이 되어 매수 기준에 부합하게 됩니다.

열 개의 차트를 보여드리도록 하겠습니다. 3·20·60-2 매뉴얼에 해당하는 부분을 찾아서 동그라미를 치고 점수를 매겨보시길 바랍니다. 그리고 손절선은 어디인지 각자 동그라미 치시길 바랍니다. 거듭 강조해 드리지만, 남에게 설명할 줄 알아야 투자가 가능합니다. 제가 설명한 파동의 원리에 대해서 이해가 됐다면 앞으로 공부할 10개의 차트의 매수 타이밍은 어렵지 않게 찾을 수 있으리라 생각됩니다.

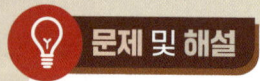

문제 및 해설

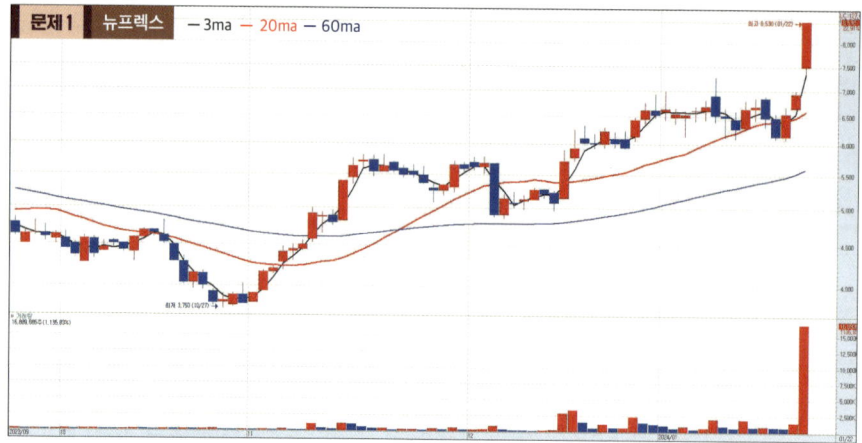

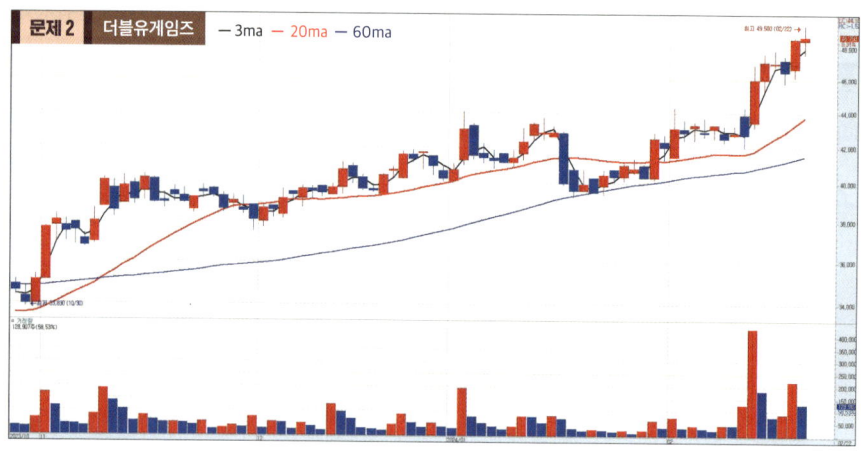

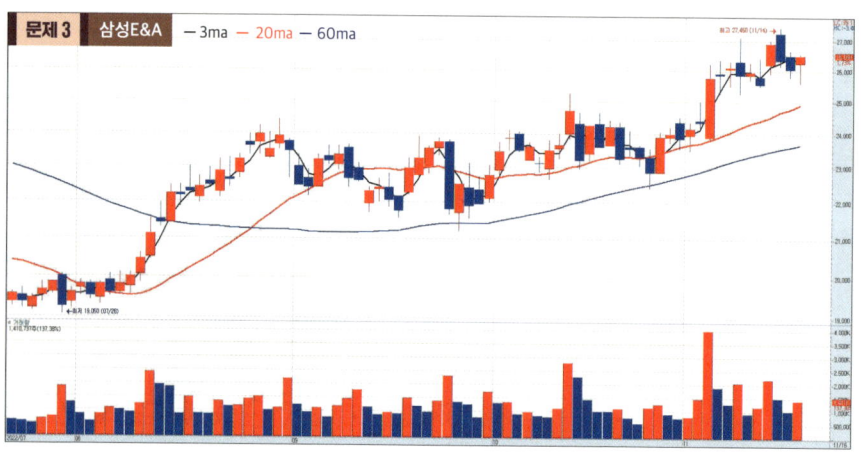

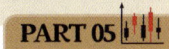

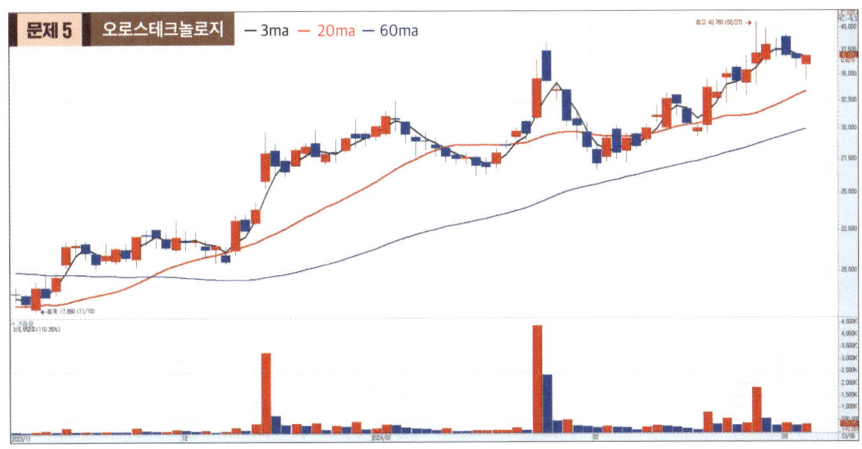

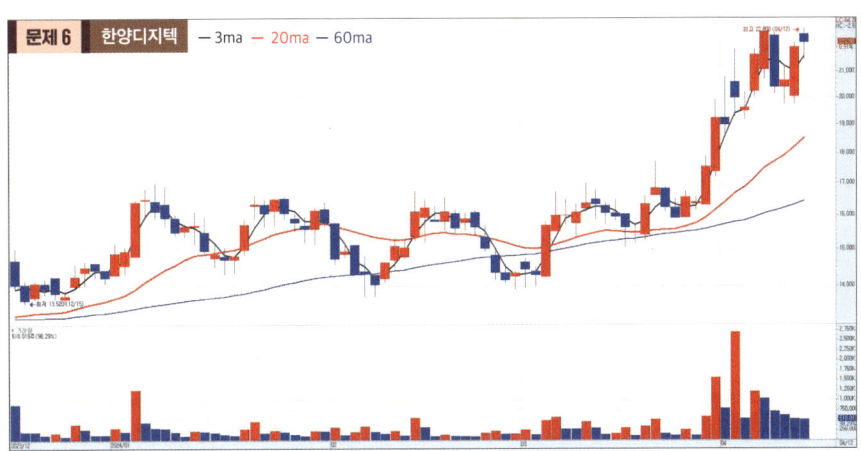

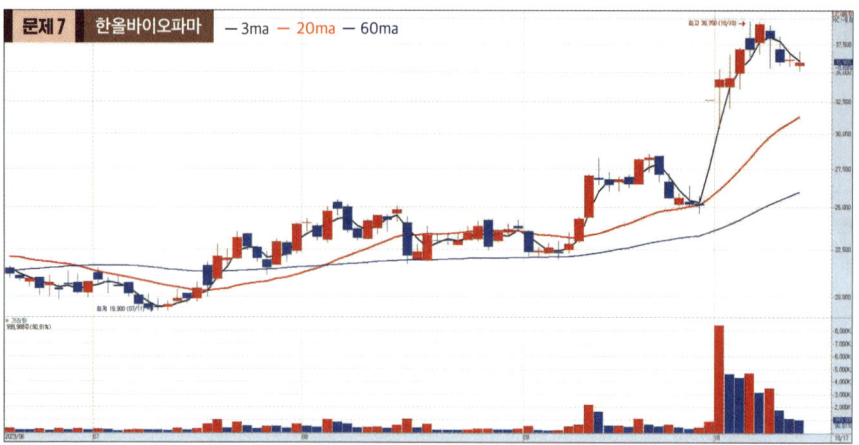

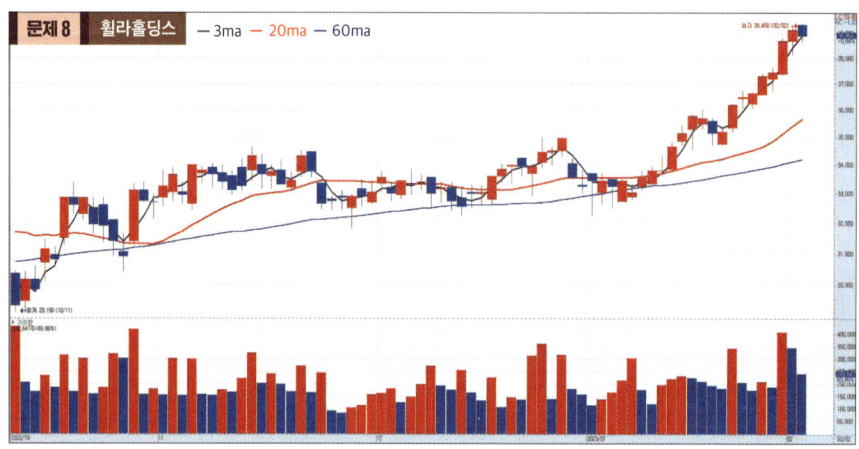

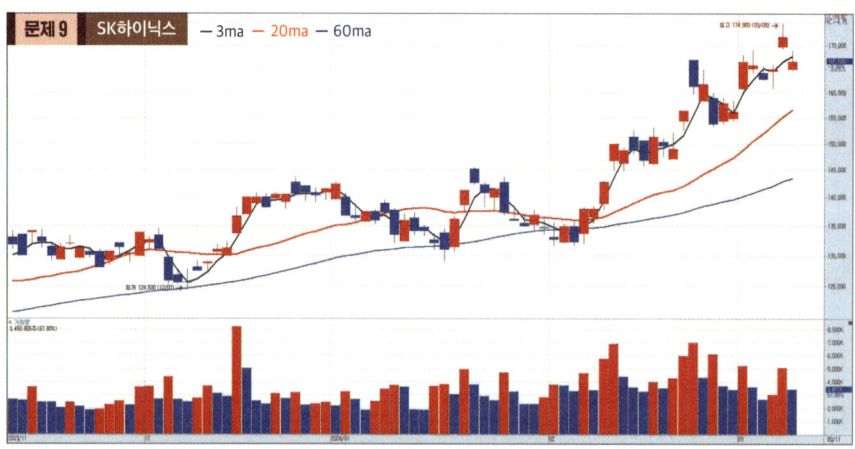

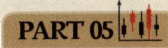

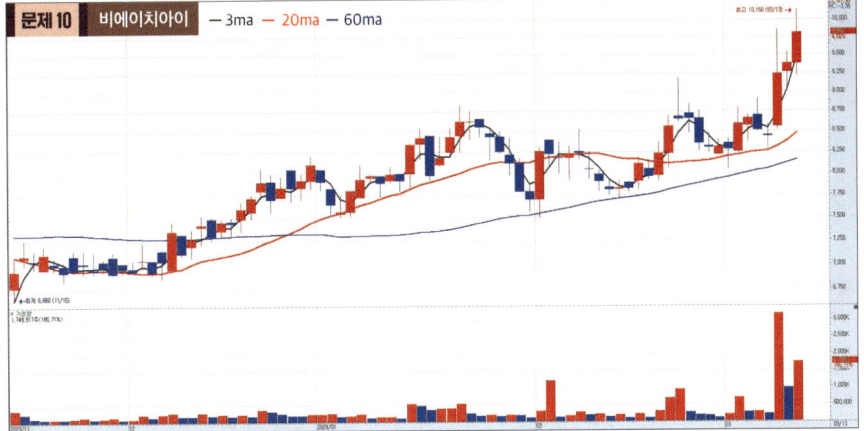

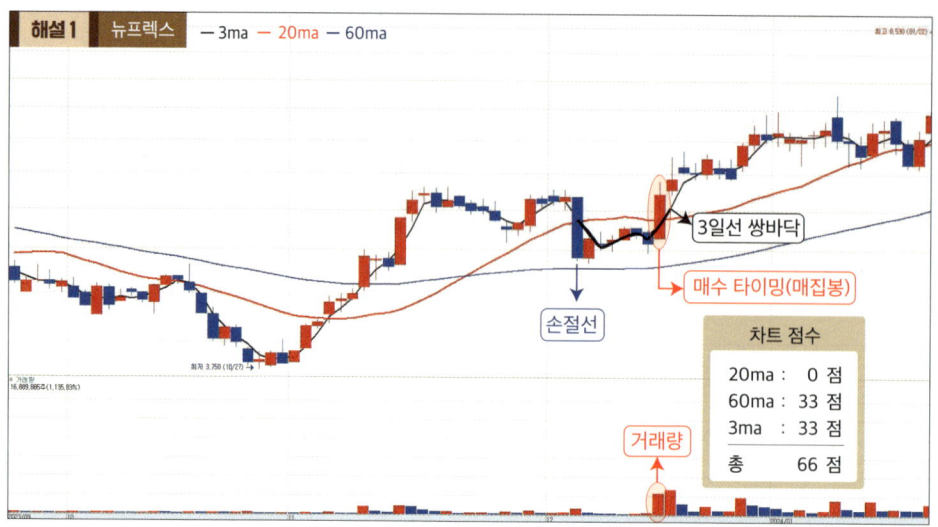

　　뉴프렉스 차트는 전형적인 3·20·60-2 매뉴얼의 모습입니다. 매수 타이밍이 임박했을 때 파동의 모습은 20일선이 약간 하향 추세로 0점을 주었고, 60일선은 상승 추세가 33점을 주었습니다. 3일선 쌍바닥과 함께 거래량 실린 양봉(매집봉)이 나옴으로써 균형의 추를 깨는 상승의 강력한 시그널이 나와 33점을 주었습니다. 토탈 점수는 66점이고 3일선 쌍바닥이 출현함으로 자연스럽게 손절선의 가격도 나와 매수 매뉴얼이 완성된 모습입니다. 66점의 의미는 해당 종목이 업황이 살아있으며 3일선 쌍바닥으로 바닥을 다지며 거래량 실린 양봉이 나오면서 하락보다는 상승의 관점에 무게를 두어야 한다는 것입니다.

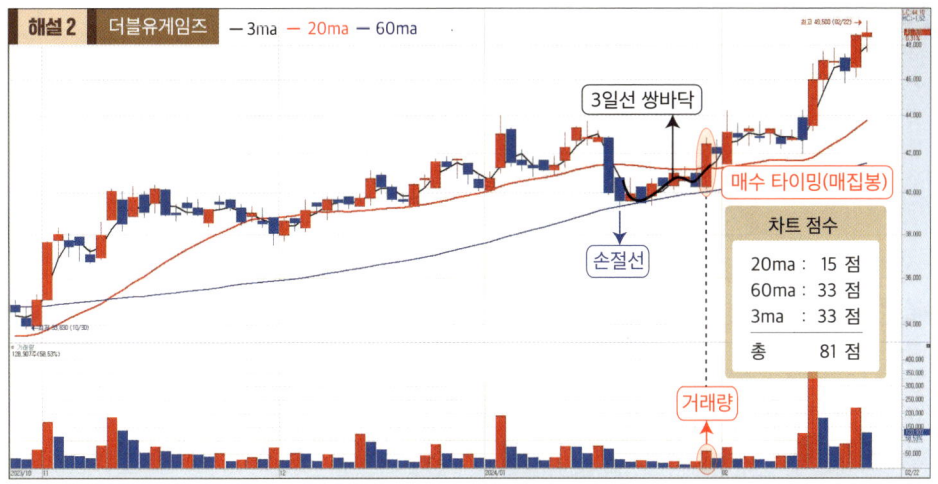

　더블유게임즈의 차트 점수는 81점의 높은 점수입니다. 20일선은 수평으로 전개되어 15점을 주었습니다. 3일선이 쌍바닥으로 전개되며 거래량 실린 양봉(매집봉)이 나와 해당 종목에 강한 매수세가 있음을 알려주고 있습니다. 60일선은 상승 추세로 전개가 되어 업황 혹은 실적이 좋음을 암시하고 있습니다. 3일선+매집봉의 점수로 33점이 주어졌으며 60일선의 우상향으로 역시 33점이 주어져 토탈 81점의 차트 점수가 주어졌습니다. 이후 해당 종목은 3·20·60-1 매뉴얼의 모습을 그리며 상승하는 모습을 보입니다.

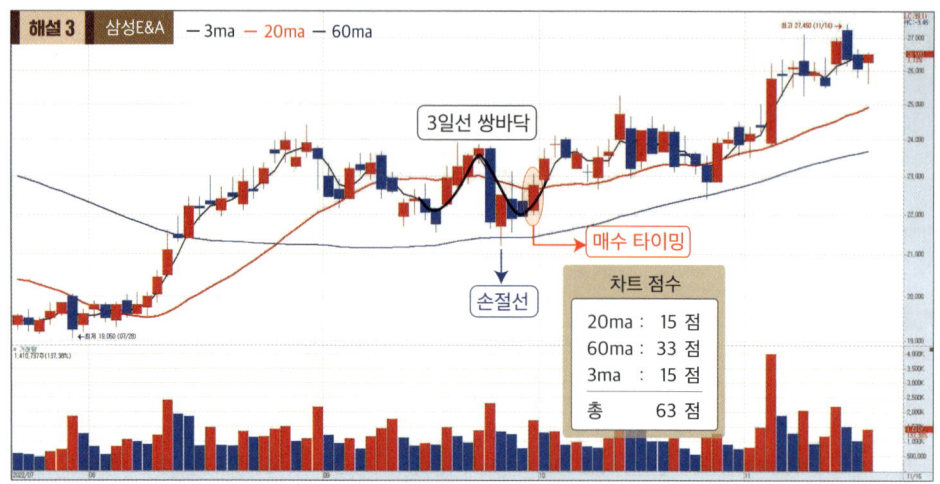

　　삼성E&A 차트는 3일선 쌍바닥의 모습이 약간 변형된 형태입니다. 첫 번째 3일선 외바닥을 찍고 20일선을 살짝 돌파했다가 밀려서 다시 60일선 위에서 3일선이 쌍바닥을 그리는 모습입니다. 3·20·60-2 매뉴얼의 파동에서 3일선이 20일선 위를 잠깐 올라탔다가 내려왔을 때 쌍바닥을 그리는 모습이 중요합니다.

　　거듭 말하지만 3·20·60-2 매뉴얼에서 중요한 것은 균형의 추를 무너뜨리는 저가 매수세, 즉 3일선 쌍바닥의 모습에 많은 집중을 하고 관찰해야 합니다. 매수 타이밍에 이르렀을 때 차트의 점수는 토탈 63점입니다. 3일선 쌍바닥 부근에 거래량이 크게 실리지 않은 모습을 보여 저가 매수세에 부여하는 점수를 15점을 부여했습니다.

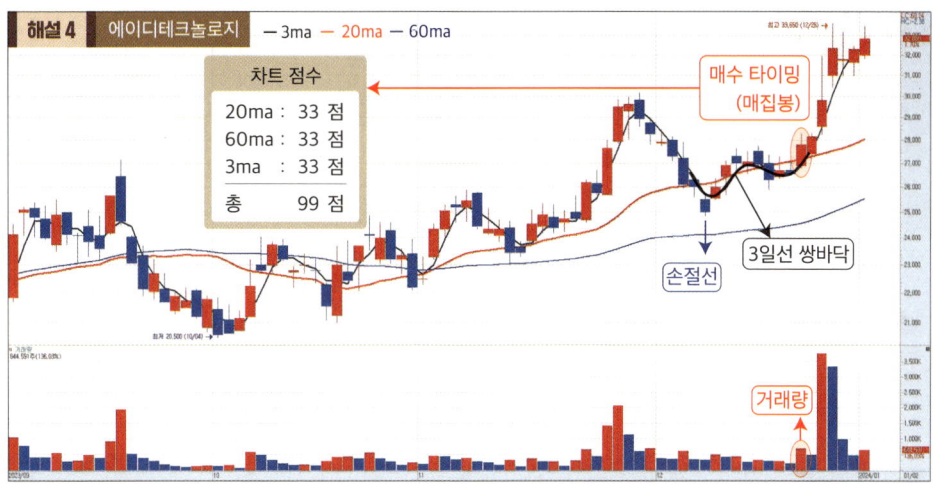

에이디테크놀러지 차트 점수는 99점이며 3·20·60-2 매뉴얼에서 보이는 매수 타이밍 중 가장 이상적인 매수 타이밍입니다.

> 1. 20일선이 우상향을 유지하고 있습니다. 해당 종목에 세력이 떠나지 않고 건재하다는 것을 말합니다. (33점)
> 2. 60일 이동평균선도 20일선과 같은 방향으로 우상향이며 현재 업황이 좋거나 실적이 좋음을 강력히 암시합니다. (33점)
> 3. 이때 나온 3일선 쌍바닥에 거래량 실린 양봉은 아주 강력한 파동 위에 또 하나의 강력한 매수세가 있음을 알려주고 있습니다. (33점)

3개의 항목에서 33점을 받아 토탈 99점의 높은 점수를 받았으며 이후 해당 종목은 단기간에 탄력적으로 상승하게 됩니다.

　　오로스테크놀러지 차트 점수는 63점입니다. 매수 타이밍이 왔었을 때 20일선은 수평이고 60일선은 우상향 이였습니다. 3일선의 흐름은 20일선 밑에서 주가가 머무르다가 20일선을 강력하게 돌파합니다. 이후 조정을 받을 때 강력하게 돌파하기 전에 저점을 지키는 모습이 3일선 쌍바닥이며 이런 파동이 3·20·60-2 매뉴얼의 전형적인 모습입니다.

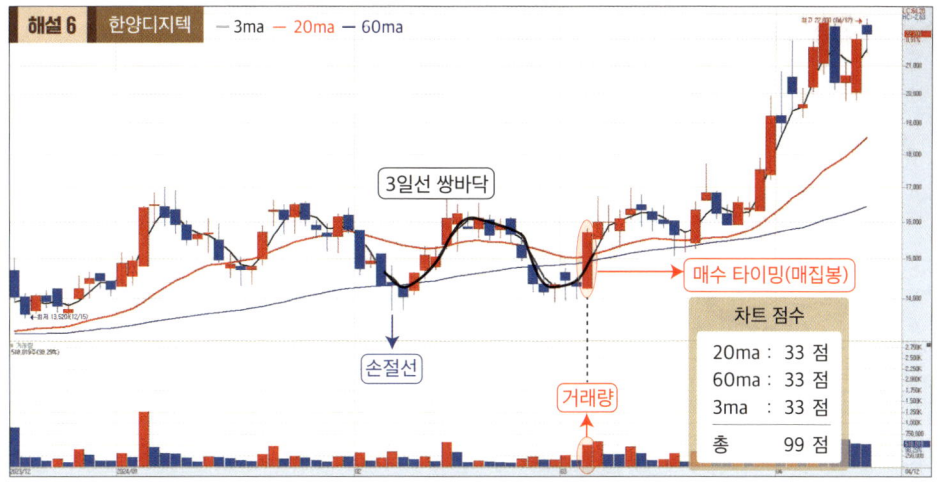

한양디지텍 차트는 3·20·60-2 매뉴얼의 응용편입니다.

지금까지 3·20·60-2 매뉴얼의 모습은 3일선의 파동이 60일선을 훼손하지 않고 그 위에서 쌍바닥을 그리는 모습이었습니다. 그런데 한양디지텍은 60일선을 이탈하고 다시 거래량 실린 양봉이 나오는 모습을 보이고 있습니다.

3·20·60 매뉴얼은 현재 차트가 만들어진 모습에 대해 조건을 따지고 그 조건에 맞는 점수를 부과해 매수를 해야 하는지 여부를 결정하는 방법입니다.

60일선 밑으로 잠시 주가가 내려왔지만 60일선 자체는 우상향(33점)으로 해당 종목의 업황이 양호함을 암시하고 있고 20일선도 우상향(33점)으로 전개되어 세력이 이탈하지 않았음을 알려줍니다. 또한 3일선이 쌍바닥으로 전개됨과 동시에 거래량 실린 양봉(매집봉-33점)이 나와서 차트가 주는 정보는 모두 매수를 강력하게 추천하는 모습이었습니다.

3일선 쌍바닥의 위치가 60일선을 깨지 않고 그 위에서 전개되면 좋지만 그렇지 않고 60일선을 깨더라도 3일선이 쌍바닥이고 60일선이 우상향이면 해당 종목은 업황이 괜찮고 저가 매수세가 있는 것이기 때문에 매수 관점에서 바라보아야 합니다.

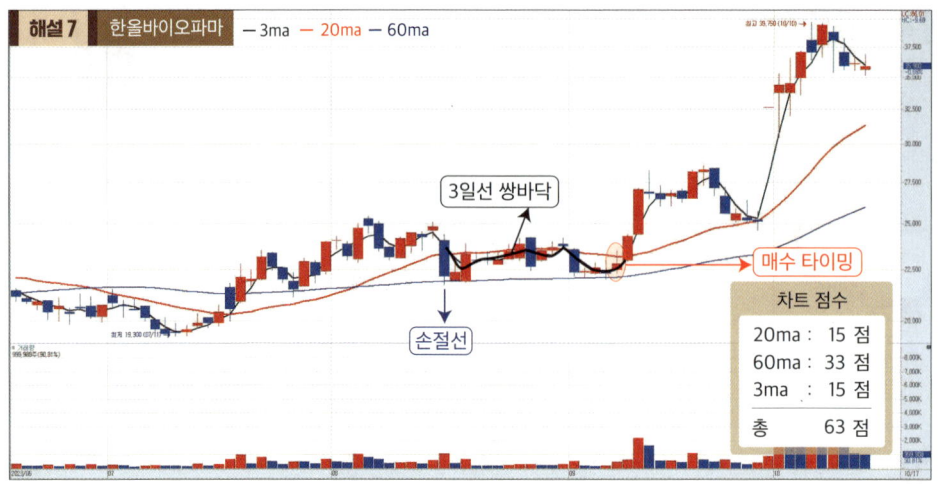

　한올바이오파마 차트에서 3일선 쌍바닥의 모습이 잘 보이지 않을 수 있습니다. 3일선 쌍바닥의 의미는 저가 매수세를 의미하지만, 다른 한편으로는 완충지대를 의미하기도 합니다. 완충지대란 20일선이 60일선을 향해 내려오지 못하게 방어하는 공간을 일컫습니다. 3일선 쌍바닥이 20일선과 60일선이 서로 만나지 못하게 방어하는 역할을 하는 것이며 이와 비슷한 기능을 하는 것이 20일선과 60일선 사이에서의 횡보입니다. 한올바이오파마 차트에서 필자가 설명하고 싶은 것은 3일선 쌍바닥의 모습보다는 20일선과 60일선 사이에서 완충작용을 하는 주가의 횡보하는 모습입니다.

　꼭 3일선 쌍바닥이 아니더라도 20일선과 60일선 사이에서 주가가 횡보하면 3일선 쌍바닥과 비슷한 역할(완충지대)을 한다고 생각하고 매수 타이밍을 노려야 합니다. 동그라미를 친 부분이 바로 횡보 구간 끝에 3일선이 안착한 모습이며 그때의 차트 점수가 총 63점으로 매수 관점에서 바라보아야 하는 시점이었습니다.

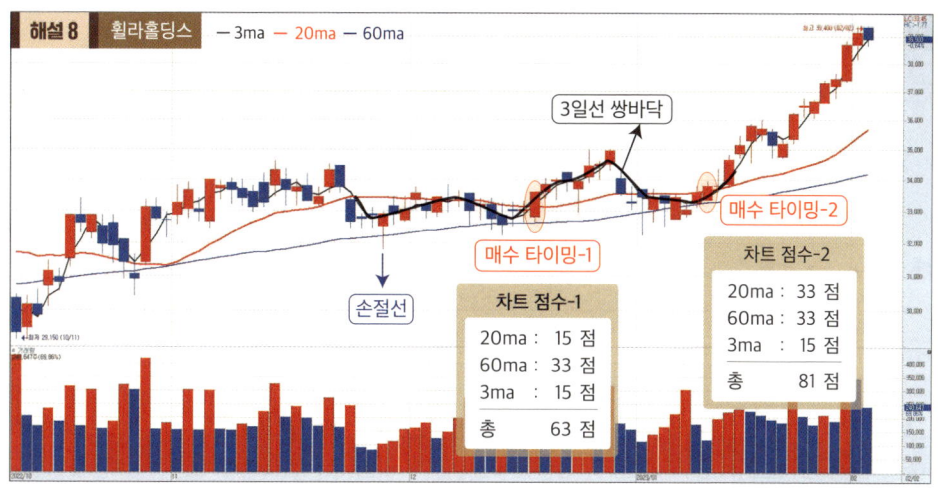

　휠라홀딩스 차트에서는 두 번의 매수 타이밍이 나왔습니다. 첫 번째 매수 타이밍에서는 63점이 나왔고 두 번째 자리에서는 81점이 나왔습니다. 두 번째 매수 타이밍에서는 20일선이 우상향(33점)으로 진행되고 있어 첫 번째 매수 타이밍보다 높은 점수가 부여되었습니다. 20일선과 60일선 사이에서 3일선이 3중 바닥을 그리며 진행되고 있으며 저점을 조금씩 높이는 모습이 전형적인 상승 파동의 모습이기도 합니다. 만약에 두 번째 매수 타이밍에서 거래량까지 실렸다면 총점수는 99점으로 이때 비중을 실어도 괜찮은 자리입니다.

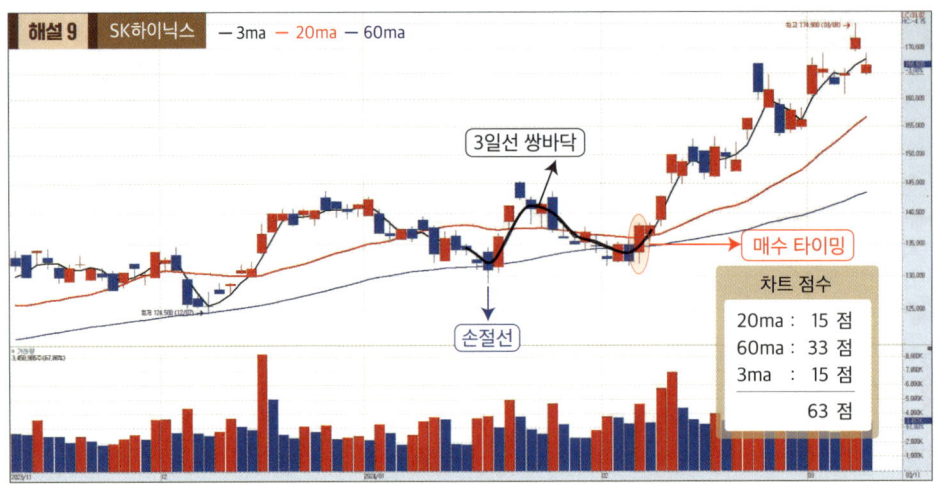

　　SK하이닉스 차트는 63점을 맞은 종목입니다. SK하이닉스와 같이 대형주 같은 경우는 거래량이 두드러지게 증가되는 모습이 흔하게 나타나지 않습니다. 시가총액이 큰 대형주가 3·20·60-2 매뉴얼의 모습으로 전개가 될 때 거래량보다는 파동에 많은 무게를 두는 것이 좋습니다. 반면에 중소형주는 3·20·60-2 매뉴얼로 전개가 될 때 거래량이 증가되는 모습이 3일선 쌍바닥보다 더 신뢰도가 높다고 볼 수 있습니다.

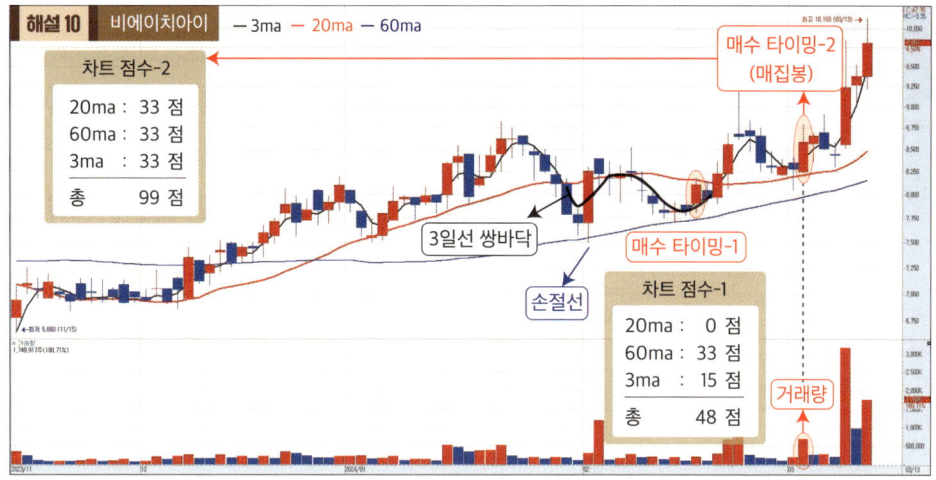

비에이치아이는 코스닥 중·소형주입니다. 첫 번째 매수 타이밍에서는 20일선이 내려오고 있어 차트 점수가 48점이 나왔습니다. 3일선 쌍바닥이 만들어지는 과정에 매집봉이 있었다면 66점으로 매수를 적극적으로 고려해도 되는 구간이지만 48점에 머물러있는 상태입니다.

3·20·60-2 매뉴얼에서 보면 종종 48점짜리 종목이 많이 나옵니다. 60일선은 올라오고 있지만 20일선은 내려오고 있어 추세를 장담할 수 없는 팽팽한 대치 상태입니다. 이때 이 균형을 깨는 모습이 바로 3일선 쌍바닥이라고 했습니다. 3일선 쌍바닥과 60일선이 올라오는 모습은 주가 흐름에 긍정적인 모습이고 20일선이 내려오고 있는 모습은 주가 흐름에 부정적인 모습입니다. 흔한 말로 세트 스코어 2:1의 상태입니다.

세트 스코어 2:1이면서 점수가 48점인 종목들의 대응 매뉴얼은 일단 매수 관점으로 바라보되 비중이 크지 않았으면 좋겠습니다. 그리고 손절 라인은 반드시 지켜야 합니다. 만약에 3일선이 쌍바닥으로 진행이 되다가 그 쌍바닥이 무너져버리면 세트 스코어가 2:1이 아닌 1:2로 바뀌기 때문입니다. 세트 스코어 1:2란 60일선은 우상향이지만 20일선이 내려오고 3일선이 붕괴하면서 주식을 하지 말아야 할 이유가 해야 할 이유보다 더 많아졌다는 뜻입니다. 세트 스코어 1:2 상황에서는 기다렸다가 3·20·60-3 매뉴얼 자리에서 매수해야 합니다.

3·20·60-3 매뉴얼
(거의 바닥 부근에서 종목을 매수하고 싶다면!)

3·20·60-3 매뉴얼 조건

(1) 20일선과 60일선의 역배열
(2) 20일선 상승변곡점

3·20·60-2 매뉴얼에서 주가가 반등에 성공하고 상승을 이어가면 3·20·60-1 매뉴얼의 모습으로 전개가 됩니다. 하지만 3·20·60-2 매뉴얼에서 주가가 반등을 못 하고 하락을 하면 차트는 매수를 하면 안 되는 상태가 됩니다.

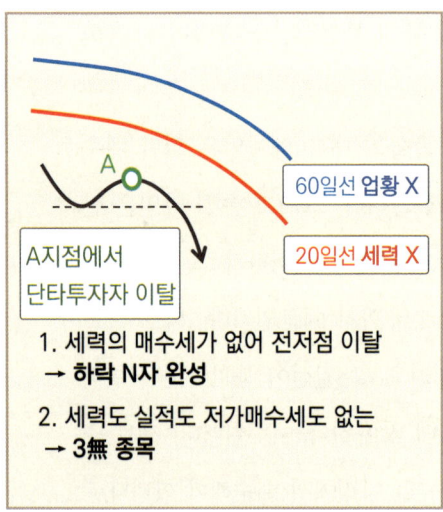

개미대학 1권에서는 절대로 매수하지 말아야 할 차트를 설명하면서 지옥으로 가는 차트를 설명하였습니다. 지옥으로 가는 차트란 60일선이 내려오며 20일선도 내려오고 3일선이 하락 N자를 그리며 내려가는 차트를 '지옥으로 가는 차트'라고 설명을 하였습니다.

좌측 그림에서 보듯이 지옥으로 가는 차트는 아무것도 없는 차트입니다. 60일선이 내려오면서 업황이 안 좋음을 알려주고 20일선도 내려오면서 세력이 없음을 알려줍니다. 그뿐만 아니라 3일선도 전저점을 이탈하면서 내려와 저가매수도 없는 것을 알려주는 차트입니다. 1권에서는 이런 지옥으로 가는 차트를 원수에게 추천하라고 설명한 바가 있습니다.

3·20·60-2 매뉴얼에서 반등에 실패하고 주가가 60일선 밑으로 내려오게 되면 앞에서 설명한 지옥으로 가는 차트의 준비 단계가 됩니다. 여기서 지옥으로 가는 차트가 되느냐 아니면 매수 타이밍이 되느냐의 여부는 3일선 쌍바닥이 결정짓게 됩니다.

우측 그림은 3·20·60-2 매뉴얼 파동에서 3·20·60-1 매뉴얼 파동으로 전개가 실패하는 모습을 그린 것입니다. 3일선이 60일선 아래로 내려오게 되면 이후 20일선과 60일선은 데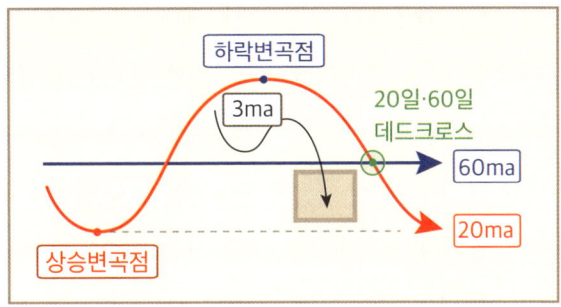드크로스가 발생하여 20일선과 60일선의 모습을 보여줍니다. 지옥으로 가는 차트의 조건 중 하나가 20일선과 60일선의 역배열인데 이때 3일선이 전저점을 붕괴하면서 하락하게 되면 지옥으로 가는 차트가 됩니다.

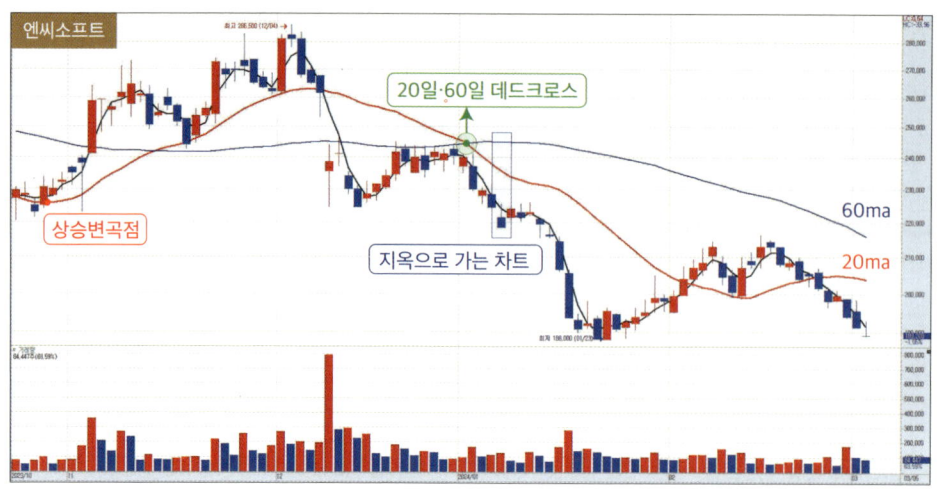

　　엔씨소프트 차트에서 20일선과 60일선이 역배열 된 상태에서 3일선까지 전저점을 붕괴하며 진행하는 전형적인 지옥으로 가는 차트를 보여주고 있습니다. 대부분의 초보투자자분들이 60일선과 20일선이 역배열이 되고 전저점이 붕괴하는 지옥으로 가는 차트에 매수를 하는 경우가 많습니다. 이유는 초보투자자들은 가격에 집중하기 때문입니다. 지옥으로 가는 차트가 깊은 가격조정을 겪는 중이기 때문에 저가 매력에 시선이 쏠려 매수를 하게 되는데 이는 굉장히 위험한 선택입니다. 주식투자자분들이 흔히 하는 하소연이 지하 1층인 줄 알고 매수를 했는데 나중에 보니 지하 10층까지 있었더라고 힘들어하는데 지하 1층인 줄 알고 매수한 자리가 바로 지옥으로 가는 차트 초입인 것입니다. 그래서 20일과 60일이 역배열이 된 상태에서 매수를 하는 것은 굉장히 신중해야 합니다.

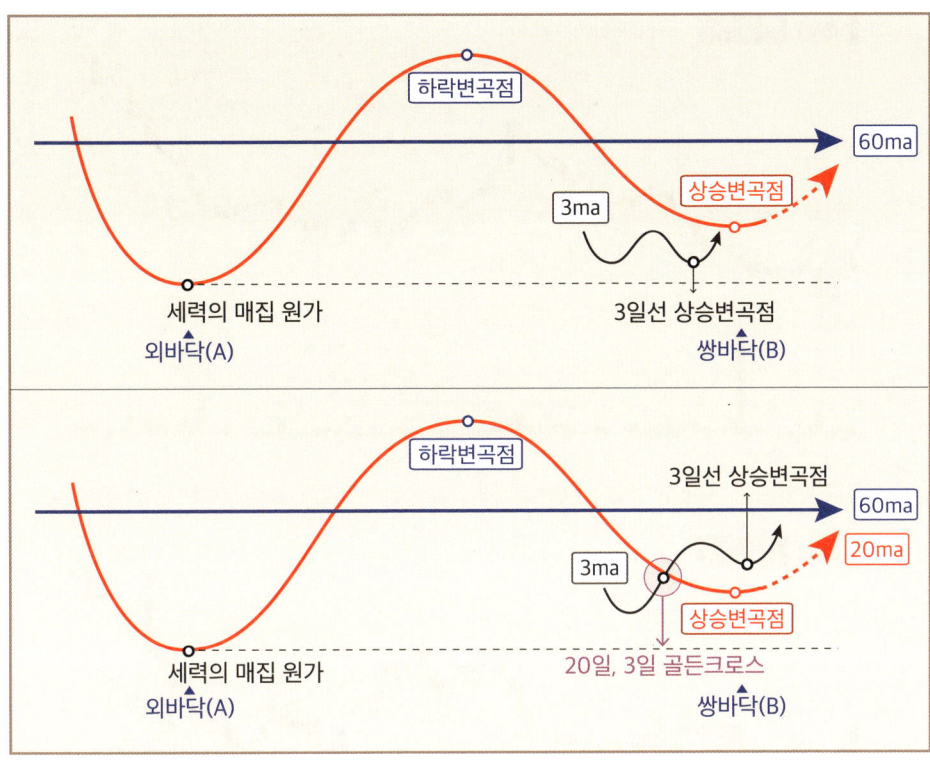

　위 그림이 3·20·60-3 매뉴얼의 조건이자 대응 매뉴얼입니다. 자세히 보시면 앞서 설명한 20일선 쌍바닥 첫 번째 눌림목 혹은 쌍바닥이 만들어지는 원리에 60일선을 추가한 것입니다.

　쌍바닥 자리는 저가 매수를 할 수 있는 아주 좋은 자리이긴 하지만 만약에 20일선 위에 60일선이 놓여있다면 지옥으로 가는 차트가 될 수 있기 때문에 조심해야 합니다. 대응 매뉴얼은 20일선 눌림목에서 배웠던 매수 타이밍과 손절 라인을 쓰면 됩니다.

　중요한 것은 3·20·60-3 매뉴얼은 지옥으로 가는 차트가 나올 수 있는 차트이기도 하므로 반드시 손절 라인이 중요하며 3일선의 확실한 쌍바닥이 중요하다는 것입니다.

　3·20·60-3 매뉴얼에 대한 문제를 드립니다. 어디서 매수를 해야 하고 어디를 손절선으로 정해야 하는지 각자 잘 풀어보시기 바랍니다.

문제 및 해설

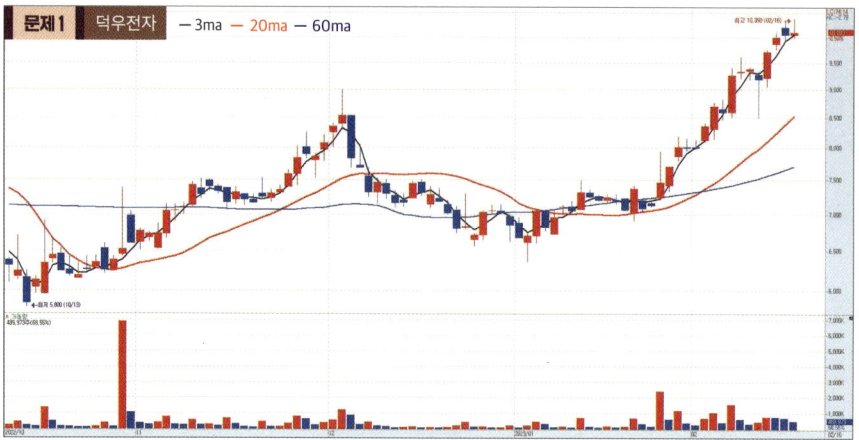

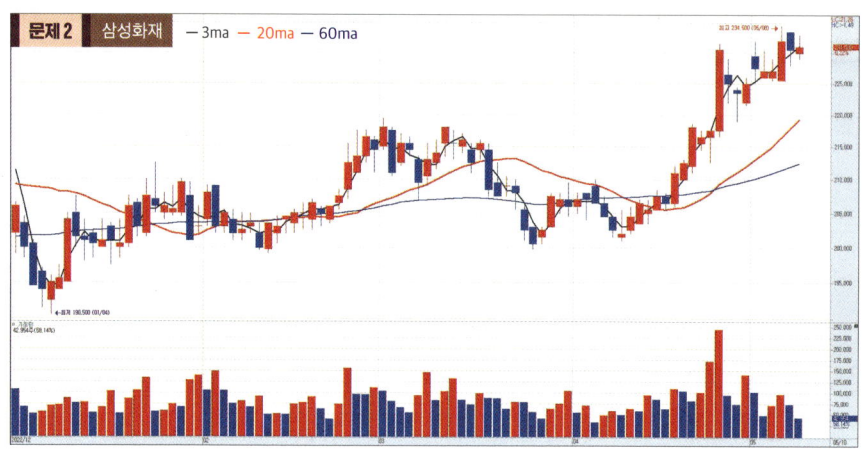

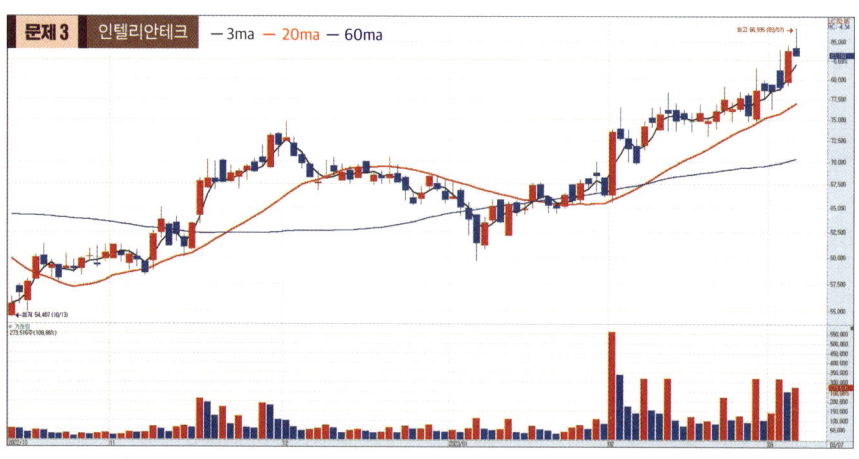

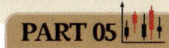

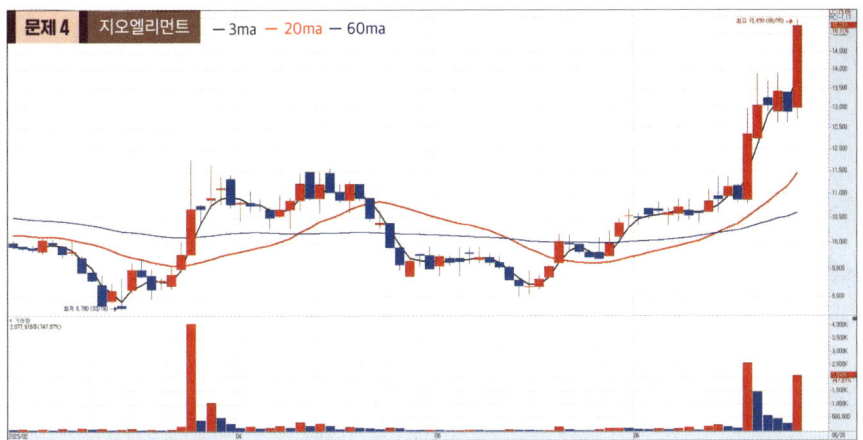

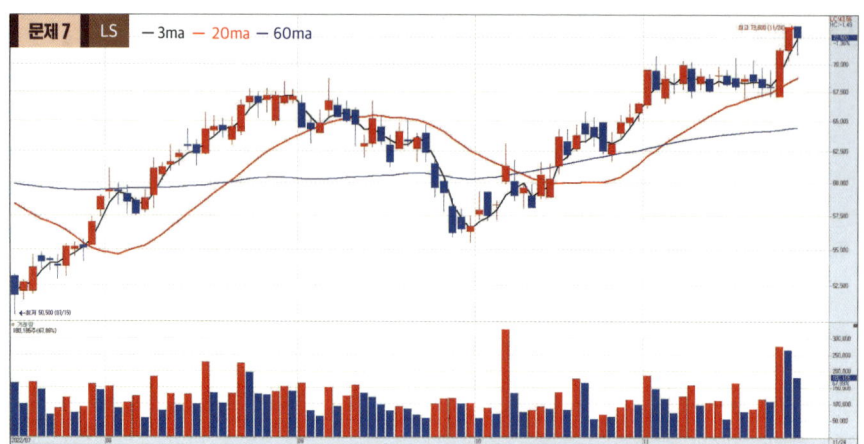

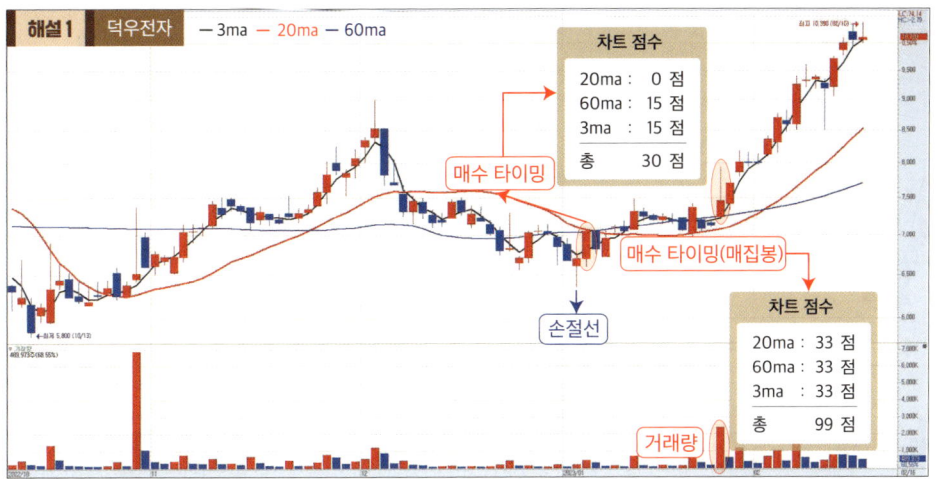

덕우전자 차트에서는 두 번의 매수 타이밍이 나옵니다.

한 번은 20일선과 60일선이 역배열이 된 상태에서 3일선 쌍바닥으로 저가 매수세를 확인해 주는 자리입니다. 매수 자리의 점수는 총 30점이 나옵니다. 점수는 낮지만 이후 주가가 반등만 한다면 최저점에서 잡을 수 있는 자리입니다. 20일선 쌍바닥이 만들어지는 원리에 관해서 설명했던 매수 포인트라 이해하기 쉬울 것이라 생각합니다.

두 번째에 99점 자리가 나오는데 바로 20일선 첫 번째 눌림목 자리입니다. 20일선, 60일선, 3일선을 각각 차트 점수로 환산한 결과 99점이 나왔습니다. 20일선 쌍바닥 첫 번째 눌림목은 언제나 매수를 고려해야 할 자리입니다. 이때 거래량이 실리고 60일 이동평균선도 우상향으로 진행되고 있다면 장기 추세와 강력한 매수세가 들어왔다는 것을 차트가 알려주기 때문에 매수에 대하여 적극적인 고려를 해야 합니다.

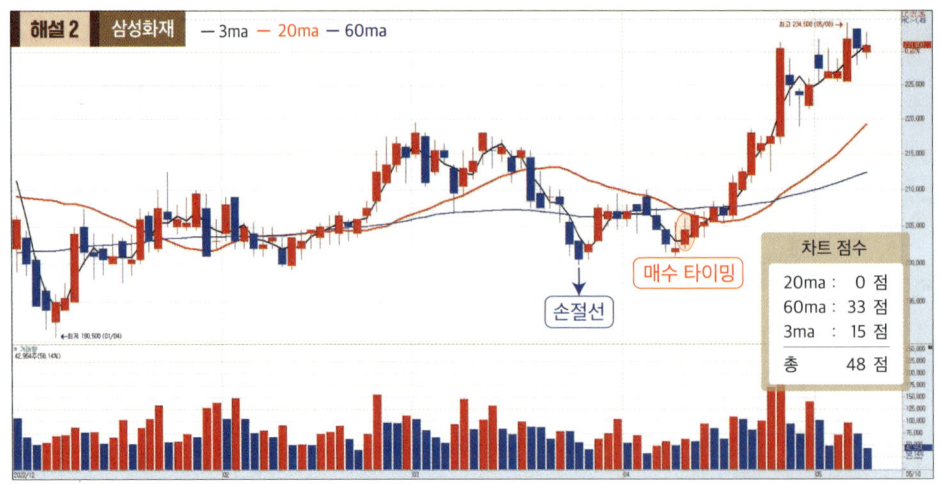

　삼성화재 차트도 3일선 쌍바닥이 만들어지는 자리가 매수 타이밍입니다. 20일선과 60일선이 데드크로스가 난 상태에서는 지옥으로 가는 차트가 만들어질 수 있기 때문에 반드시 3·20·60-3 매뉴얼에서는 3일선 쌍바닥을 확인해야 합니다. 3·20·60-3 매뉴얼에서 매수 타이밍은 점수가 낮을 수밖에 없습니다.

　20일선은 내려오고 있고 때에 따라 60일선도 내려올 수 있습니다. 즉 추세에 대한 점수가 심한 경우 0점일 수도 있습니다. 매수를 하는 근거는 3일선 쌍바닥 혹은 3일선 쌍바닥과 동시에 나타나는 거래량 실린 양봉이 유일한 매수 타이밍입니다.

　이런 모습이 나오기 전까지는 절대 매수를 하면 안 됩니다. '점수가 낮다'라는 것은 그만큼 해당 종목에 적극적인 매수세가 들어오지 않았다는 의미이며 한편으로는 해당 종목에 부정적인 시각을 가지고 있는 사람도 많기 때문에 그로 인한 매도 물량이 있을 수도 있다는 얘기입니다. 점수가 낮은 매수 자리에 비중을 왕창 실어 매수하기보다는 분할 매수 관점으로 접근하고 이후 20일선 첫 번째 눌림목 자리에서 추가로 매수하는 것을 권합니다.

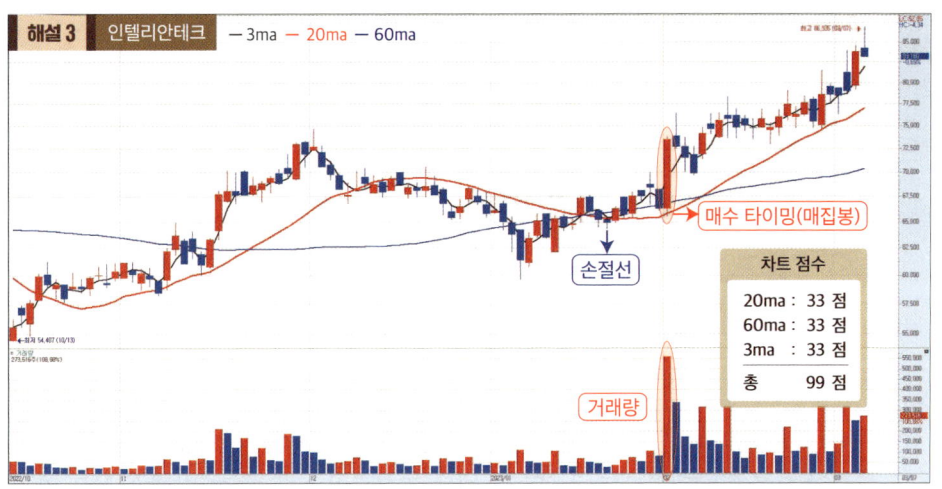

　인텔리안테크 차트에서 필자가 알려드리고 싶은 매수 자리는 3·20·60-3 매뉴얼의 파동을 지나 20일선 첫 번째 눌림목이 급격하게 만들어지는 모습입니다. 차트 점수는 99점이며 인상적인 것은 전에 없던 거래량 실린 양봉이 출현하는 것입니다. 주가 상승의 엔진은 거래량이라는 말이 있습니다. 다른 말로 상승하는 파동의 원동력도 거래량이라는 뜻입니다. 거래량 실린 장대양봉(매집봉)이 나온 시점에는 이미 20일선이 쌍바닥이 만들어진 순간이며 이후 터진 거래량으로 해당 종목이 급락의 가능성보다는 순차적으로 상승할 것이라는 암시를 우리에게 알려줍니다. 개인적으로 굉장히 선호하는 자리이기도 합니다.

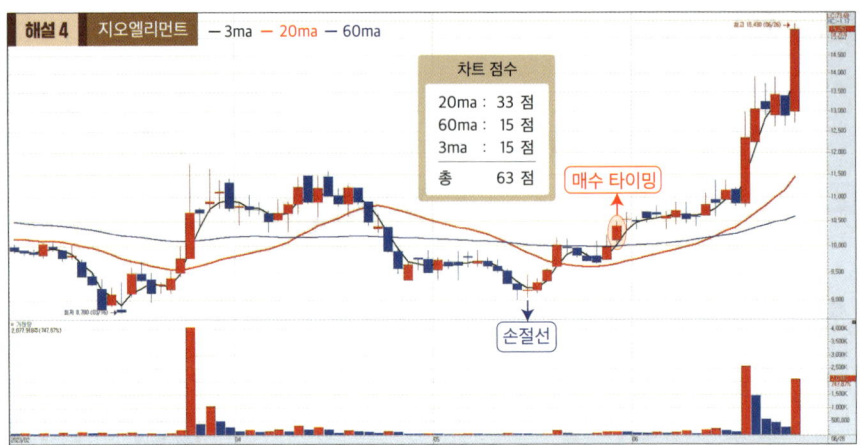

　　지오엘리먼트 차트에서 매수 자리는 전형적인 20일선 첫 번째 눌림목 자리입니다. 20일선과 60일선은 역배열이지만 캔들이 60일선 위로 올라타 지옥으로 가는 차트의 위험에서 벗어난 상태입니다. 단순히 20일선 눌림목의 파동으로 차트를 추적 관찰하는 것보다 60일 이동평균선을 같이 참조하여 지옥으로 가는 차트의 험악한 상황을 겪지 않는 노력을 하는 것이 리스크 관리 관점에서 커다란 의미가 있습니다.

　　셀트리온 차트에서는 3·20·60-3 매뉴얼에 해당하는 매수 자리가 존재하지 않습니다. 만약에 3·20·60-3 매뉴얼을 제대로 공부했으면 고개를 갸웃거리며 여기에는 해당 사항이 없는 듯한 문제로 넘기는 것이 맞으며 혹시라도 동그라미를 친 분들이 있다면 3·20·60-3 매뉴얼에 대해 다시 한 번 공부를 하시길 바랍니다.

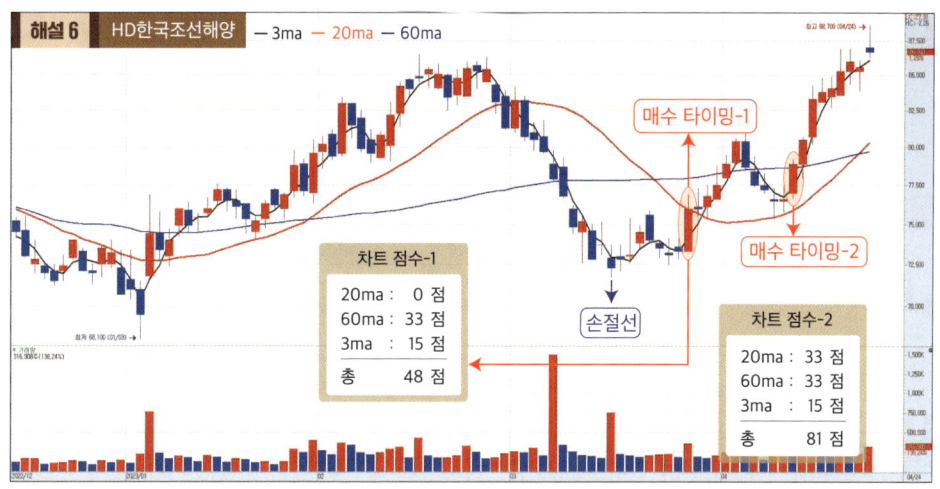

　　HD한국조선해양 차트에서 첫 번째 매수 타이밍은 48점으로 저가 매수세를 확인하고 들어갈 수 있는 자리입니다. 3·20·60-3 매뉴얼의 장점은 손절선을 지키지 않으면 지옥으로 가는 차트를 경험하게 되는 위험한 상황에 놓이지만 반면에 최저가에 매수를 할 수 있는 장점이 있습니다. 최저가에 잡은 사람들의 심리상태는 조정이 와도 견딜 수 있는 힘이 있습니다. 워낙 낮은 가격에 매수를 했기 때문에 흔들리지 않고 또한 보유하고 있는 동안 계좌가 마이너스가 되는 손실의 폭도 그리 크지 않습니다. 위험하지만 이러한 장점 때문에 3·20·60-3 매뉴얼에 관해서 설명하는 것입니다.

　　만약 이런 리스크가 부담스럽고 힘들다면 3·20·60-3 매뉴얼에서 제공하는 첫 번째 눌림목을 공략하시길 바랍니다. 3·20·60-3 매뉴얼에서 첫 번째 눌림목의 모습은 차트 점수로 환산하면 81점이며 거래량까지 실리면 99점의 모습을 보이기 때문에 굉장히 매력적인 자리입니다.

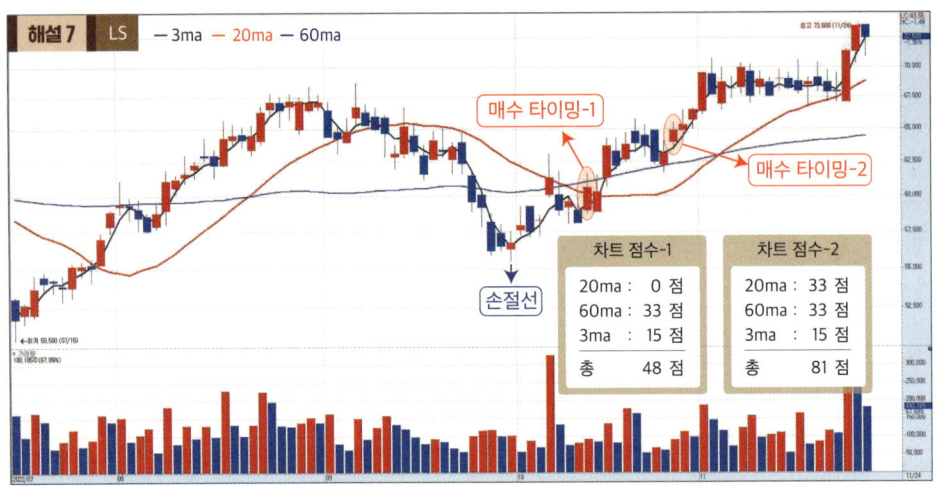

　LS차트에서도 두 번의 매수 타이밍이 나오고 있습니다. 첫 번째 매수 타이밍은 48점으로 점수가 낮으며 20일선 눌림목 자리인 두 번째 매수 타이밍은 81점으로 높은 점수로 매수를 적극적으로 고려해야 함을 알려주고 있습니다. 첫 번째 매수 타이밍에 비해 두 번째 매수 타이밍은 점수가 높은 만큼 가격이 많이 상승하여 있는 상태이기도 합니다.

　반면 첫 번째 매수 타이밍은 점수는 낮으나 저가에 매수할 수 있는 장점이 있습니다. 개인적으로는 약간 고가라 하더라도 20일선 눌림목 자리에서 매수를 하는 것을 권합니다. 만약에 첫 번째 매수 자리에 대해서 비중을 싣고 매수를 하고 싶다면 주봉을 보시기 바랍니다. (PART 04에서 20일선 눌림목보다 빠르게 매수하는 방법에 관해서 설명했었는데 아마 지금쯤 까먹고 있을 것으로 생각이 되어 다시 한 번 언급합니다.)

　3·20·60-3 매뉴얼에서 매수가 부담스럽거나 혹은 그 자리를 선호해서 매수를 적극적으로 고려하는 분들은 결론은 3주선 안착이라는 내용을 다시 한 번 공부하시고 오시면 더 효과적으로 바닥에서 원하는 종목을 매수할 수 있을 것입니다.

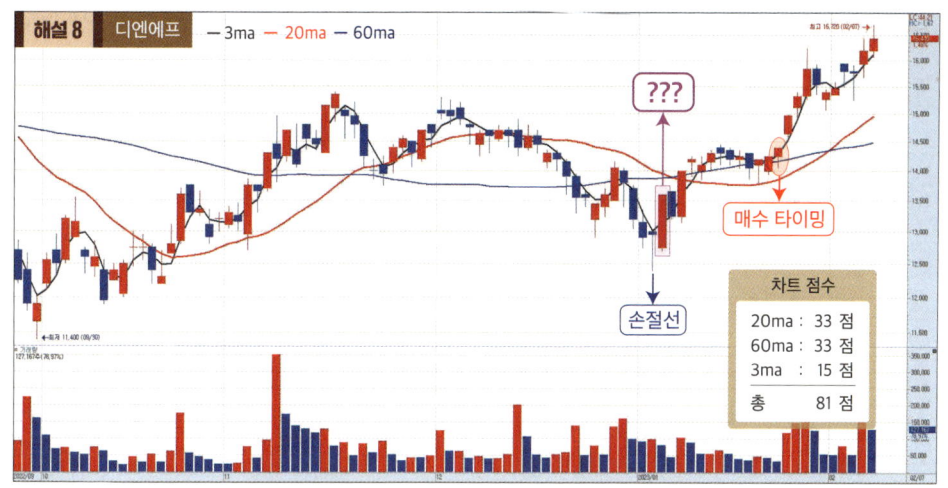

디엔에프 차트에서 매수 자리는 3·20·60-3 매뉴얼의 전형적인 파동 진행 모습이며 좋은 매수 타이밍은 20일선 첫 번째 눌림목 자리로 81점을 부여받은 곳입니다. 해설 차트에서 물음표(???)를 표시한 곳이 있는데 저 자리에서도 매수를 할 수 있는 논리적 근거가 있습니다.

그것은 바로 상승 다이버전시라는 것입니다.

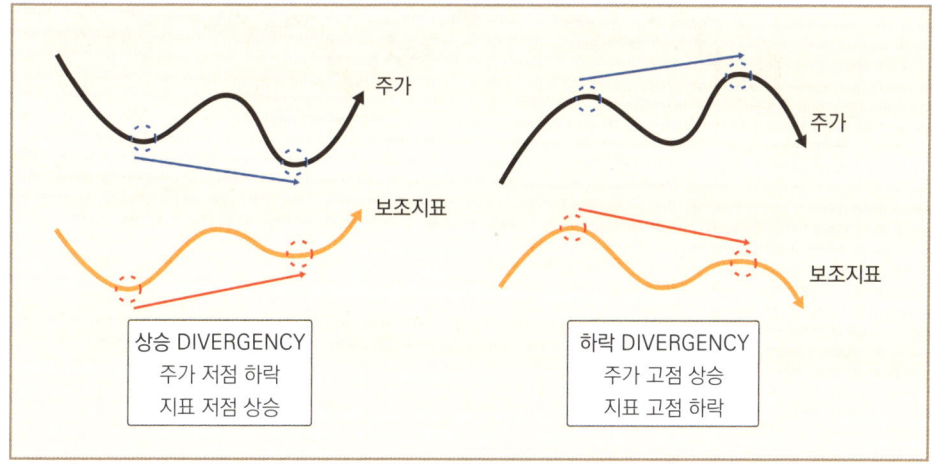

주가의 저점이 계속 내려가는데 지표의 저점이 계속 올라오는 모습을 상승 다이버전시라하며 이는 주가가 하락을 멈추고 횡보 혹은 상승의 가능성이 있음을 암시합니다. 하락 다이버전시는 그 반대로 가격의 고점은 계속 높아지지

만, 보조지표의 고점은 내려오는 모습입니다. 하락 다이버전시가 뜨면 상승을 멈추고 횡보 혹은 하락 반전의 가능성이 있음을 암시합니다.

보조지표는 많이 쓰지 않는 편이 좋습니다. 보조지표를 공부하다가 기술적 분석이 어렵다고 관둡니다. (보조지표만 몇 년째 공부하는 사람들도 많습니다. 단언컨대 헛수고입니다. 제가 그랬습니다.) 보조지표는 그냥 한두 개 정도 매수하려고 할 때 참조용으로 쓰면 됩니다. 캔들과 거래량으로 매수·매도의 타이밍을 잡고 이동평균선으로 추세를 보면 됩니다. 보조지표는 말 그대로 보조 개념입니다. 상승과 하락 다이버전시만 알아도 주식 투자하는 데 있어 무리가 없습니다.

디엔에프 차트에서 물음표를 표시했던 구간은 상승 다이버전시 개념을 도입하면 매수 타이밍이 됩니다. 주가는 하락하나 트릭스 보조지표는 상승을 가리키고 있습니다.

상승 다이버전시가 발생하였던 시점에 차트를 점수로 환산하면 48점의 점수가 나옵니다. 20일선은 내려오고 있으나 60일선이 살아있고 주가의 상승의 한 형태인 상승 다이버전시에 15점을 주어 48점이 부여되었습니다. 앞서 말한 것처럼 점수는 48점이지만 세트 스코어 2:1로 매수 관점에서 바라봐야 하는 자리인 것입니다.

지금까지 3일선, 20일선, 60일선으로 매수를 해야 하는 자리에 관해서 공부하였습니다. 이해가 잘 되고 있는지 궁금합니다. 이해를 돕기 위해서 3·20·60 매뉴얼을 한 장의 그림으로 다시 한 번 정리를 하였습니다.

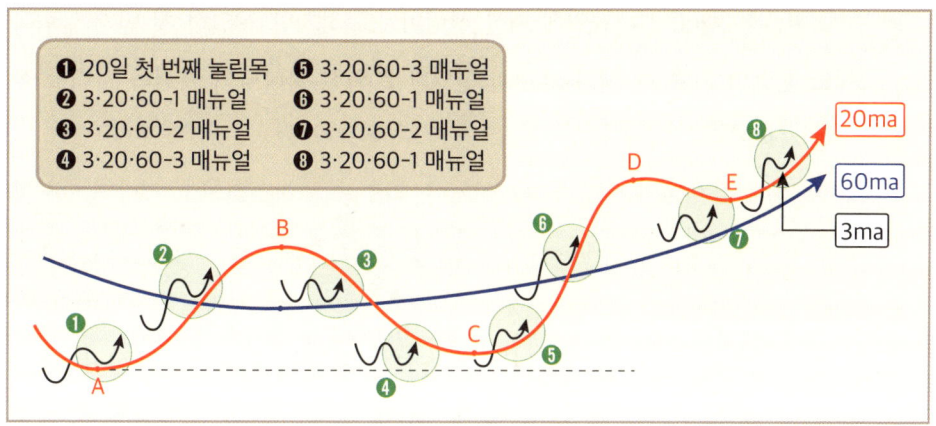

1번은 20일선 첫 번째 눌림목입니다. 외바닥이든 쌍바닥이든 20일선 첫 번째 눌림목은 매수 관점에서 바라봐야 합니다. 장점은 저가에 매수할 수 있는 것입니다. 만약 20일선 눌림목보다 선취매를 하고 싶다면 주봉 차트를 체크해 보시길 바랍니다.

2번은 3·20·60-1 매뉴얼의 자리입니다. 이때 똑같은 자리가 6번과 8번이 있습니다. 2번과 6번의 차이점은 2번은 외바닥에서 올라오는 3·20·60-1 매뉴얼의 자리를 설명한 것이며 6번은 쌍바닥 완성 이후 3·20·60-1 매뉴얼의 자리를 설명한 것입니다. 8번은 20일선 AB파동이 만들어짐과 동시에 형성되는 3·20·60-1 매뉴얼 자리를 설명한 것입니다.

3번은 3·20·60-2 매뉴얼의 자리를 설명한 것이며 똑같은 형태의 자리가 7번에서도 출현하게 됩니다. 3번 자리에 3·20·60-2 매뉴얼은 60일선 상승변곡점이 갓 출현한 상태이며 7번 자리의 3·20·60-2 매뉴얼은 60일선이 상승 추세로 어느 정도 진행됨과 동시에 20일선이 AB파동으로 진행되어 가는 과정에 나타난 자리입니다.

4번은 3·20·60-3 매뉴얼 자리를 설명한 것입니다. 저가에 매수할 수 있다는 장점이 있으나 실패하면 지옥으로 가는 차트로 갈 수 있으니 조심하라고 설명하였습니다.

5번은 3·20·60-3 매뉴얼에 대한 설명이기도 하지만 20일선 첫 번째 눌림목에도 해당이 되며 이 책의 앞에서 설명한 20일선 쌍바닥의 눌림목 자리를 설명한 자리이기도 합니다.

만약에 내가 보수적인 투자자이거나, 리스크를 최소화하고 싶다면 5번 자리(20일선 쌍바닥의 첫 번째 눌림목 자리) 자리에 집중하라고 조언을 드리고 싶습니다.

반면에 다소 공격적인 투자자이거나, 리스크 관리를 잘하는 투자자라면 8번 자리(20일선 AB파동 후 3·20·60-1 매뉴얼)가 적성에 부합하는 그러한 매수 자리입니다.

5번 자리(20일선 쌍바닥의 첫 번째 눌림목 자리)는 저가 매력은 있으나 올라가기 위해 매물을 소화해야 하는 부담이 있습니다. 8번 자리(20일선 AB파동 후 3·20·60-1 매뉴얼)는 많이 상승한 부담은 있지만 매물이 없어 조금만 거래량이나 수급이 붙어도 탄력적으로 올라갑니다.

세력의 매집금액 구하기(매집비) 큐알코드 바로가기

PART 06

대시세 초입을
파동과 거래량으로
알아보다

01 정배열과 역배열의 장점만 갖춘 파동 - 알파파동
02 시세의 출발 진짜 매집봉

정배열과 역배열의
장점만 갖춘 파동-알파파동

프로투자자는 정배열에 종목을 매수한다. 그러나!

개미대학 1권 (세력의 매집 원가 구하기)에서 역배열과 정배열의 의미에 대해서 상세하게 설명을 한 바가 있습니다. 1권 책을 읽으신 분들은 이해가 쉽겠지만 안 읽으신 분들을 위해서 다시 한 번 1권 책에 나왔던 내용을 본 지면에 다시 한 번 설명하겠습니다.

정배열이란 작은 단위의 이동평균선들이 오름차순으로 배열된 것을 말합니다. 제가 유튜브 방송이나 혹은 오프라인 강의에서 정배열이라고 하는 조건은 일봉상 60일, 120일, 240일 이동평균선이 순서대로 배열된 상태를 정배열이라고 합니다. 주로 당대 강하게 올라가는 종목 혹은 주도주의 모습은 바로 정배열의 파동으로 상승합니다. 20일선을 제외한 이유는 20일선은 변곡점 생성주기가 빨라 종종 60일, 120일선까지 내려오기 때문에 정배열의 조건에서 제외합니다. 다시 말해 강한 종목의 필요충분조건은 60일, 120일, 240일이 정배열로 상승한다는 것입니다.

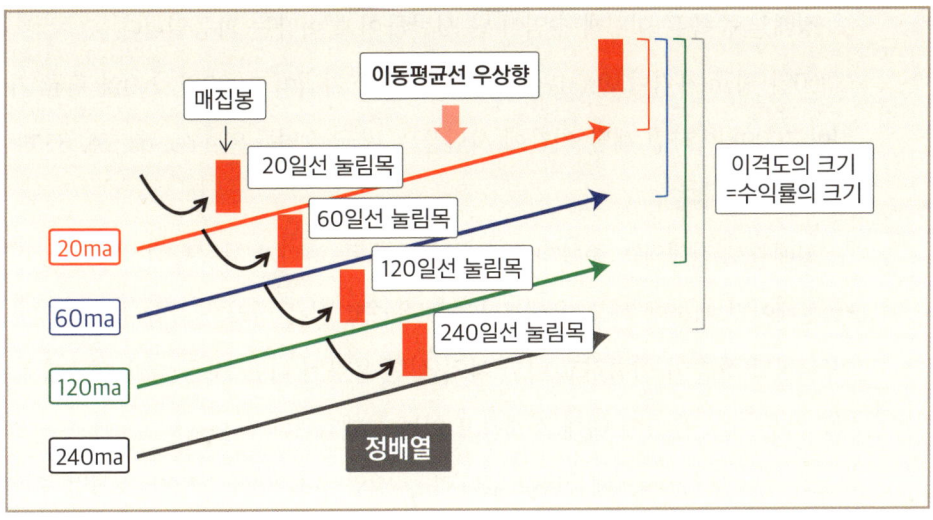

정배열 종목의 특징은 두 가지 측면이 있습니다. 두 가지 측면의 공통된 키워드는 바로 심리입니다. 주식 투자에서 심리는 아주 중요한 요소이며 이러한 심리에 대하여 강력한 힌트를 주는 것이 바로 이격도입니다.

우측 그림과 같이 20일 이동평균선이 상승하고 있고 현재 주가의 이격도가 30%라면 지금부터 과거 20일 동안 이 주식을 매수한 사람들의 수익률이 30%라고 보는 게 합리적인 분석입니다. 이동평균선의 뜻은 해당 기간의 종가 합의 평균이지만 사람이 하는 일로 바꾸어 말하면 해당 기간 그 주식을 매수한 사람들의

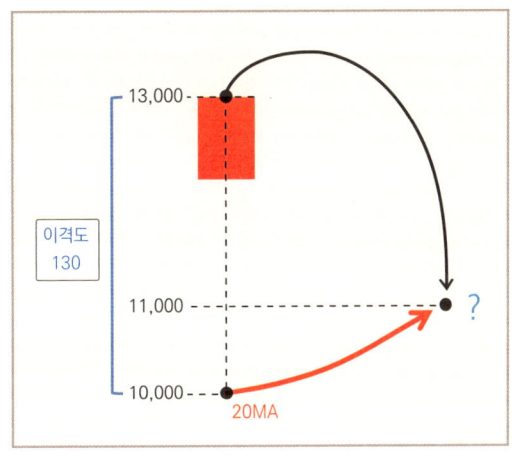

평균 매수 가격입니다. 20일 이동평균선의 가격이 10,000원이고 현재 주가가 13,000원이라면 20일 동안 그 주식을 매수한 사람들의 평균 가격 대비 30% 수익이 난 상태라는 뜻입니다.

정배열 종목은 이렇게 수익이 난 사람들이 늘어나는 파동입니다.

60일 평균 가격이 9,000원이고 120일 평균 가격이 8,000원, 240일 평균 가격이 7,000원이라면 해당 기간에 사람들의 평균 수익률은 44%, 62.5%, 85.7%이라는 뜻입니다.

정배열로 진행되는 종목의 심리적인 특징 중 하나가 사람들이 수익이 많이 난 상태이기 때문에 매도 욕구보다는 보유하고 싶은 심리가 강합니다. 하지만 어느 정도 상승이 이뤄지고 나면 차익 실현 물량이 나올 것을 알기 때문에 갑작스러운 매도 물량에 대해 경계하고 있는 상태입니다.

또 하나의 특징은 '매물벽이 없다'라는 것입니다. 앞서 설명한 것처럼 주가 위에 있는 매물대는 저항선의 역할을 하고 주가 아래에 있는 매물대는 지지선 역할을 한다고 설명한 바가 있습니다. 주가 위에 겹겹이 매물대가 쌓여 있으면 이를 악성 매도 대기 매물이라고 합니다. 주로 역배열에서 이런 악성 매도 대기 매물이 쌓이면서 하락하고 정배열은 그와 반대로 악성 매도 대기 매물 없이 상승합니다.

두 가지 심리적인 측면이 있다고 했는데 바로 급작스러운 매도 물량에 대한 경계 심리가 바로 정배열에 숨어있는 심리입니다. 그렇기 때문에 기존 보유자들을 제외하고 신규로 매수하기에 굉장히 부담스럽습니다. 예를 들어 바닥에서 100% 올라서 매수를 포기했는데 어느 순간 다시 찾아보니 200% 올라와 있는 종목을 보고 아쉬워하고 그때라도 매수할 걸 하는 후회를 누구나 한 번쯤은 해봤을 것입니다.

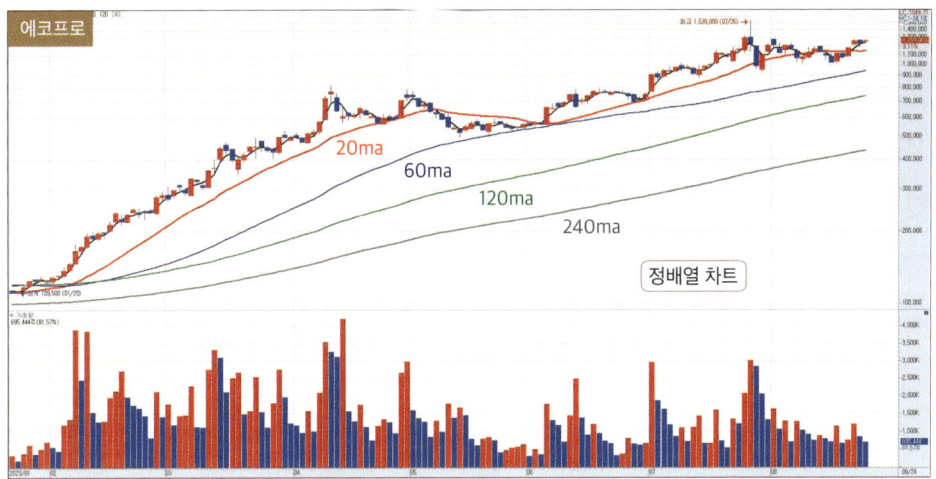

정배열로 진행하는 종목은 언제든지 고점이 출현할 수 있다는 두려움 때문에 신규 매수자들이 매수를 하기가 굉장히 부담스러운 종목입니다. 그러면 이런 종목을 정배열로 진행을 하기 전에 미리 알아보고 매수를 했더라면 얼마나 좋을까라는 생각을 누구든지 한 번쯤은 하셨을 것이라 생각합니다. 그러한 고민을 해결하는 파동이 바로 알파파동입니다.

초보투자자는 역배열 종목을 매수한다

정배열의 반대말은 역배열입니다. 역배열은 큰 단위의 이동평균선들이 내림차순으로 배열된 것을 말합니다.

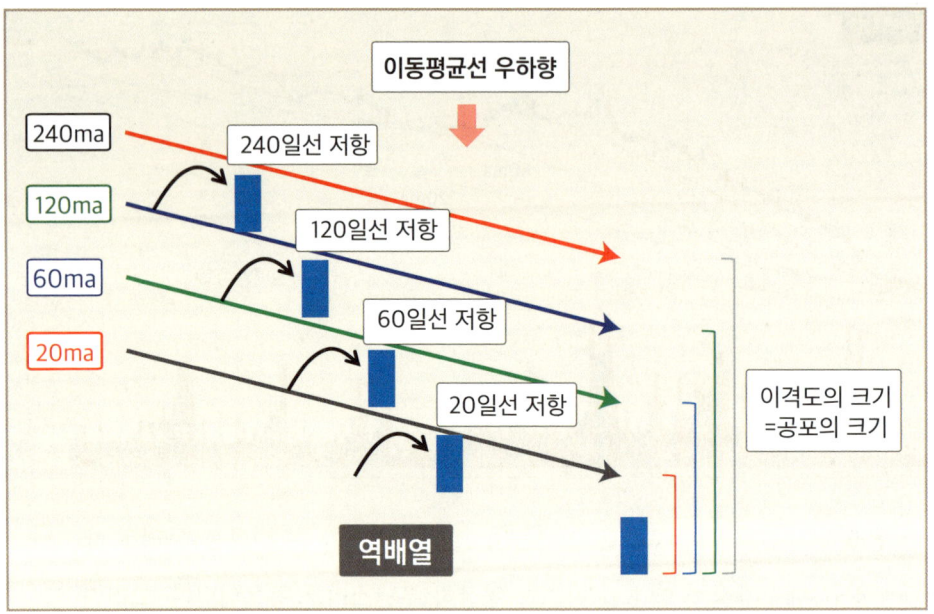

　　역배열 종목은 정배열 종목과는 반대로 시간이 갈수록 손실이 난 사람들이 많은 파동입니다. 예를 들어 240일 평균 가격이 10,000원, 120일이 9,000원, 60일이 8,000원, 20일이 7,000원이고 현재 주가가 6,000원이라면 해당 기간 동안 사람들의 현재 손실률은 각각 66%, 50%, 33.3%, 16.7%라는 뜻입니다.

　　역배열 파동이 진행될수록 해당 기간에 사람들의 손실률은 계속 늘어나고 그 종목을 가지고 있는 사람들은 종목명의 첫 글자만 봐도 울화가 치미는 상태입니다. 보유한 사람들은 화가 나고 울화가 치미는 상태이지만 그 종목을 신규로 매수하려고 지켜보는 사람들에게는 기회의 장으로 여겨지기도 합니다. 어느 정도 큰 폭으로 하락했고, 바닥이다 싶어서 매수를 했는데 거기가 바닥이 아니라 지하1층, 지하5층, 지하10층까지 내려갔더라는 초보투자자들의 실수담은 흔하디흔한 스토리입니다.

　　지하 10층까지 내려가면서 사람들은 물리게 되고 '본전만 오면 팔고 싶다'는 욕구가 강해지는데 이러한 물량이 바로 앞에 설명한 악성 매도 대기 매물입니다. 역배열 종목은 악성 매도 대기 매물이 겹겹이 쌓이며 하락하고 있는 파동입니다.

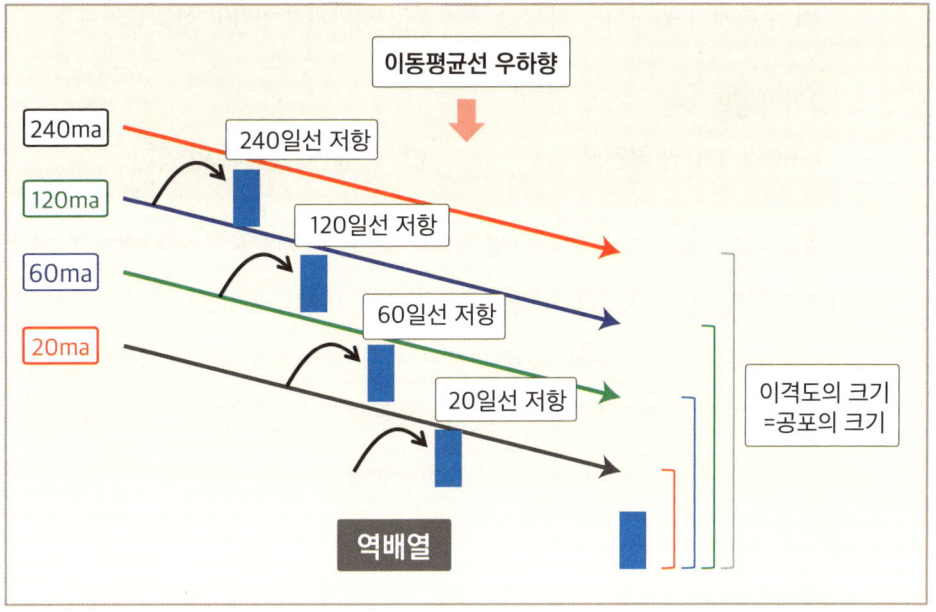

　초보투자자들이 역배열 종목에 집중하는 이유는 해당 종목의 업황 혹은 실적 등은 잘 모른 채 가격에 집중하기 때문입니다. 그리고 또 하나의 이유는 차트를 뒤돌아봤을 때 '최저점에서 매수를 해서 꼭지에 팔면 수익률이 엄청나다'라는 계산을 하고 그러한 자리에서 매수를 원하기 때문에 역배열 종목에 매수 버튼을 누르는 것입니다. 하지만 위에 말했듯 지하 1층 인줄 알고 매수했다가 지하 10층까지 내려가는 경우도 많이 있고 때에 따라서는 상장폐지라는 최악의 상황까지 겪게 됩니다.

알파파동 - 역배열 차트의 장점과 정배열 차트의 장점만 갖춘 파동

　역배열의 장점은 가격적인 메리트가 있다는 것입니다. 그리고 정배열의 장점은 악성 매도 대기 물량이 없다는 것입니다. 가격적인 메리트와 악성 매도 대기 매물이 없는 자리가 공존하는 구간을 찾으면 되는데 그 구간은 바로 역배열에서 정배열로 전환되는 구간입니다.

이 구간에서 펼쳐지는 파동을 지금부터 알파파동이라고 하겠습니다.

> **알파파동의 조건**
> (1) 60일, 120일 골든크로스　　　(2) 20일(10일) 상승변곡점

위 조건을 문장으로 만든다면 60일, 120일 이동평균선 골든크로스 발생 이후 생성된 첫 번째 20일 상승변곡점입니다. 이때 240일선의 위치는 상관없습니다. 때로는 240일선이 120일선보다 위에 있을 수도 있고 아래에 있을 수도 있습니다. 중요한 것은 60과 120일 이동평균선이 골든크로스가 발생했다는 것이며 이후 20일선의 상승변곡점이 출현해 중기 상승에 대한 추세를 확정지었다는 것입니다.

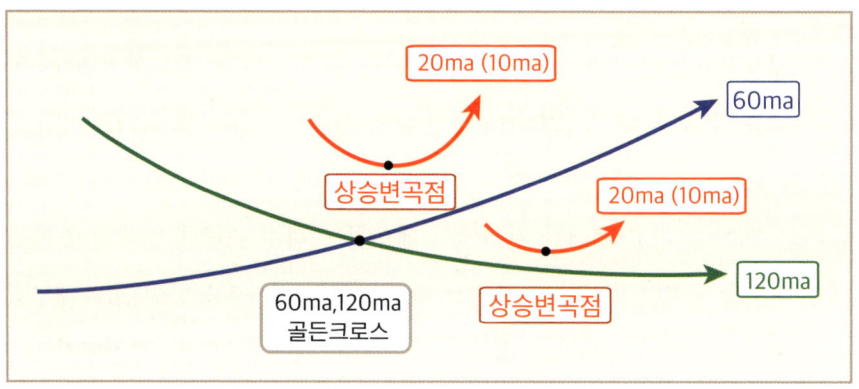

역배열의 장점은 가격적인 메리트(저가)이지만 단점은 손실 본 사람들이 겹겹이 쌓여있는 악성 매물대입니다. 60일과 120일의 골든크로스는 이러한 악성 매도 대기 물량을 해소시켜 주는 역할을 합니다. 골든크로스의 의미를 다시 한 번 되짚어 보면 내려오고 있는 120일 동안의 매도 대기 물량을 60일 동안 해당 종목을 매수해서 매도 대기 물량을 해소한 결과가 60, 120 골든크로스입니다. 이 상태에서 20일 상승변곡점의 출현은 세력의 출현을 의미합니다.

알파파동의 조건을 다른 관점으로 표현하면 120일 동안의 매도 대기 물량을 매수세가 60일 동안 해소했으며 그 위에 세력이 자리를 잡고 있다는 뜻입

니다. 이때 20일 상승변곡점은 60일 위에서 형성되면 좋고 60일선과 120일선 사이에 형성되어도 상관없습니다. 20일 상승변곡점이 60일 위에서 형성되면 앞서 말한 3·20·60-1 매뉴얼이 되는 것이며 60일선과 120일선 사이에 형성되면 쌍바닥이든 외바닥이든 상관없이 매수 관점으로 바라보면 됩니다. 이유는 이미 매물 소화가 어느 정도 진행이 되었기 때문입니다. 이때 240일 이동평균선의 위치는 상관없습니다. 오로지 20, 60, 120 세 개의 이동평균선으로 매물 소화와 세력의 출현 여부만을 판단합니다.

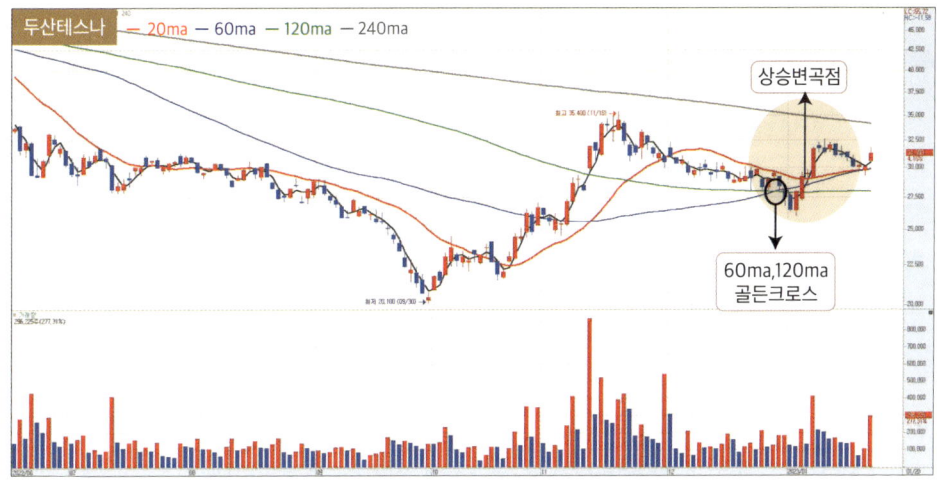

두산테스나 차트에서 동그라미를 친 부분이 바로 알파파동에 대한 전형적인 모습입니다. 60일선과 120일선이 골든크로스를 이루고 있고 그 위에서 20일 이동평균선이 상승변곡점을 형성된 후 상승하고 있습니다. 매물 소화가 완료된 이후 나타난 세력의 출현(20일선) 모습이 역배열과 정배열의 장점을 모두 갖춘 차트의 모습입니다.

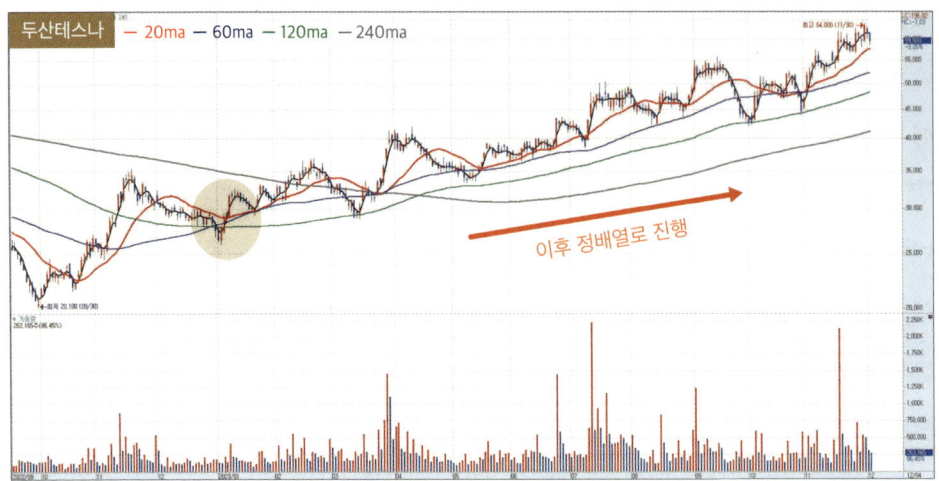

알파파동에서 매수의 방법은 조금 다릅니다. 60일과 120일선의 골든크로스가 만들어지고 나서 20일선의 눌림목을 공략하는 것인데 때로는 20일선 눌림목을 놓치거나 혹은 눌림목 자체를 주지 않고 급등하는 경우가 종종 있기 때문에 이를 보완하기 위해 10일 이동평균선을 사용합니다.

20일 이동평균선에서 상승변곡점이 만들어지려면 그에 앞서 10일 이동평균선이 먼저 상승변곡점이 만들어집니다. 알파파동에서의 매수 매뉴얼은 10일 이동평균선의 상승변곡점을 확인하고 진입하는 것입니다.

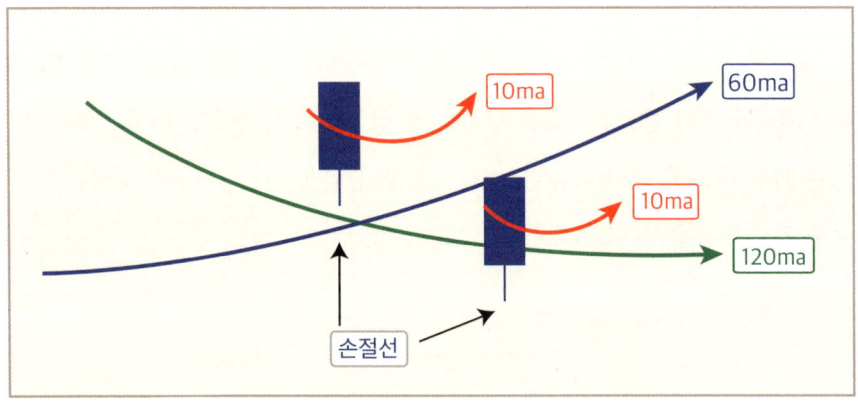

10일 이동평균선의 상승변곡점이 출현하면 이후 분할 매수를 합니다. 우리가 확인하고 싶은 건 20일 상승변곡점인데 아직 나오지 않았기 때문에 10일

이동평균선을 보고 먼저 분할 매수를 시작하고 20일 이동평균선 상승변곡점이 나오면 추가 매수를 하는 선택을 합니다.

   손절선은 10일 이동평균선이 출현하기 전의 전저점을 손절선으로 합니다. 여기서 3일선을 왜 쓰지 않는지에 대한 질문이 있을 수 있는데 아직 완전히 역배열에서 정배열로 전환되지 않은 상태이기 때문에 리스크 관리 차원에서 분할 매수를 하는 것이 바람직하며 분할 매수의 기준을 20일 이동평균선으로 하면 너무 느리니 10일 이동평균선으로 하는 것입니다.

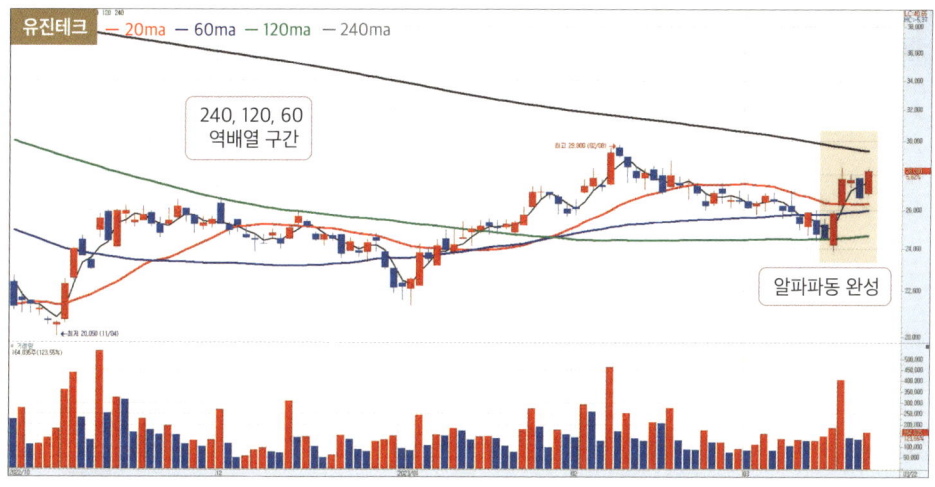

   유진테크 차트에서도 보면 역배열로 전개되던 종목이 알파파동을 만들고 난 후 상승 초입의 모습입니다. 240일 이동평균선은 하향 추세로 전개가 되며 저항선 역할을 할 것으로 예상되지만, 20일, 60일, 120일선이 정배열로 완성하면서 240일선의 매물도 어느 정도 소화를 한 것으로 보여집니다. 이때 확실한 20일선 눌림목에서 매수를 하려고 하면 눌림목 기회를 안 주고 올라가는 경우가 많이 있기 때문에 알파파동에서는 10일선의 상승변곡점을 사용합니다.

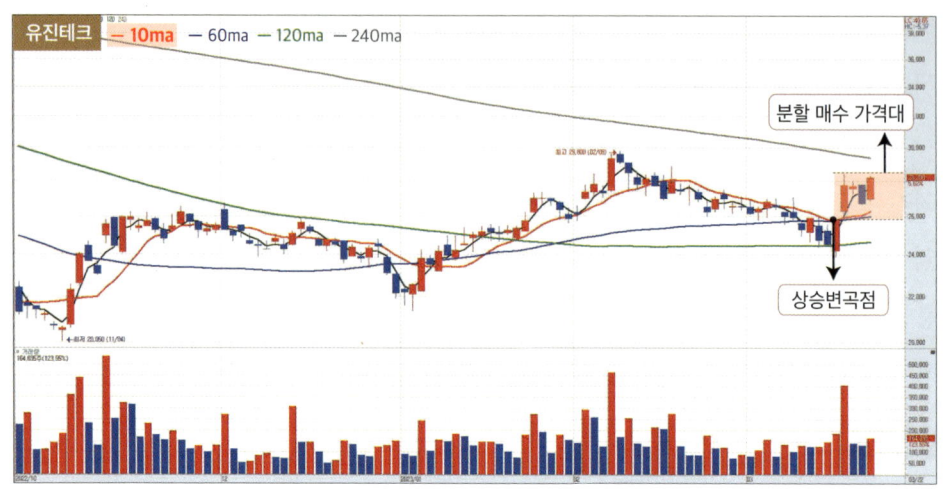

10일선 상승변곡점이 어느 정도 완성되면 현재 주가부터 상승변곡점의 가격까지를 분할 매수 가격대로 설정하고 손절 라인은 10일선 상승변곡점 전후에 캔들의 최저점으로 설정하면 됩니다.

이해를 돕기 위해 매수 매뉴얼이 발생한 날의 차트를 확대해서 보여드리도록 하겠습니다.

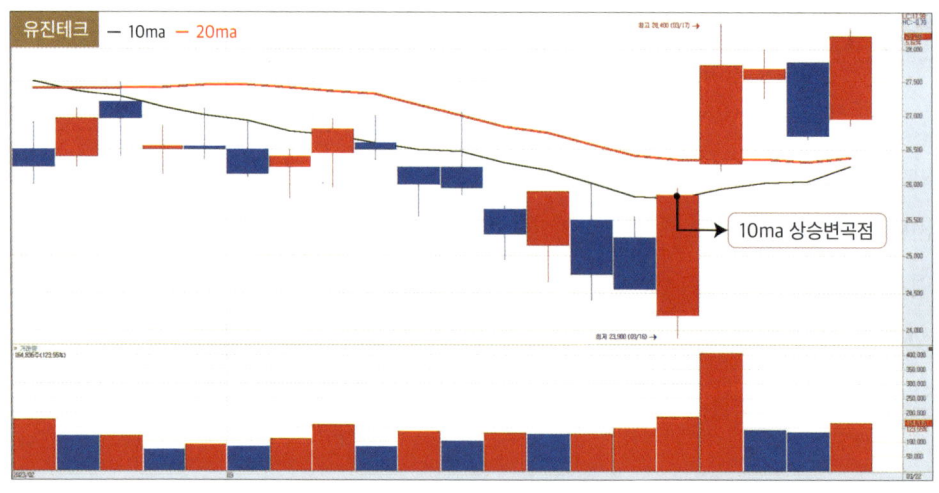

확대를 해서 보면 알파파동이 완성된 시점에 20일 이동평균선은 상승변곡점이 만들어졌으나 그 기울기가 뚜렷하지 않고 애매모호한 측면이 많습니다.

하지만 10일 이동평균선으로 보면 상승변곡점의 모습이 뚜렷하게 보이는 것을 알 수가 있습니다. 10일선 상승변곡점 출현 전후에 캔들의 최저점은 손절 라인이 되며 이는 3일선 매수법의 매뉴얼과 일맥상통합니다.

알파파동에 매물대 차트를 활용하면 더 좋다

알파파동은 정배열의 장점인 매물 소화와 동시에 저가 메리트가 있는 파동입니다. 60일과 120일 골든크로스 자체가 매물 소화에 대한 정보를 주고 있지만 매물대 차트 또한 악성 매도 대기 매물이 있는지 혹은 지지 역할을 하는 매물대가 있는지에 대한 중요한 정보를 주기 때문에 봐야 합니다. 매물대 자체가 주가 상승에 대한 강력한 정보를 주지는 않습니다. 하지만 주가가 쉽게 상승할 수 있는 환경에 대해서는 정보를 주기 때문에 알파파동을 이용해서 주식을 매수하려고 할 때 매물대를 참조하는 것이 좋습니다.

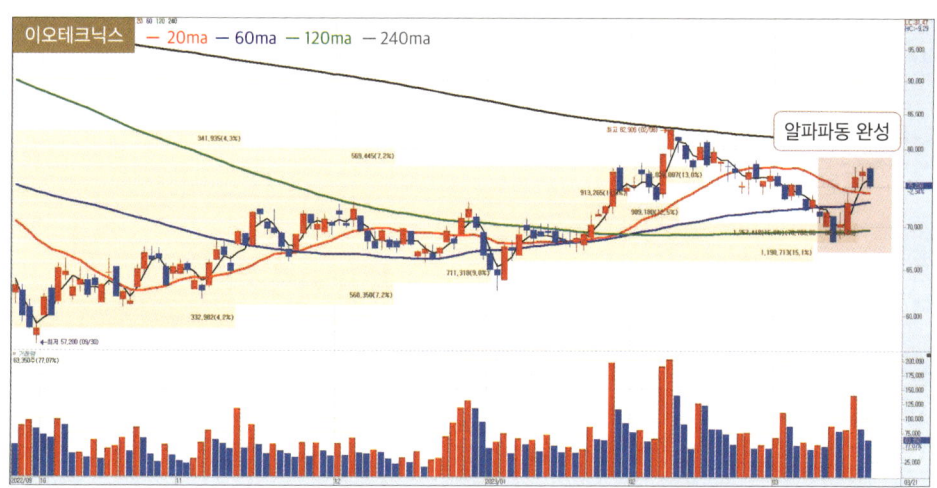

이오테크닉스도 역시 가장 많은 매물대와 두 번째로 많은 매물대를 밑에 두고 있으며 알파파동을 완성할 시 위에 있는 매물대는 전체 10개의 매물대 중에 세 개 정도입니다. 바로 위에 매물대만 돌파하면 정배열 종목처럼 매물벽

이 없기 때문에 주가가 탄력있게 상승할 수 있는 여건이 만들어집니다.

삼화전기 역시 알파파동을 완성하고 있으며 240일선을 저항선으로 두고 있습니다. 여러 차례 240일선을 돌파를 시도하고 있으며 동시에 가장 많은 매물대를 벗어나려는 모습을 하고 있습니다. 삼화전기가 현대차와 다른 점은 앞서 대량의 거래량이 여러 번 터졌다는 것입니다. 알파파동을 만들어가는 과정에 생긴 대량거래는 매도의 관점보다는 매수의 관점으로 보는 것이 합당합니다. 이는 뒷부분에서 다시 한 번 설명하겠습니다.

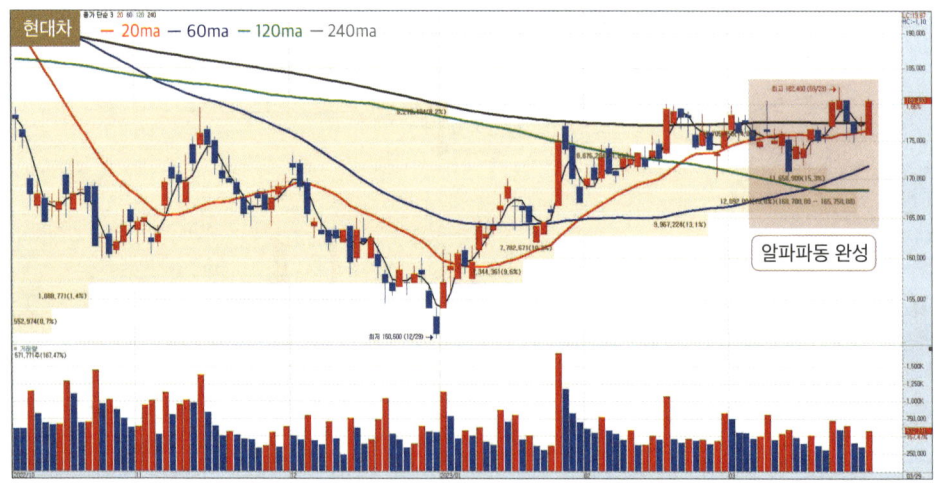

현대차가 알파파동을 만든 직후의 모습입니다. 가장 많은 매물대와 두 번째로 많은 매물대를 밑에 두고 있으며 내려오고 있는 240일 이동평균선에서 다섯 번 이상 돌파시도를 하며 동시에 매물 소화를 하는 모습을 보입니다. 알파파동의 완성과 더불어 가장 많은 매물대를 밑에 깔고 있는 주식은 상승하기에 유리한 환경을 가지고 있습니다.

알파파동을 만들면서 전개됐던 종목들의 결과는 다음과 같습니다.

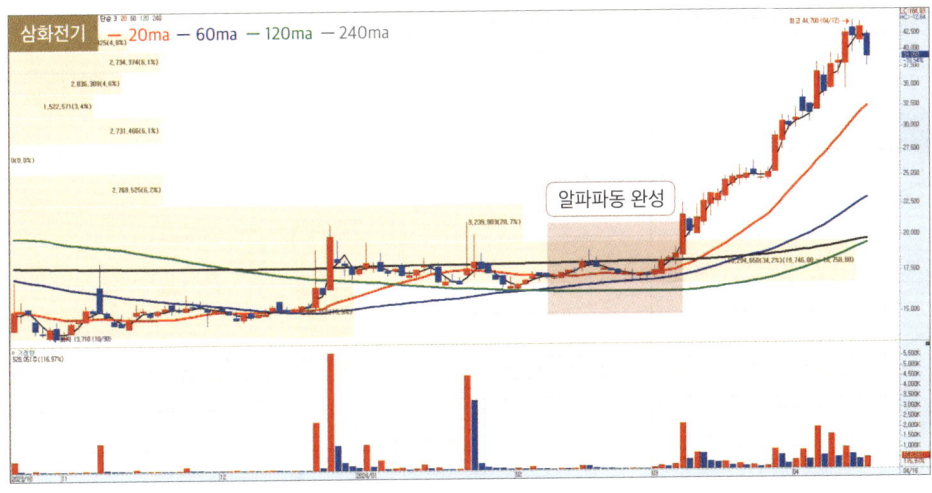

01. 정배열과 역배열의 장점만 갖춘 파동-알파파동   249

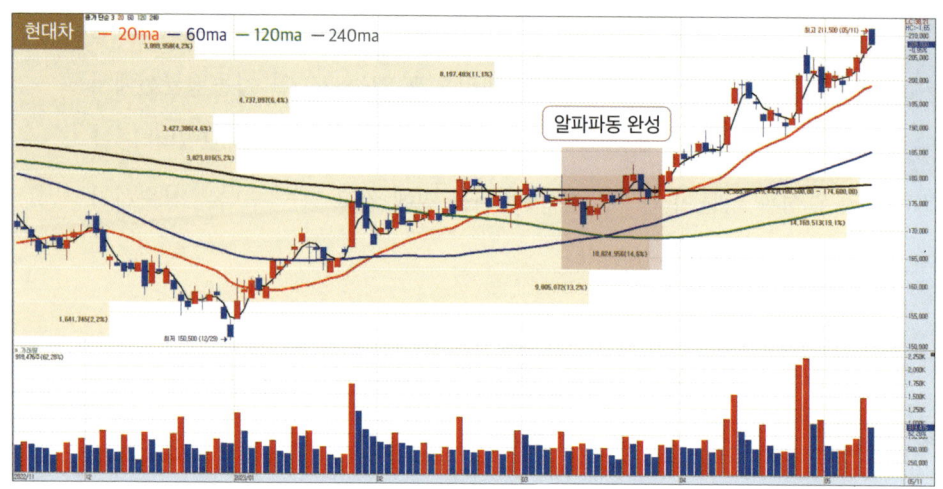

알파파동에 더욱 더 신뢰도를 주는 두 글자 AB

PART 04에서 AB파동에 대해서 상세하게 설명한 바가 있습니다. '상승하는 주식은 상승의 길이가 길고 조정이 짧다'라는 아주 간단하고 변할 수 없는 명제에 대해서 20일선을 가지고 설명한 바가 있습니다. 알파파동이 가장 많은 매물대 위에서 만들어지고 있는데 만약에 세력선이라고 하는 20일선의 파동이 AB파동으로 전개된다면 알파파동에 대한 신뢰도를 높일 수 있습니다.

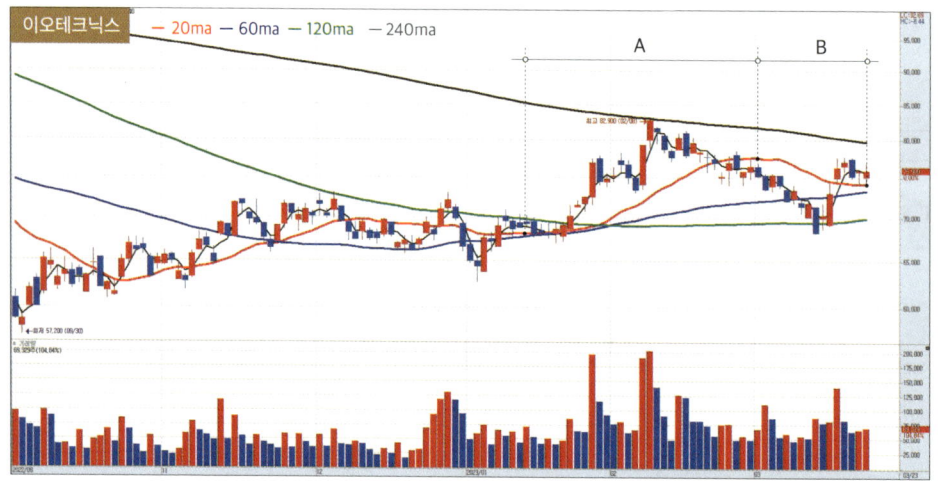

이오테크닉스가 알파파동을 만들 때 당시 모습을 보면 20일선이 AB파동이 거의 완성되어 있음을 볼 수가 있습니다. 60일과 120일선의 골든크로스로 매물 소화가 어느 정도 이뤄진 상태에서 20일선 AB파동이 이오테크닉스가 하락보다는 상승 쪽으로 바라봐야 한다는 것을 알려줍니다.

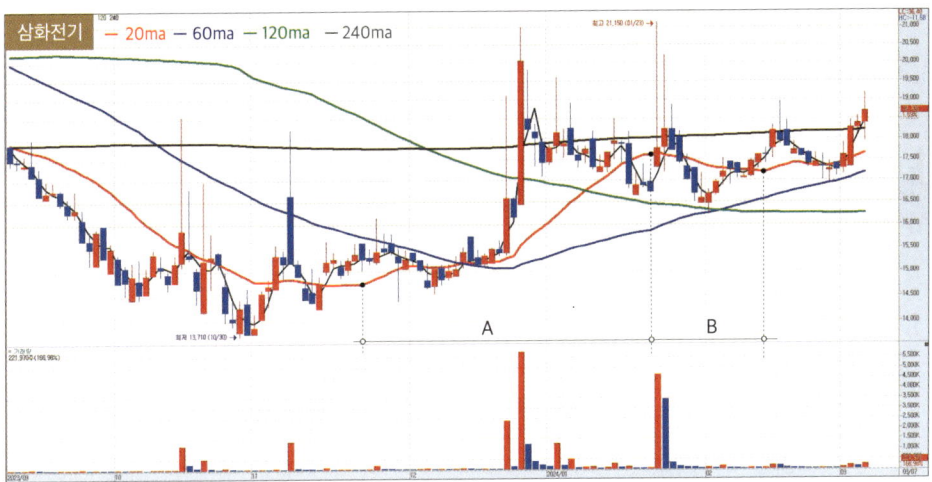

삼화전기도 60일선과 120일선이 골든크로스 된 이후 20일선은 AB파동으로 전개되고 있습니다. 주가 상승의 에너지는 거래량이라고 하는데 알파파동과 동시에 만들어진 20일선 AB파동 그리고 거래량은 역시 해당 종목을 하락의 관점보다는 상승의 관점으로 바라봐야 한다고 말해주고 있습니다. 특히 중간에 터진 여러 번의 거래량 속에는 매물 소화와 동시에 매집이 있었다는 것을 알파파동 속의 AB파동이 말해주고 있습니다.

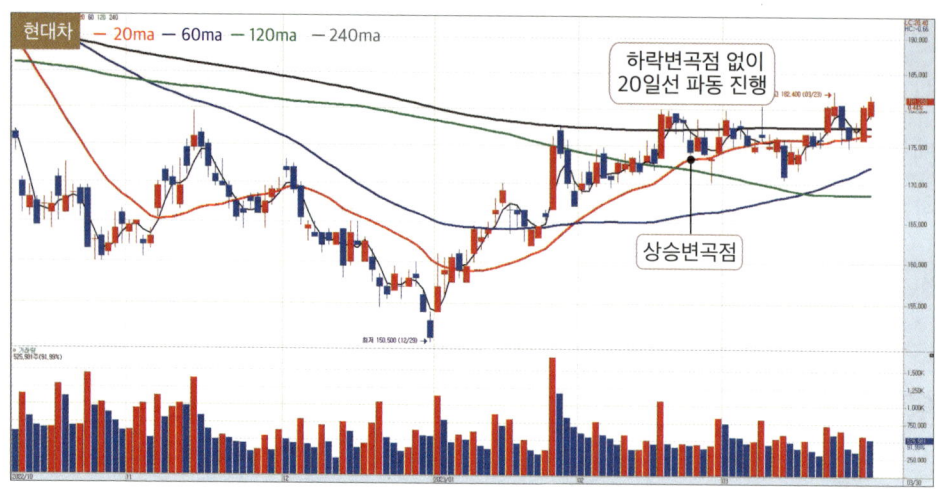

현대차는 이오테크닉스와 비슷한 거래량의 모습으로 알파파동을 만들고 있지만 그 속에서 전개되는 20일선의 파동은 이오테크닉스보다 훨씬 더 강하게 전개되고 있습니다. 개미대학 1권 (세력의 매집 원가 구하기)에서 "진짜 강한 놈은 하락변곡점도 허락하지 않는다."라고 탄력이 강한 상승 주식에 관해 설명한 바가 있습니다.

현대차의 20일선 파동의 모습은 AB파동에서 나오는 하락변곡점조차 허락하지 않은 채 상승변곡점이 나오면서 앞으로 해당 종목이 탄력적으로 상승할 것이라고 암시해 줍니다.

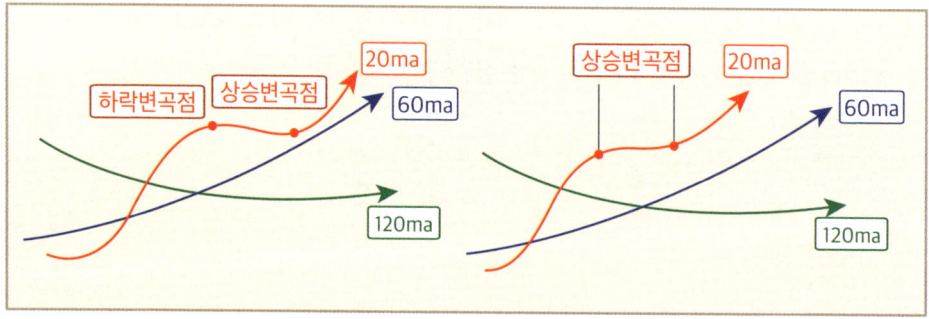

알파파동 중에 20일선이 AB파동으로 전개되는 것을 알파-20.AB 파동이라고 하겠습니다. 그리고 상승변곡점과 상승변곡점으로만 전개되는 알파-20. ABS(S=Strong) 파동이라 명하겠습니다.

알파-20.AB 파동과 알파-20.ABS 파동 중 당연히 급등의 가능성 혹은 당대 주도주의 모습을 하는 것은 알파-20.ABS 파동입니다.

대시세 종목을 알아보기 위한 체크리스트

(1) 60일, 120일선의 골든크로스
(2) 알파-20.AB 파동 혹은 알파-20.ABS 파동
(3) 가장 많은 매물대를 돌파한 상태
(4) 거래량 증가

위 네 가지 체크리스트가 역배열에서 정배열로 전환되면서 강하게 올라가기 위한 필요충분조건이기도 합니다. 다시 한 번 각 항목에 대한 의미를 부여하면

1. 60일선, 120일선의 골든크로스로 우리가 차트에서 얻을 수 있는 정보는 역배열로 진행되면서 쌓인 매도 대기 물량이 어느 정도 해소가 되었다는 것입니다.
2. 20일선이 AB파동 혹은 ABS파동으로 해당 종목에 강력한 매수세 혹은 세력이 들어와 있음을 알 수 있습니다.
3. 가장 많은 매물대를 돌파한 상태로 현재 주가가 상승하는데 저항대가 없는 것을 확인할 수 있습니다.
4. 주가 상승에 절대적으로 필요한 것은 거래량입니다. 거래량의 다른 표현은 해당 종목에 대한 관심의 크기입니다. 관심이 많으면 매수 금액이 커지고 그에 따라서 거래량도 많아집니다. 관심이 없다면 매수 금액도 적아지며 거래량 역시 줄어듭니다. 역배열에서 정배열로 전환되는 시기에 터지는 거래량은 1, 2, 3번을 넘어서는 강력한 상승의 시그널입니다.

만약 여러분들이 어떤 종목을 분할 매수해서 장기적으로 끌어간다는 전략을 혹은 주식투자 성향이 중장기 투자자 성향이라면 알파파동에 집중하고 위에 나열한 네 가지 체크리스트에 대해서 꼼꼼히 살펴볼 것을 강력히 추천합니다. 위의 네 가지 조건이 완성된 주식은 하락보다는 상승할 환경이 조성된 주식으로 계속 관심을 두어야 하며 네 가지 조건을 만들어낸 재료가 분명히 있음을 인지하고 해당 종목에 뉴스, 기사 등을 살펴보는 것을 강력하게 추천합니다.

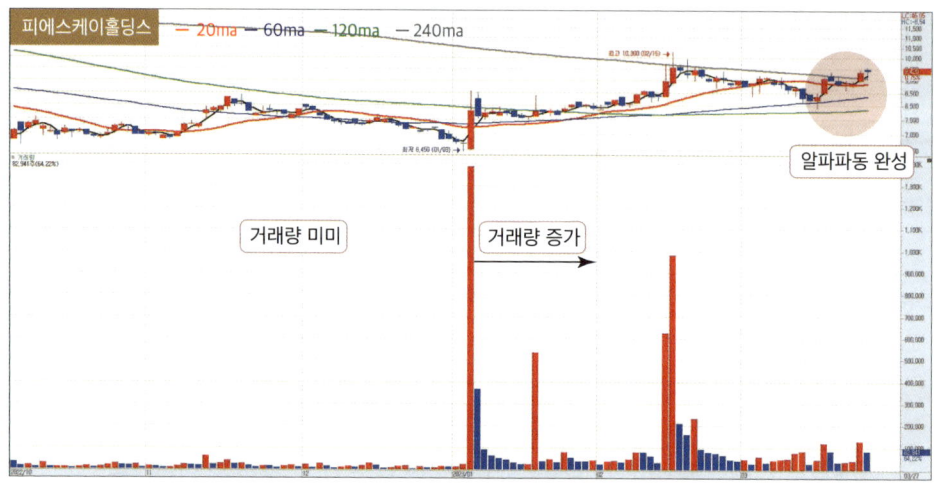

피에스케이홀딩스 차트입니다. 거래량의 중요성을 알려드리기 위해 거래량 부분을 확대했습니다. 거래량이 터지고 나서 알파파동이 완성된 시점입니다. 알파파동이 완성된 시점에서 다시 전에 터진 거래량을 바라볼 때 매물 소화와 매집 두 가지가 모두 포함된 거래량이라고 설명한 바가 있습니다.

'알파파동 완성 + 거래량 = 상승의 조건'이라고 판단하고 여기에 가장 중요한 것은 해당 종목이 어떤 사업을 영위하는지에 대한 공부입니다. 알파파동은 하루 이틀 만에 이뤄지는 파동이 아니라 짧게는 한 달에서 길게는 3개월 이상 천천히 만들어지는 파동입니다. 이 기간에 해당 종목이 어떠한 테마에 있는지 혹은 해당 주식이 어떤 사업을 하는지에 관한 공부가 필요합니다. 피에스케이홀딩스는 HBM 관련 테마주로 엮인 이후 큰 폭의 상승을 했습니다.

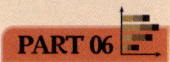

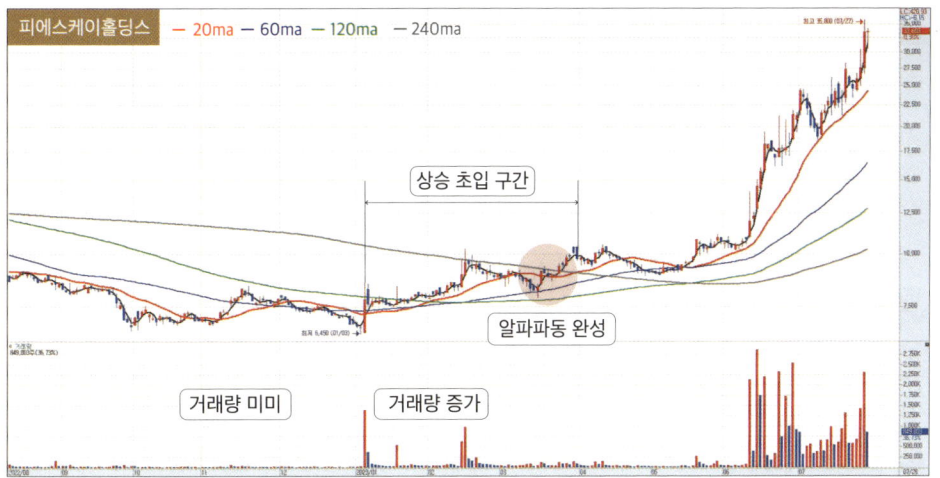

지나고 보니 알파파동이 완성되어진 시기가 역배열에서 정배열로 전환되기 직전의 모습이었고 가격의 상승폭도 전체 상승폭에 비해 그다지 높지 않은 자리였다는 것을 알 수 있습니다.

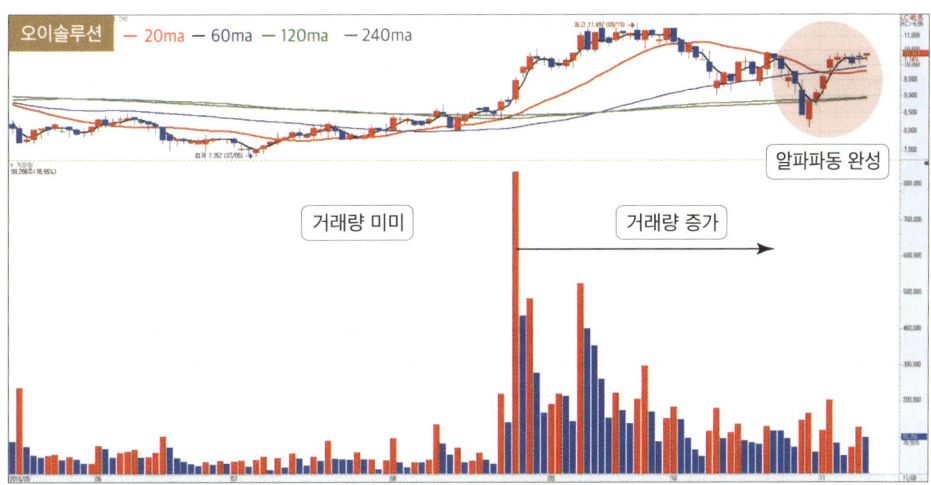

오이솔루션의 알파파동 초입의 모습은 이오테크닉스의 초입 모습보다 더 드라마틱합니다. 이오테크닉스보다 더 많은 거래량이 터지면서 알파파동을 만들어가고 있었고 알파파동이 만들어진 이후 주가는 더 탄력적인 모습입니다. 오이솔루션이 상승할 당시 불던 주요 테마는 5G였습니다.

01. 정배열과 역배열의 장점만 갖춘 파동-알파파동　255

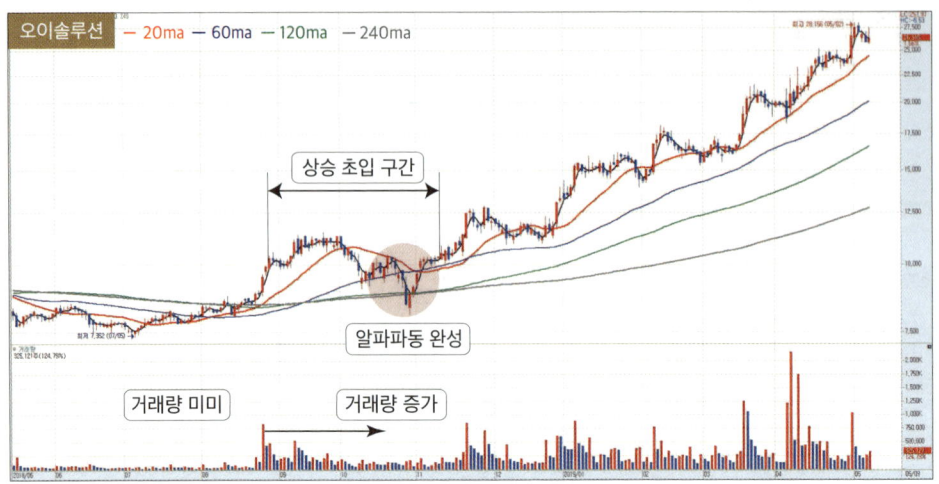

지나고 보니 오이솔루션의 알파파동이 만들어진 시기가 정배열 초입 구간임을 알 수 있습니다. 이렇듯 알파파동은 정배열과 역배열의 장점을 모두 가진 파동이며 거래량과 뉴스를 살펴본다면 대시세의 초입에 참여할 수 있는 강력한 도구입니다.

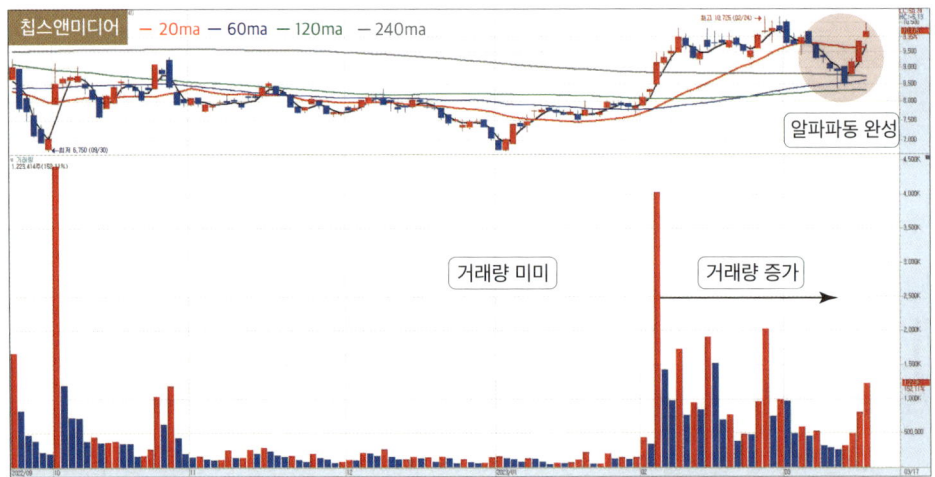

칩스앤미디어 역시 알파파동이 만들어졌을 당시 전례 없던 거래량으로 전개되고 있었음을 알 수 있습니다. 20일선은 AB파동으로 전개가 되는 동안 거래량이 수반되어 해당 종목에 많은 사람들의 관심을 받으며 그 관심이 AB파동을 만듦을 알 수가 있습니다. 인공지능(AI) 테마주로 엮여 있던 칩스앤미디

어느 이후 큰 폭의 상승을 하게 됩니다.

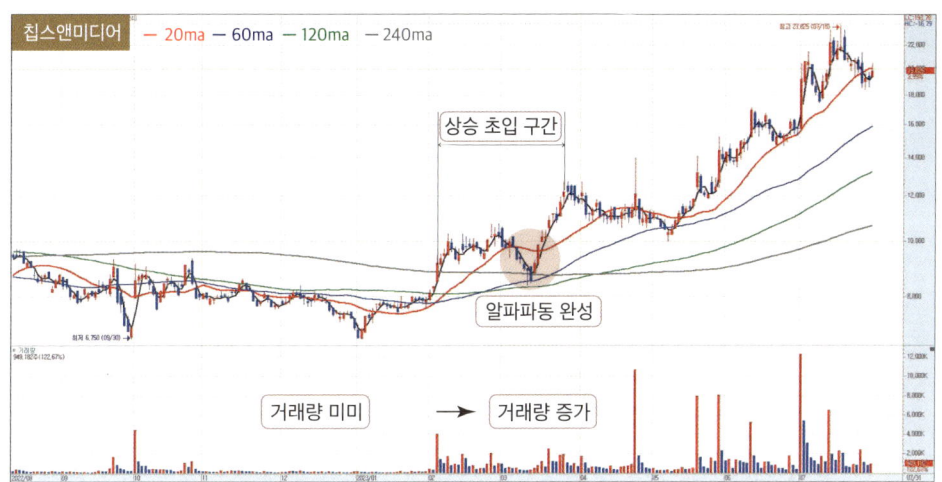

01. 정배열과 역배열의 장점만 갖춘 파동-알파파동 257

지금까지 알파파동과 그리고 알파-20.AB 파동(혹은 알파-20.ABS 파동)의 연관성 그리고 거래량에 대한 체크리스트를 공부하였습니다. 오프라인에서 강의를 할 때 차트에 대해서 원포인트 레슨을 하고 꼭 해당하는 종목을 찾아서 A4용지에 출력하고 매수한 자리에 대해서 본인의 의견을 꼭 적어보라고 당부를 드렸습니다.

당부를 드렸지만 대부분이 제 당부를 까먹거나, 무시하고 숙제 검사를 했을 때 안 했다는 수강생들이 많았습니다. 그들의 공통점은 후에 고백하길 차트를 선생님이 설명하면 알겠는데 본인이 직접 하려면 잘 모르겠다는 것입니다. 책의 후반부로 접어들고 있는데 제가 설명한 것들에 대해서 독자분들이 충실히 이해하고 있는지 걱정되는 마음에 14개의 문제를 내봅니다. 알파파동에 해당하는 자리가 있으면 동그라미를 치시고 체크리스트에 해당하는 부분이 있는지 꼼꼼히 살펴보시길 바랍니다.

뒤에 해설지를 본 후 본인이 생각하지 못한 부분이 있다면, 그 부분은 이제 나의 주식투자 자산이 됩니다. 문제 하나당 최소 3분 정도 살펴본 후 알파파동에 해당하는 자리가 있으면 동그라미를 치고 체크리스트를 적어보시길 바랍니다.

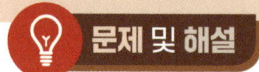

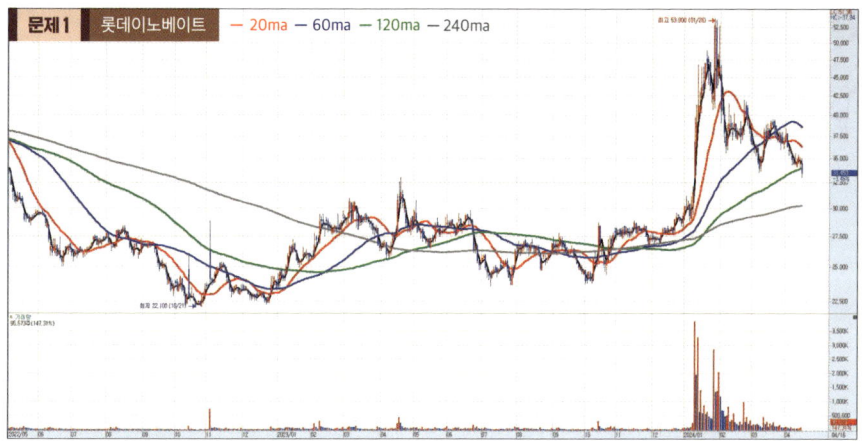

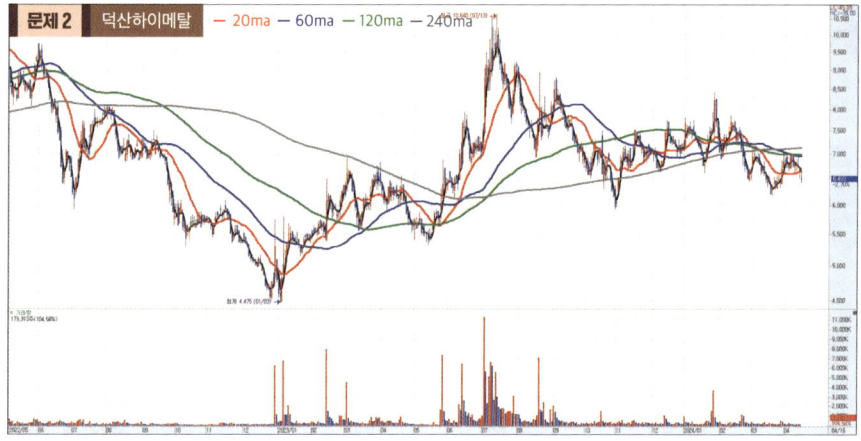

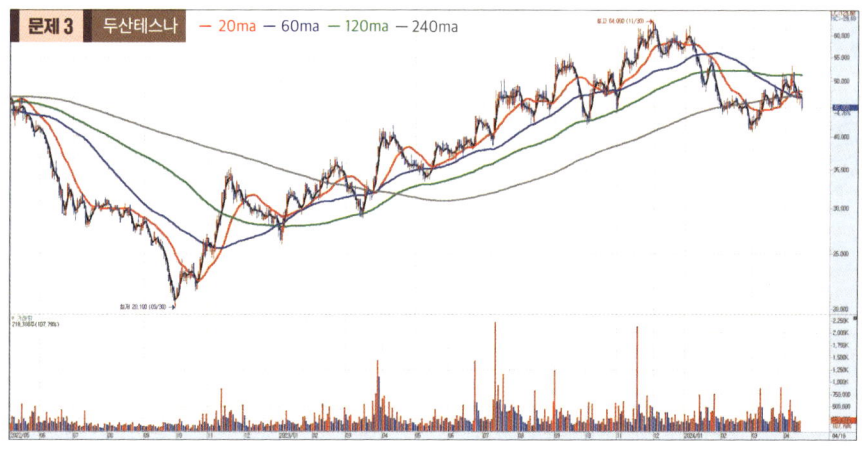

01. 정배열과 역배열의 장점만 갖춘 파동-알파파동

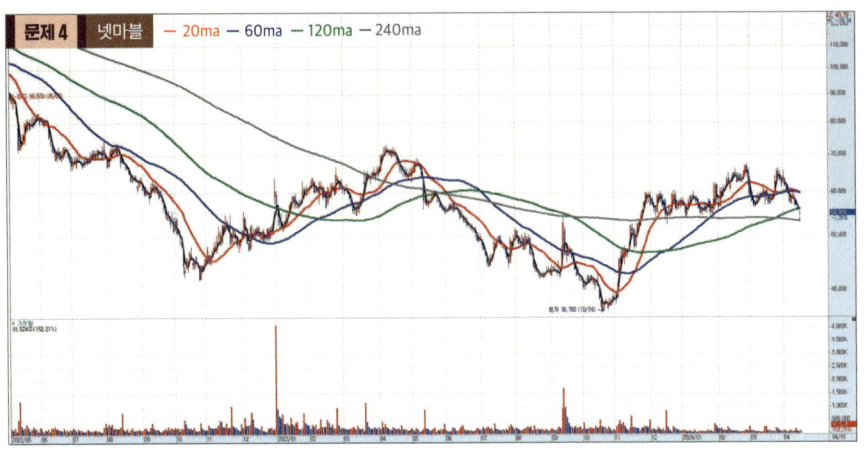

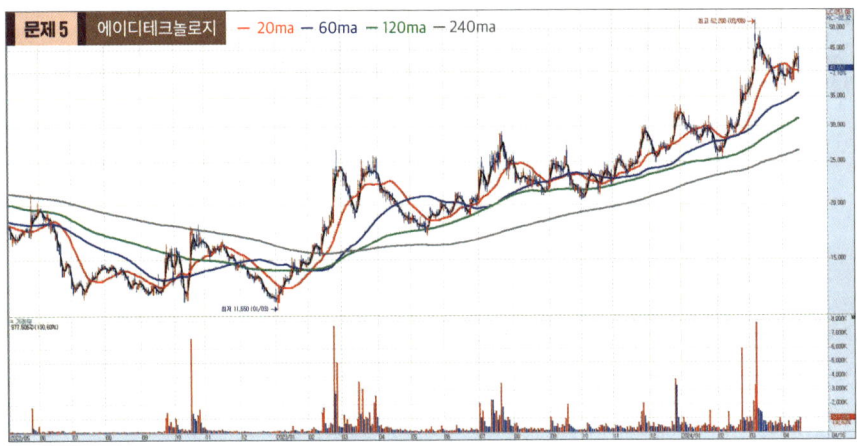

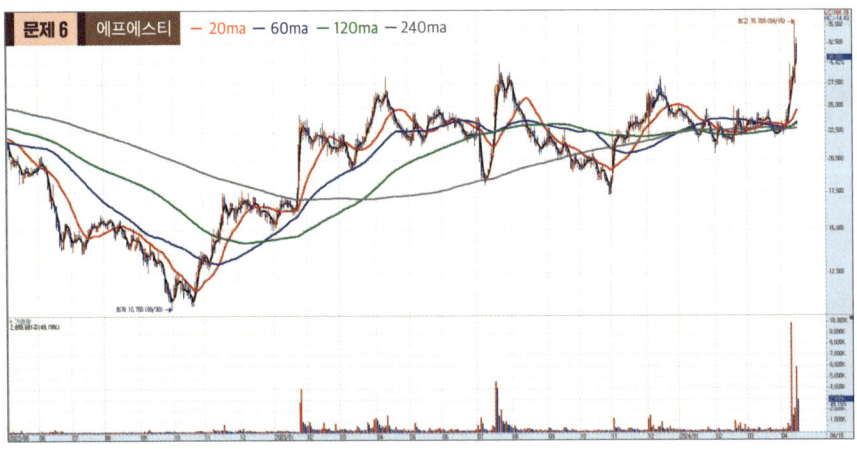

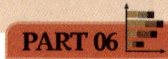

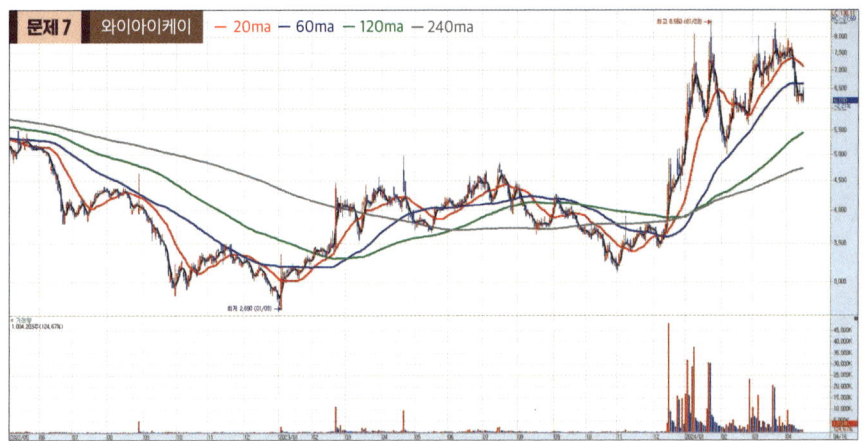

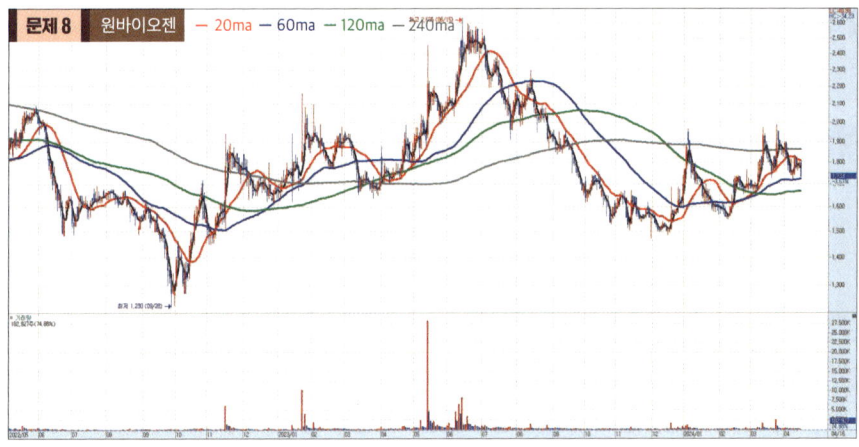

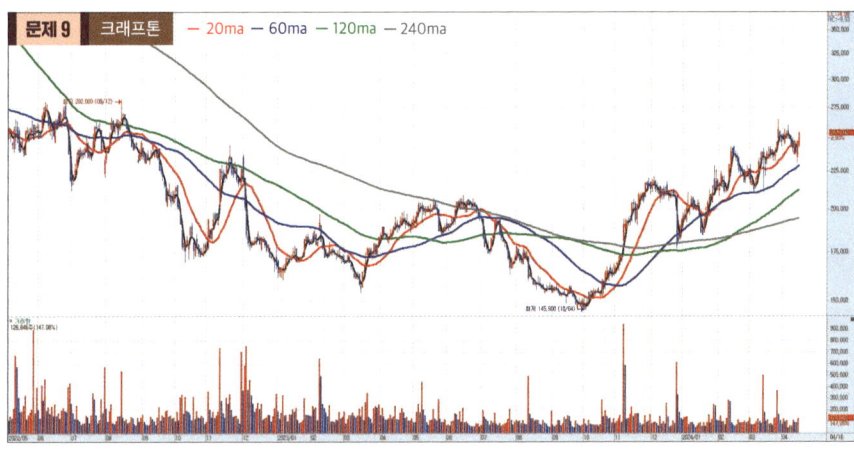

01. 정배열과 역배열의 장점만 갖춘 파동-알파파동

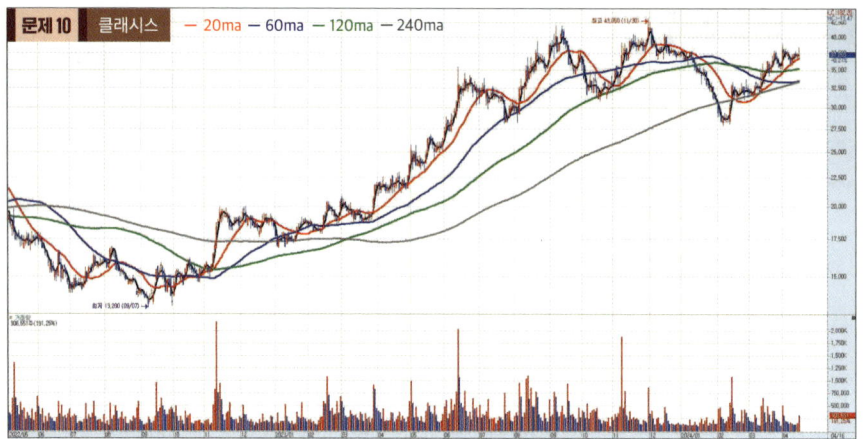

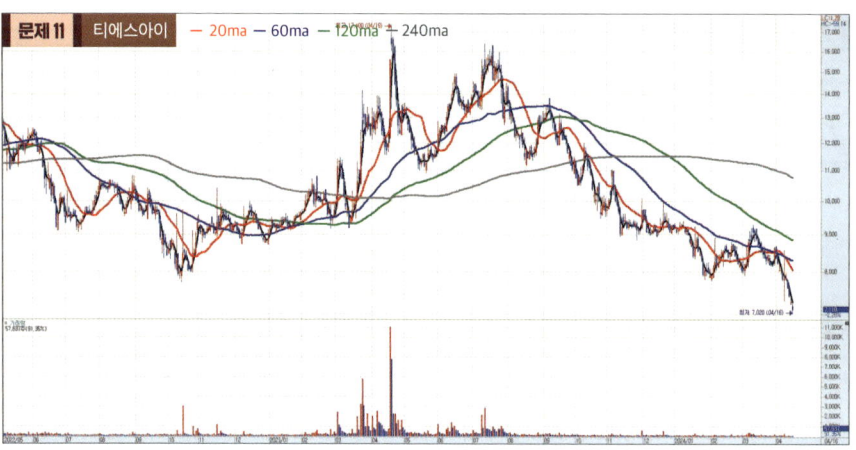

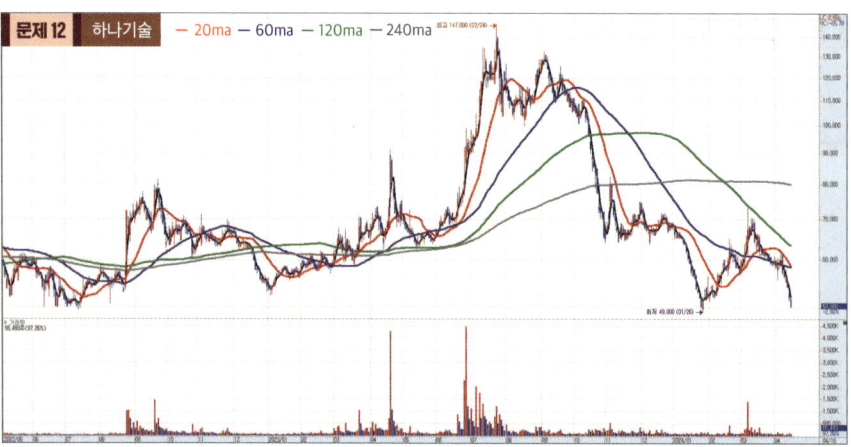

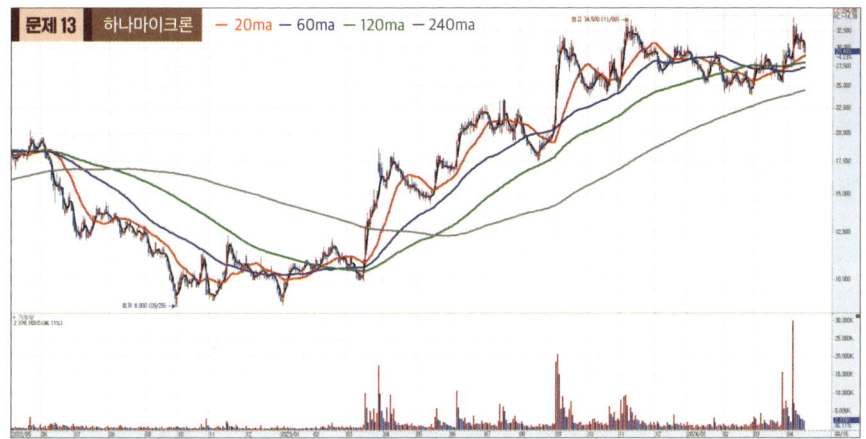

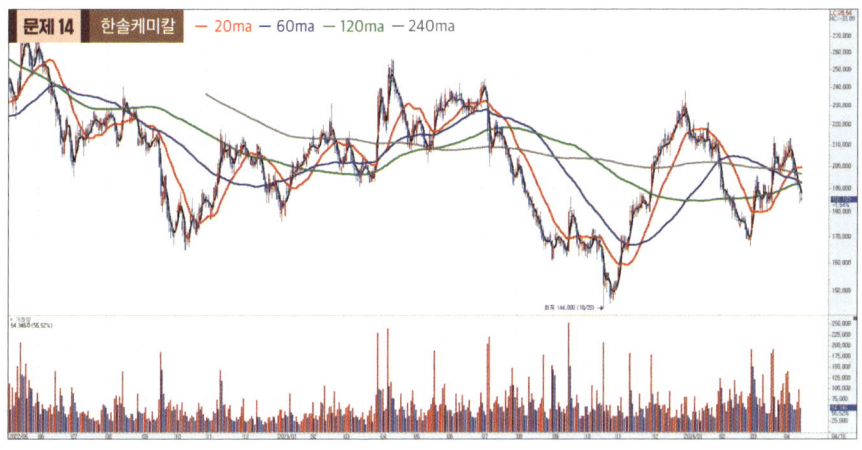

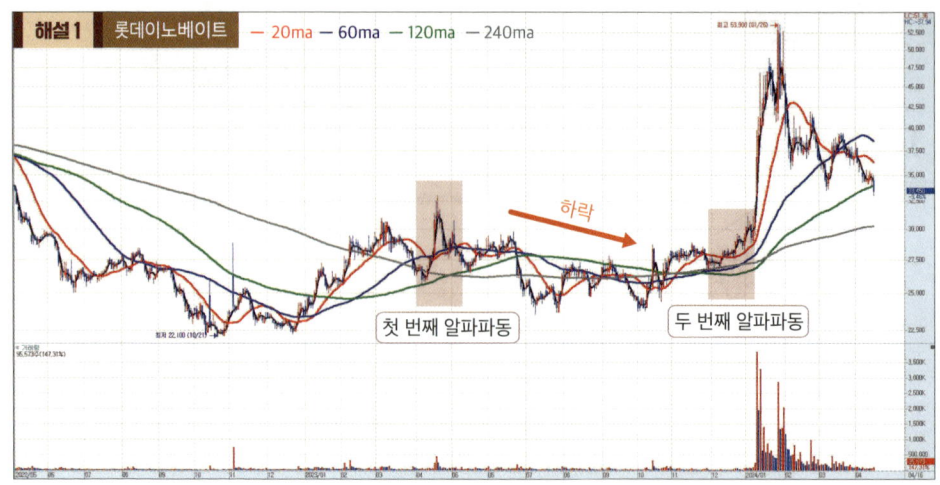

　롯데이노베이트 차트에서는 두 번의 알파파동이 완성됩니다. 첫 번째 파동은 완성이 되었으나 이후 하락하는 모습을 보이고 있고 두 번째 파동에서는 추가적인 상승의 모습을 볼 수가 있습니다. 이 책에서 수차례 강조했지만 기술적 분석은 확률적인 게임이 아니라 보이느냐 안 보이느냐의 관점입니다. 만약에 알파파동이 보였다면 매수해야 하는 대응 매뉴얼을 세우고 손절 라인을 지키며 대응하면 됩니다. 알파파동이 절대적 혹은 확률적으로 상승을 보장하는 파동이 아님을 강조하기 위해 일부러 두 개의 파동이 보이는 문제를 실었습니다. 거듭 강조하는바, 기술적 분석은 보이느냐 안 보이느냐의 관점으로 접근하시길 바랍니다.

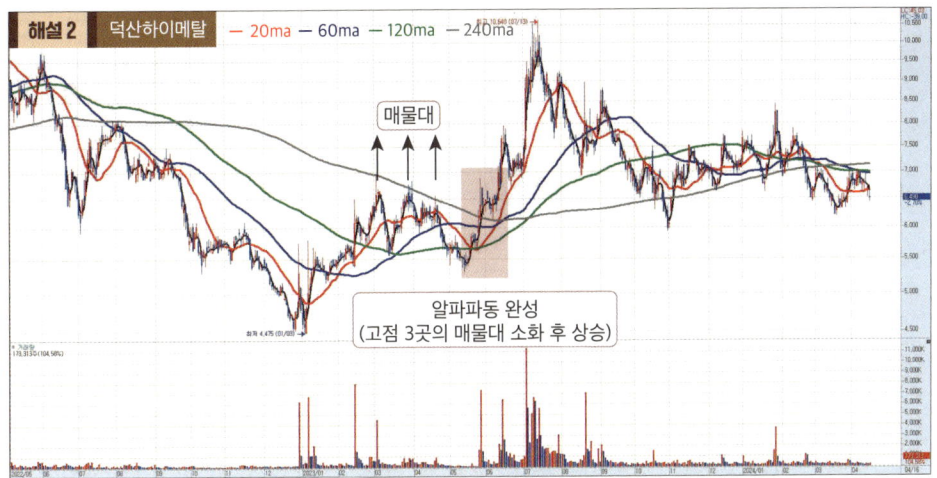

　60일선과 120일선의 골든크로스 이후 만나는 첫 번째 20일선 상승변곡점의 모습이 알파파동이라고 설명하였습니다. 사각형의 모양이 알파파동이며 앞서 세 번의 매물 소화를 거친 후 알파파동을 만들고 상승하는 모습을 보입니다. 알파파동이 만들어진 이후에는 거래량이 증가하면서 탄력적으로 올라가는 모습을 볼 수 있습니다.

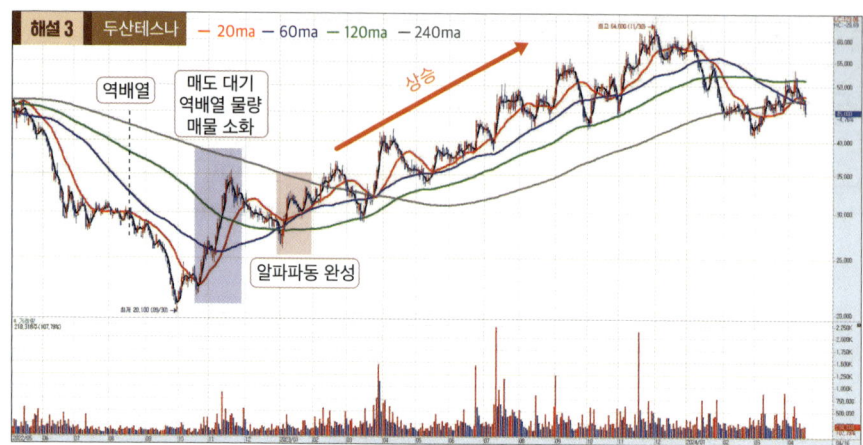

두산테스나는 전형적인 알파파동의 모습을 보이고 있습니다. 60일선과 120일선의 골든크로스 이후 바로 따라오는 20일선 상승변곡점으로 알파파동을 완성시키며 상승하고 있습니다. 역배열 끝 무렵에서 만들어지는 알파파동과 거래량은 매물 소화의 과정임을 잊지 마시길 바랍니다.

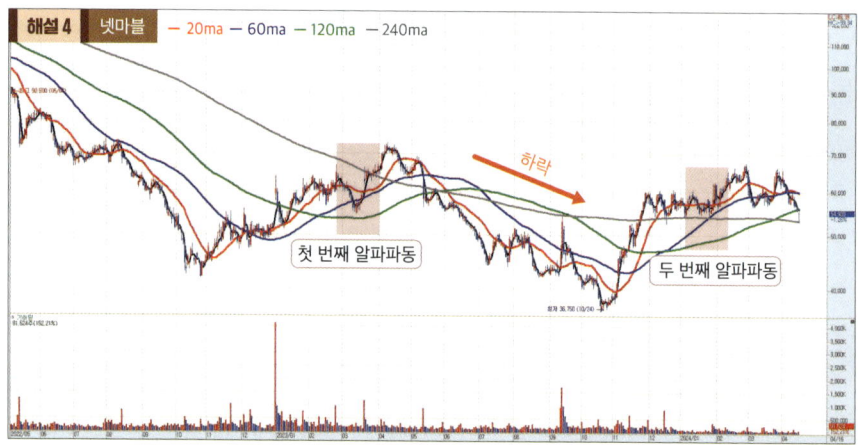

넷마블은 알파파동을 완성했으나 소폭의 상승 이후 하락하는 모습을 볼 수 있습니다. 알파파동이 만들어졌다고 해서 모든 주식이 상승하는 것은 아닙니다. 넷마블 차트에서 강조하고 싶은 것은 주식시장에서 절대적인 것은 없으며 어떠한 기법에 대해서 맹신하지 않았으면 하는 것입니다. 보이면 들어가고 안 보이면 안 들어가면 그만입니다. 그리고 매수 후 설정한 손절가격으로 내려왔다면 손절하면 됩니다. 그래야만 또 다른 추후 알파파동이 나올 때 매수를 할 수 있습니다.

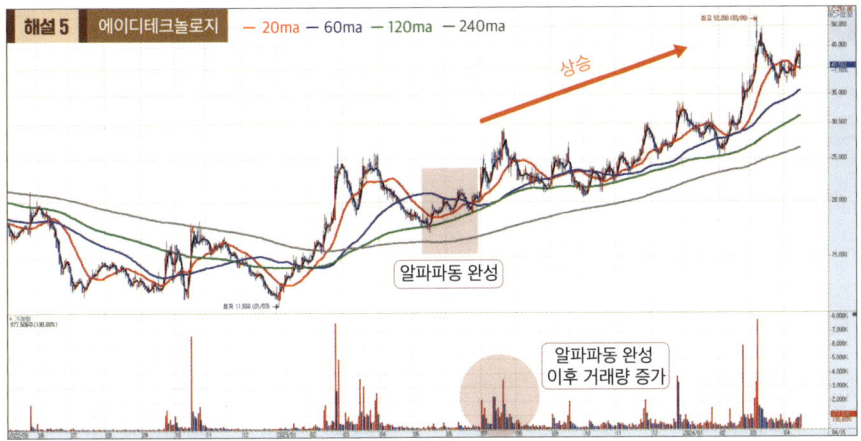

　넷마블 차트와는 다르게 에이디테크놀로지 차트에서는 크게 상승하는 알파파동을 보입니다. 알파파동이 만들어질 무렵 이전에 터진 거래량은 매집과 매물 소화의 관점으로 바라보라고 했고 만약에 그게 맞다면 주가 상승의 엔진 역할을 한다고 했는데 해당 종목은 이후 큰 폭으로 상승하였습니다. 기술적 분석은 보이느냐 안 보이느냐 관점이지 절대로 확률적인 접근으로 들어가시면 주식투자에 성공할 수 없습니다.

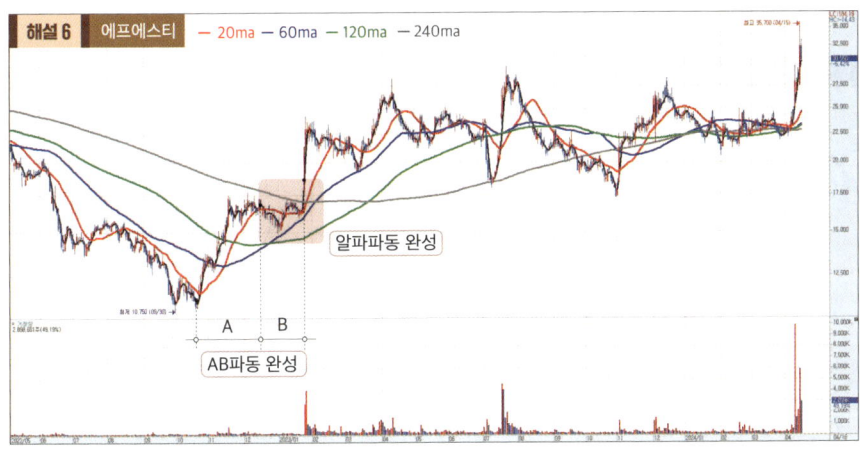

　에프에스티 차트에서는 60일선과 120일선 골든크로스 이후 20일선이 AB파동으로 그려지면서 상승하는 것을 볼 수 있습니다. 앞서 말한 것처럼 60일선과 120일선 골든크로스 이후 전개되는 20일선 AB파동은 하락의 관점보다 상승의 관점을 두고 접근하여야 합니다.

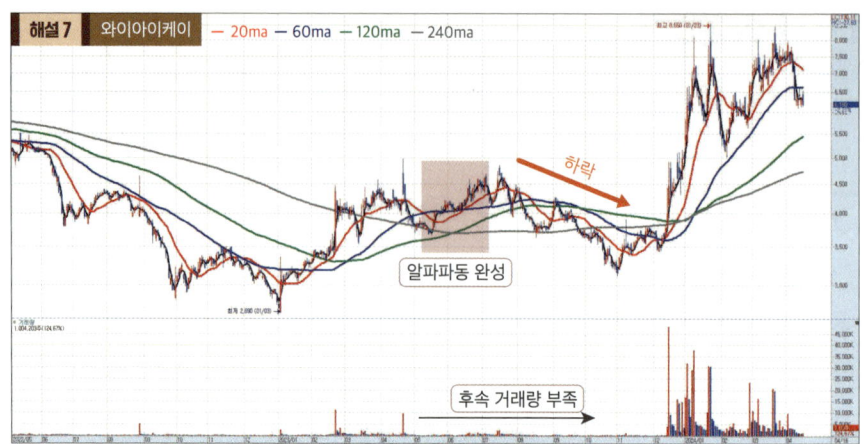

　와이아이케이 차트에서는 알파파동을 만든 이후 소폭 상승하다가 다시 하락하는 모습을 보여주고 있습니다. 알파파동이 완성된 이후에 거래량이 폭발했다면 해당 종목은 크게 상승할 수도 있었을 텐데 거래량의 부족으로 탄력을 얻지 못하고 소폭의 상승 후 내려가는 모습을 보이고 있습니다. 이후 다시 폭발적인 거래량 증가로 해당 종목이 올라가는데 역시 주가 상승의 절대적인 힘은 거래량이라는 것을 알 수 있습니다.

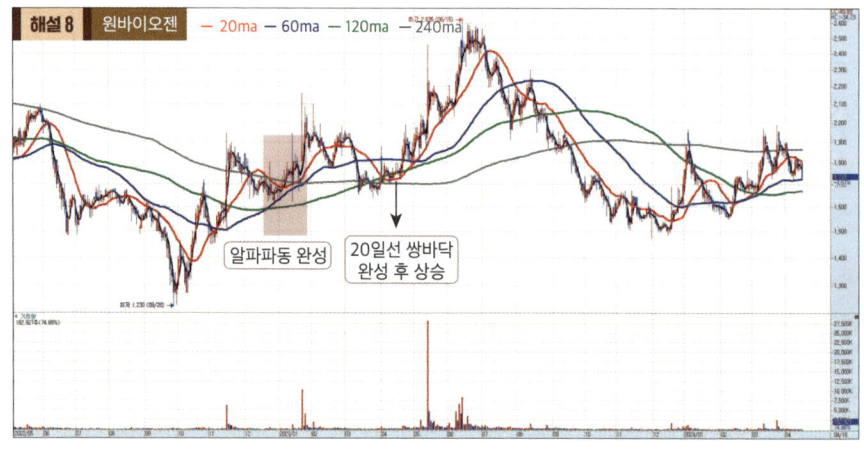

　원바이오텍 차트입니다. 알파파동 완성 이후 소폭의 상승을 했다가 다시 상승하는 시점이 바로 20일선 쌍바닥 지점입니다. 60일선 120일선 골든크로스 이후 20일선 쌍바닥도 적극적으로 매수를 고려해야하는 자리 중 하나입니

다. 매물 소화가 끝난 이후 20일선 쌍바닥은 하락의 관점보다는 상승의 관점
으로 바라봐야 한다는 것은, 이 책을 충분히 공부하셨다면 이해가 될 것이라
생각합니다.

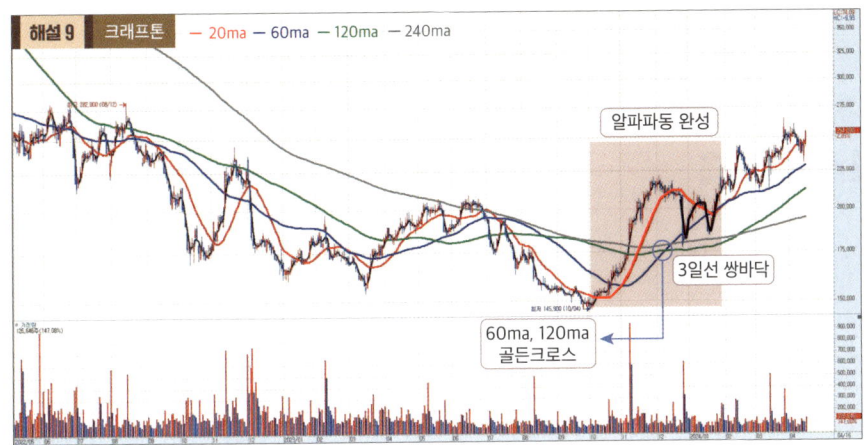

크래프톤 차트에서는 60일선 120일선 골든크로스가 발생하고, 3일선이어
서 쌍바닥이 완성되었으며 그 후에 20일선이 AB파동을 그리며 올라가고 있습
니다. 60일, 120일 골든크로스 + 3일선 쌍바닥 + 20일선 AB파동의 조합을 기
억하시길 바랍니다.

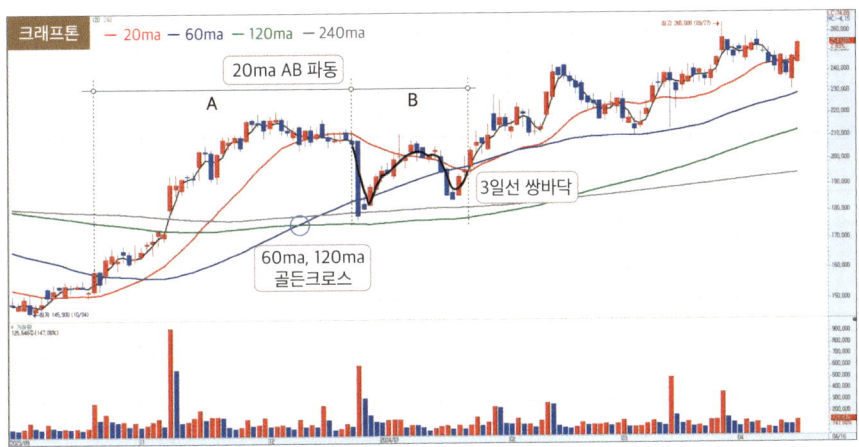

크래프톤 차트를 확대한 모습입니다. 60일선과 120일선이 골든크로스가
발생한 이후 20일선이 AB파동을 그리면서 이후 상승하는 모습을 보이고 있

습니다. 그리고 20일선이 AB파동을 완성하기 전에 3일선이 쌍바닥으로 저가 매수세가 있었음을 알려주고 있습니다.

알파파동에서 개인적으로 좋아하는 조합이 이런 조합입니다.

60일, 120일 골든크로스 + 20일선 AB파동 + 3일선 쌍바닥

여기에 거래량까지 실리면 해당 종목은 강하게 올라갈 수 있는 환경에 놓이게 되는 것입니다.

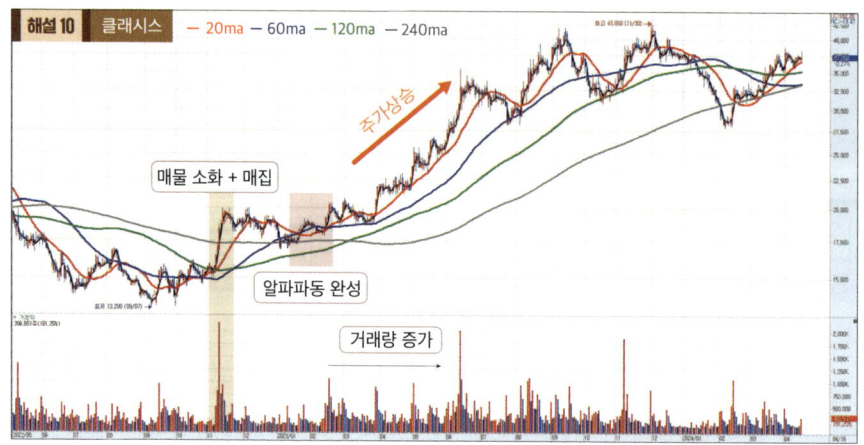

클래시스가 위에 말한 조합의 전형적인 모습입니다.

알파파동 완성 이후 늘어나는 거래량 증가로 해당 주가는 더 탄력적으로 올라갑니다. 알파파동이 완성되기 전에 터진 거래량은 매물 소화와 매집의 의미가 동시에 있다고 말씀드렸습니다. 파동이 완성된 이후 터진 거래량의 대부분은 위에 매물대가 없기 때문에 탄력적으로 해당 주가를 끌어올립니다.

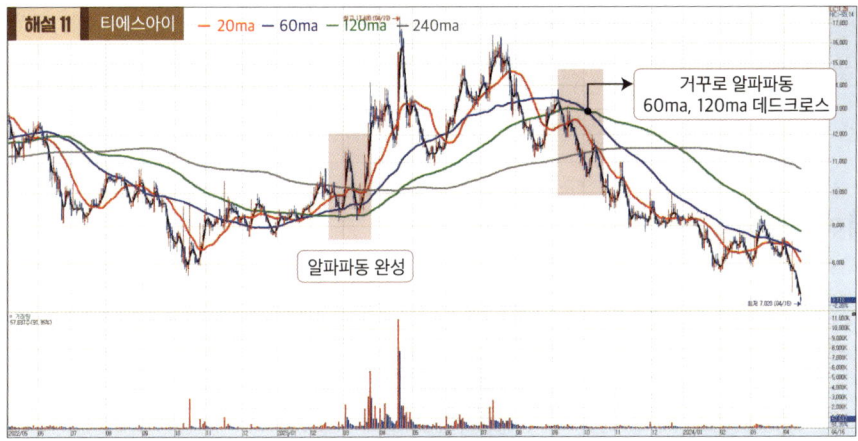

티에스아이 차트입니다. 첫 번째 사각형 자리는 알파파동의 전형적인 모습입니다.

두 번째 사각형의 모습은 알파파동을 거꾸로 진행하는 모습입니다. 60일선과 120일선이 데드크로스가 나고 그 아래로 20일선이 흘러내리고 있습니다. 알파파동이 시세 상승의 초입에 해당하는 모습이라면 알파파동을 거꾸로 뒤집어 놓은 듯한 모습은 대세 하락의 초입이니 정말 조심해야 합니다.

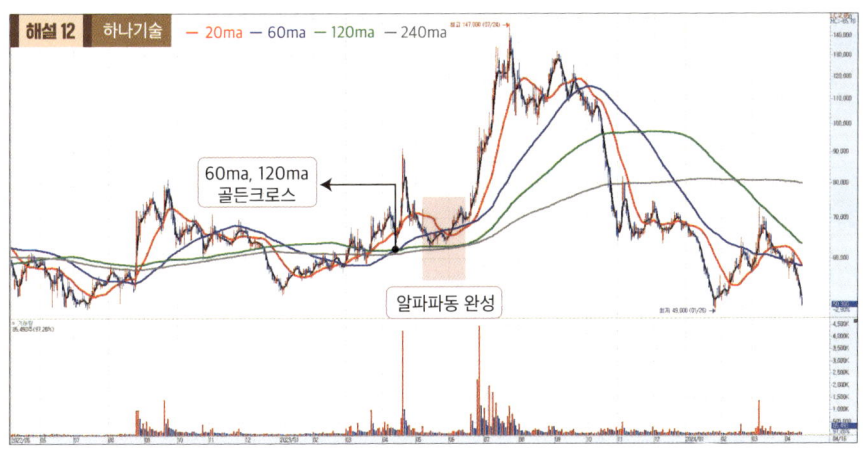

하나기술에서 알파파동은 완전히 역배열 상태에서 정배열로 전환되는 자리는 아닙니다. 하지만 60일선과 120일선의 골든크로스 이후 만나는 첫 번째 20일선 상승변곡점이 알파파동의 모습이라 정의했는데 이에 부합하는 모습입

니다. 알파파동이 역배열과 정배열에 각각 장단점을 가지고 온 파동이라서 주로 역배열에서 정배열로 전환되는 차트의 모습을 설명하였는데 위와 같은 모습도 알파파동이라고 숙지하시고 대응하시길 바랍니다.

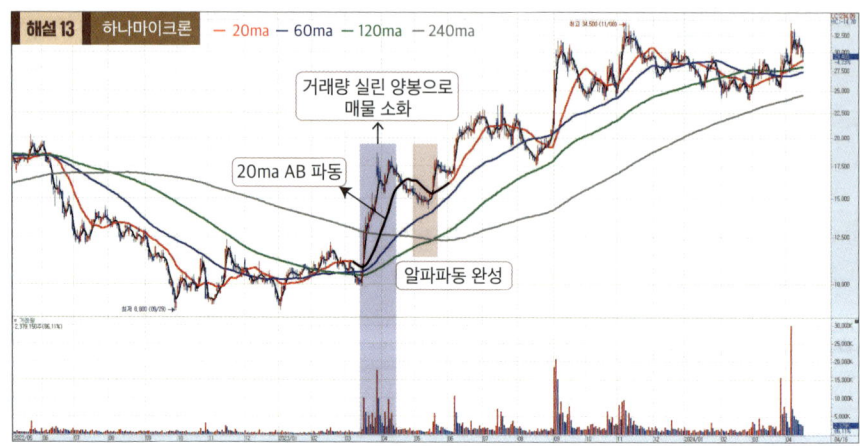

하나마이크론에서 설명하고 싶은 것은 전례없던 거래량으로 20일선과 60일선, 그리고 120일선을 한꺼번에 뚫는 모습입니다. 알파파동이 만들어지기 전에 터지는 거래량은 역배열로 진행이 된 종목의 매물 소화 역할을 합니다. 이후 만들어지는 알파파동은 매물 소화가 끝이 났기 때문에 상승하는데 많은 거래량이 필요하지 않습니다.

터지는 거래량으로 주가가 급등하면 20일선 알파-20.AB 파동 혹은 20일선 알파-20.ABS 파동을 만들면서 상승할 확률이 높습니다. 이때 20일선을 면밀히 추적하여 20일선 눌림목을 공략하기 바랍니다. 적은 기회비용으로 수익을 크게 주는 자리입니다.

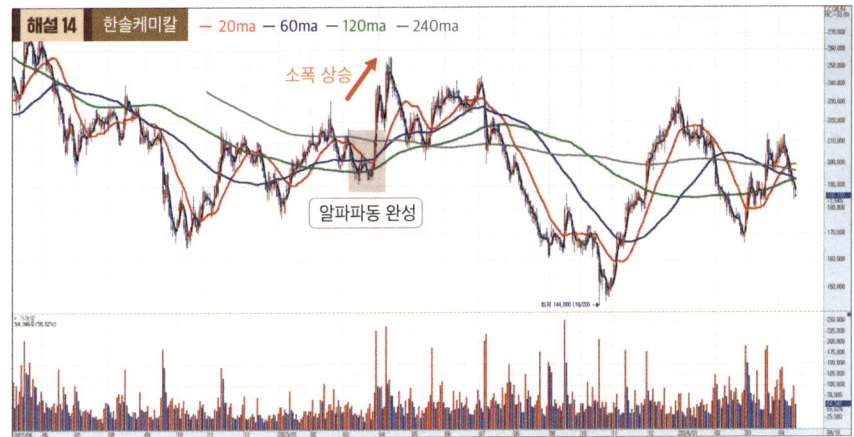

한솔케미칼은 알파파동을 만들었으나 소폭의 상승 후 하락하는 모습입니다. 파동을 만들고 크게 상승하지 못하는 경우에는 악재가 발생하는 경우가 많으니 항상 뉴스와 기사로 해당 종목을 모니터해야 합니다.

시세의 출발
진짜 매집봉

진짜 매집봉과 가짜 매집봉을 구분하는 방법

이 책에서 매수 타이밍으로 사용하고 있는 두 가지 기준은 3일선 안착과 거래량이 실린 양봉입니다. 거래량이 실린 양봉의 모습 중 하나가 매집봉입니다. 거래량이 없던 종목에 거래량이 갑자기 늘어난 것은 개인이 할 수 있는 영역이 아닙니다. 그리고 매집이란 단어속에는 은밀함이 포함되어 있으며, 아직 매도를 안 했다는 뜻도 포함되어 있습니다.

거래량이 실려 있으며 동시에 은밀함이 포함되어 있고, 매수를 했으나 아직 매도를 안 한 상태의 캔들이 바로 매집봉입니다. 그런데 거래량이 실린 양봉이 모두 매집봉이라면 주식은 매우 쉽습니다. 거래량이 실린 양봉을 기준으로 매수를 하면 모두 수익나기 때문입니다. 하지만 현실적으로 개인투자자들이 주식투자를 할 때 거래량 실린 양봉에 잘못 들어가면, 고점에 물려 고생하는 경우가 굉장히 많습니다. 거래량이 실렸다는 것은 인위적으로 가격을 조정한 것이며 인위적으로 가격을 조정한 목적이 매수의 목적이 아니라 매도의 목적이라면 그날 매수한 사람들은 추후에 계좌 손실을 경험하게 됩니다. 이렇기

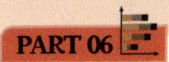

때문에 거래량이 실린 양봉 중 진짜 매집봉을 알아보는 눈이 필요합니다.

이슈나 재료없이 상승하는 종목은 없습니다. 이건 주식시장에서 절대 불변의 법칙입니다. 변동성을 일으킨 이슈 혹은 재료의 유효기간이 1주일이라면 상승의 기간도 1주일이며 만약 유효기간이 1년이라면 역시 1년 동안 꾸준하게 상승하게 됩니다. 변동성을 일으킨 재료의 유효기간이 끝났는지 알아볼 수 있다면 거래량이 실린 양봉이 시세의 출발을 알리는 매집봉인지 여부를 알 수 있습니다.

재료가 유효하다면 반드시 나타나는 차트의 모습

거래량이 실린 양봉이 매집봉인지 여부를 개인투자자의 관점이 아닌 세력의 관점으로 바라보면 의외로 쉽게 해답을 얻을 수 있습니다. 여기서 두 가지 관점이 필요한데 하나는 매집봉 속에 들어간 세력의 자금에 대한 관점이며 또 하나의 관점은 이슈 혹은 재료의 유효기간입니다.

거래량이 실린 양봉이 터진 후 그 종목에 세력의 돈이 녹아 있고 재료가 유효하다면 주가의 흐름은 매집봉이 터지기 전의 전저점 부근에서 지지를 받게 됩니다. 이런 모습이 진짜 매집봉의 모습입니다.

이것은 굉장히 중요하니 이해가 안 된다면 그냥 암기하시기 바랍니다.

다시 정리하면 매집봉이 터진 후 조정을 받을 때 매집봉이 터지기 전의 전저점을 지키는 모습을 보이면 진짜 매집봉입니다. 주식은 반드시 조정을 거치며 올라갑니다. 조정에는 가격조정과 기간조정이 있는데 가격조정은 주가가 하락하고 난 이후 상승하는 모습을 가격조정이라 하며 기간조정은 횡보를 하다가 상승하는 모습을 기간조정이라고 합니다.

거래량이 실린 양봉에 당일 만약에 세력이 들어왔고 이후 주가의 조정이 왔다면 세력은 아직 차익 실현을 하지 않은 상태입니다. 매수해 놓은 상태에서 맞이하는 조정은 세력의 입장에서 그 재료가 유효하다면, 그것을 조정의 기회로 생각하고 추가 매수를 진행하게 됩니다. 추가 매수를 하면서 자연스럽게 나타나는 현상이 매집봉이 터지기 전의 전저점 지지입니다.

전저점 지지는 두 가지 모습으로 나타나게 됩니다. 첫 번째는 3일선 안착이며 두 번째는 또 한 번의 매집봉 입니다. 개인투자자들이 매수하려고 노력해야 하는 자리가 바로 매집봉 이후에 3일선 안착이거나 혹은 매집봉 이후에 또 한 번의 매집봉 입니다. 주식을 조금 공부하시는 분들은 앞산 거래량, 뒷산 거래량에 대해서 들어본 적이 있을 것입니다. 앞산 거래량, 뒷산 거래량에 해당하는 것이 바로 첫 번째 매집봉과 두 번째 매집봉 입니다.

매집봉 이후 나타나는 3일선 안착 혹은 기간조정 후 나타나는 매집봉은 앞에 터진 거래량 실린 양봉이 진짜 매집봉임을 알려주는 증거입니다.

아래의 제가 준비한 10개의 문제가 있습니다. 차트를 보시고 매집봉이라 생각하는 모습에 표시하고 매수 타이밍에 매수라고 적어보시기를 바랍니다. 그리고 만약에 매수 타이밍이 보인다면 손절 라인은 어디로 정할 것인지 생각해 보시기 바랍니다. 이동평균선 혹은 파동에 대한 것들은 뒤로하고 오로지 매집봉과 그리고 그 매집봉이 진짜인지 아닌지에 대한 구별법 그리고 진짜 매집봉 일 때 본인이라면 어디서 매수할지를 체크해 보시기 바랍니다.

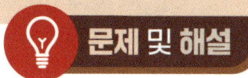 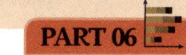

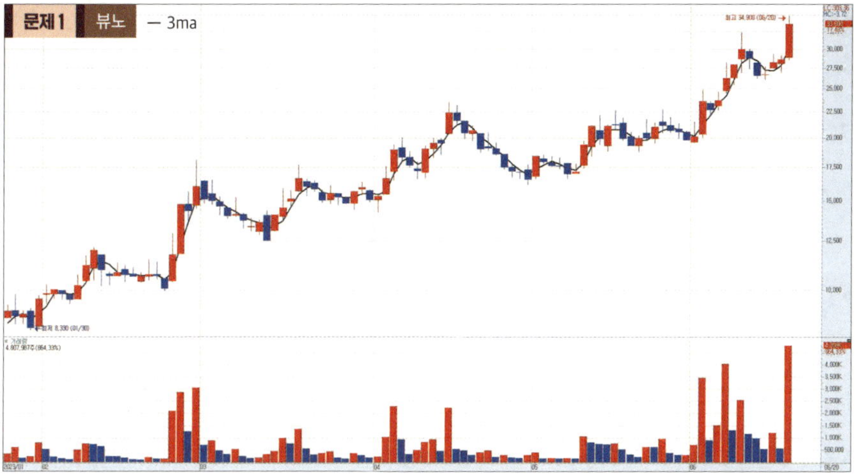

문제 1 뷰노 — 3ma

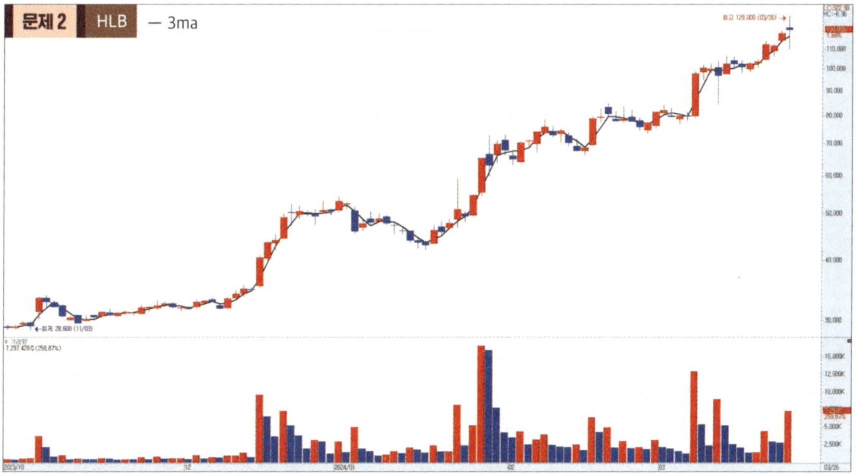

문제 2 HLB — 3ma

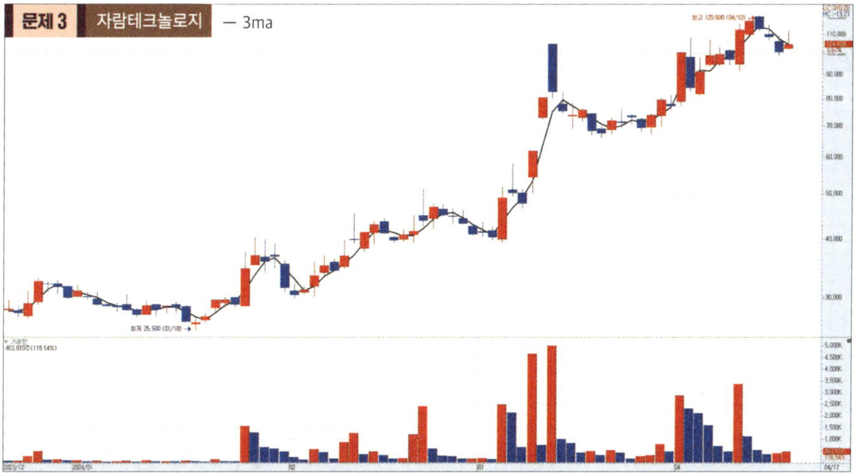

문제 3 자람테크놀로지 — 3ma

02. 시세의 출발 진짜 매집봉 277

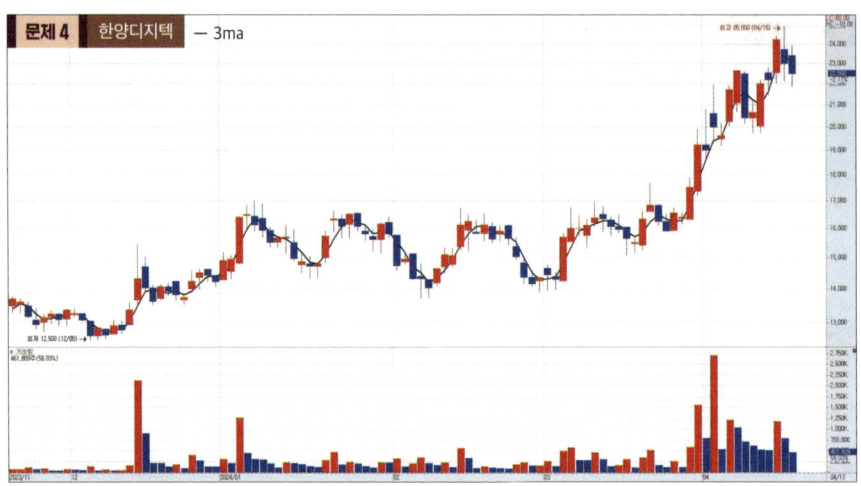

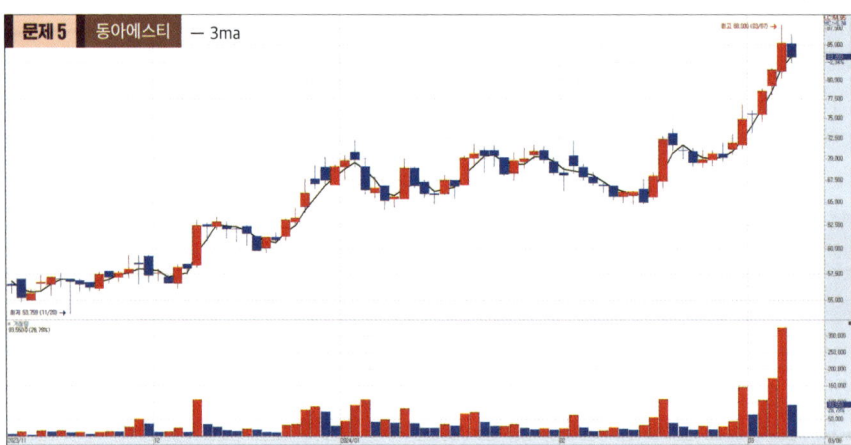

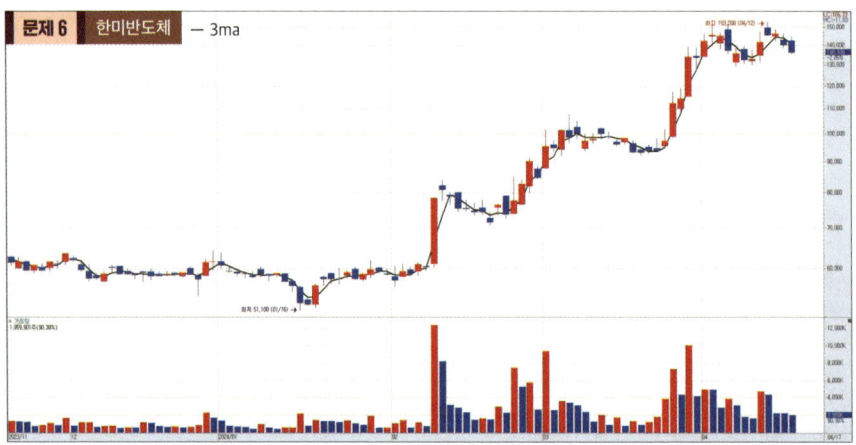

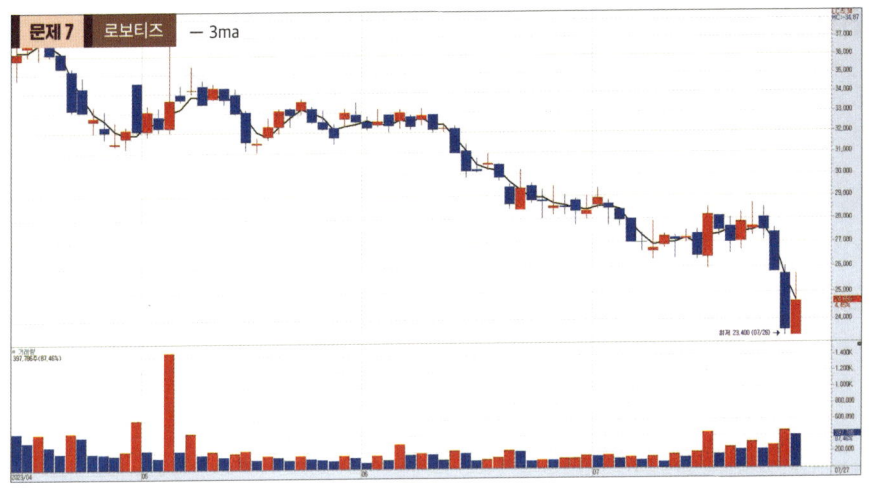

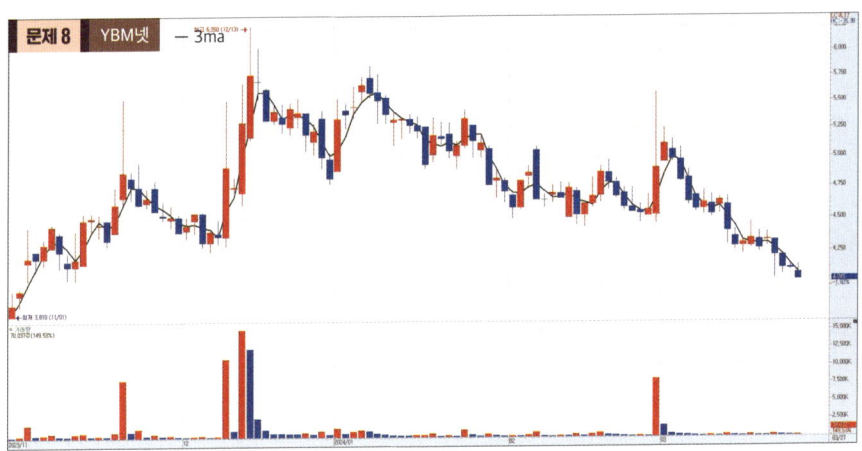

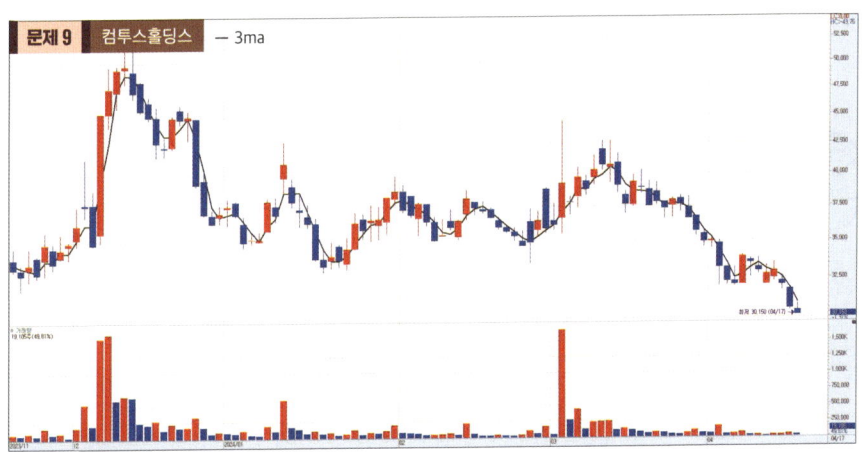

02. 시세의 출발 진짜 매집봉

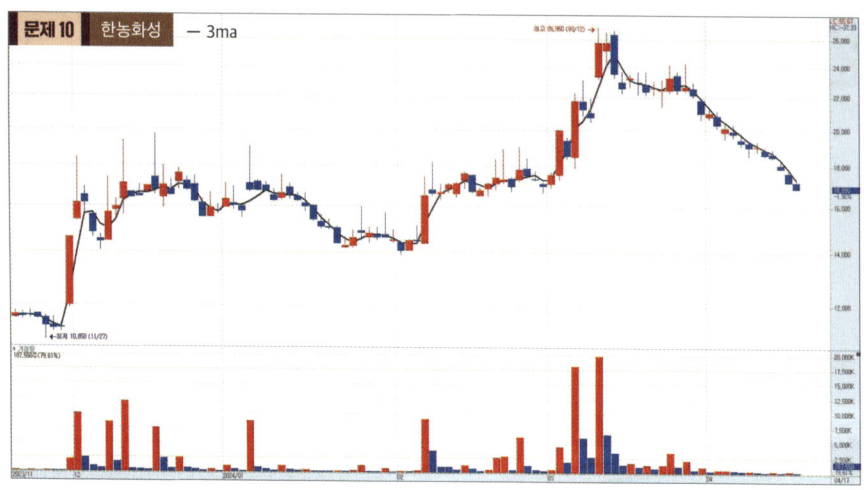

종목명 뷰노의 대한 해설입니다.

여러 개의 매집봉으로 추정되는 거래량과 캔들이 출현한 이후에 주가가 가격조정을 받습니다. 가격조정 후 3일선에 안착하는 모습을 보이는데 그때가 매수 타이밍(매수-1)입니다. 대부분 개인투자자들이 연속해서 터지는 거래량과 그에 따른 가격 변동 폭이 큰 캔들을 보고 매수를 했다가 단기 고점에 물리게 되고 가격조정에 따른 급락을 참지 못해 매도하게 됩니다. 그 매도를 결정한 자리가 대부분 최저점(손절선2)입니다.

저는 오프라인이나 온라인으로 강의를 할 때 아는 자리가 나올 때까지 기다리라고 강조를 하는데 첫 번째 매수 자리(매수-1)가 제가 아는 자리입니다. 이때 손절은 손절선-2가 됩니다.

진짜 매집봉은 매집봉이 터지기 전의 전저점을 지켜야 한다고 설명했습니다.

이후 두 번째 매수 자리(매수-2)가 나오게 되는데 그때는 기간조정을 거치며 나오게 됩니다. 손절 라인은 3일선 안착하기 전에 캔들의 최저점(손절선-3)으로 잡으면 됩니다.

매집봉을 기준으로 매수 타이밍을 설명하면 두 번의 매수 타이밍이 추가로 나오는데 매수-3과 매수-5가 그러한 자리입니다. 특히 매수-5는 전고점을 돌파하는 모습을 보이고 있으며 거래량이 폭발하는 모습까지 보여 전고점 매물 소화를 함과 동시에 신규 매수세가 있음을 알려주고 있습니다. 통상 전고점을 돌파할 때 거래량이 적은 것보다는 거래량이 많은 것이 더욱 신뢰도가 높다고 말할 수 있습니다.

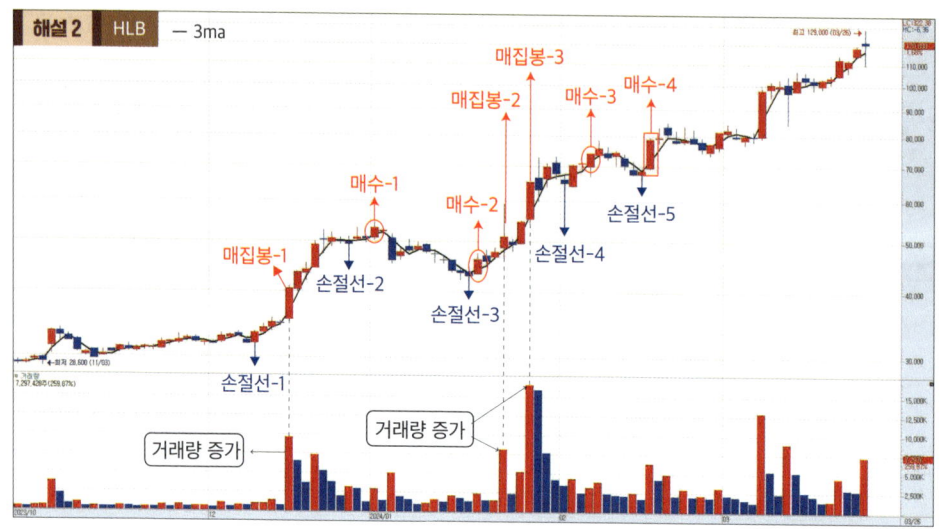

종목명 HLB에 대한 해설입니다.

1번 매집봉이 출현한 이후 첫 번째 3일선 안착으로 보이는 시점이 매수 타이밍(매수-1) 입니다. 매수를 했으면 반드시 손절 라인을 정해야 하는데, 이때 두 개의 손절 라인이 나오게 됩니다.

첫 번째는 매집봉이 나오기 전의 전저점(손절선-1)이 손절 라인이 되며 두 번째는 3일선 안착 매뉴얼에서 나오는 3일선 변곡점 전의 최저점(손절선-2)입니다.

깊은 손절 라인(손절선-1)을 잡게 되면 우리가 흔히 겪는 실수 혹은 허무한 경험을 줄일 수 있습니다. 예를 들어 손절 라인을 짧게 잡았을 때 손절을 당하고 보니 며칠 후에 올라가는 경험을 종종 겪게 되는데 손절 라인이 깊으면 이런 가슴 아픈 경험을 줄일 수 있습니다. 하지만 주가가 계속 하락을 하면 크게 잡았던 손절 라인만큼 손실의 크기도 커집니다.

반면에 짧은 3일선 안착의 매뉴얼에서 쓰이는 손절 라인(손절선-2)을 기준으로 쓰게 되면 주가가 하락할 때 손실의 폭을 줄일 수가 있습니다. 하지만 손절 라인을 터치하고 바로 반등하게 되면 앞서 말한 허무하고 가슴 아픈 경험에 대한 리스크는 가지고 있습니다. 정답은 없습니다. 어디로 손절 라인을 잡을 것인가는 개인의 선택입니다. 각자 감당할 수 있는 리스크의 크기를 정하고 손절 라인을 잡으면 됩니다.

이후 주가는 또다시 3일선에 안착하게 되는데 이때 또한 매수 타이밍(매수-2)이며 역시 첫 번째 매수 타이밍(매수-1)과 똑같은 대응 매뉴얼을 쓸 수 있습니다. 첫 번째는 앞서 터진 매집봉이 나오기 전의 전저점을 손절 라인(손절선-1)으로 정하던가 아니면 3일선 변곡점이 생기기 전에 만들어진 캔들의 최저점을 손절 라인(손절선-3)으로 정하면 됩니다.

첫 번째 매수 타이밍에서는 손절 라인(손절선-2) 밑으로 내려왔지만, 두 번째 매수 타이밍에서는 손절 라인(손절선-3)을 건드리지 않고 상승합니다.

이 책에서 제일 강조하는 부분이 보이느냐 안 보이느냐 관점인데 첫 번째 매수 자리에서 실패한 후 두 번째 매수 자리에서 매수를 안 했다면 이후 꾸준히 올라가는 수익에 대한 기쁨을 맛볼 수 없을 것입니다.

세 번째 매수 타이밍과 네 번째 매수 타이밍에 대한 대응 매뉴얼도 앞에서 설명한 방식과 같습니다.

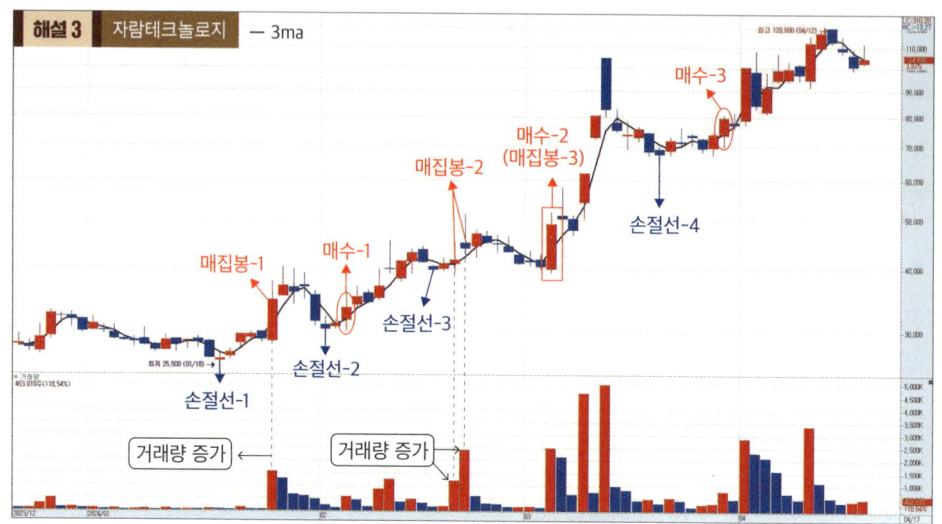

　　종목명 자람테크놀로지에 대한 해설입니다. 앞서 설명한 뷰노와 HLB처럼 저점을 올리면서 상승하는 모습입니다. 뷰노와 HLB 그리고 자람테크놀로지 공통점은 저점을 올림과 동시에 저점 부근에 거래량의 증가가 나타났다는 것입니다.

　　자람테크놀로지의 상승은 진짜 매집봉의 출현을 알리면서 상승하였습니다.

　　매집봉-1이 출현한 후 3일선 안착(매수-1)이 나왔고 매집봉-2가 출현한 후에는 매집봉-3이 출현하면서 각각 앞의 매집봉-1과 매집봉-2가 진짜 매집봉임을 알려주었습니다. 특히 매집봉-2와 매집봉-3의 모습은 앞산 거래량과 뒷산 거래량의 전형적인 모습을 하고 있습니다.

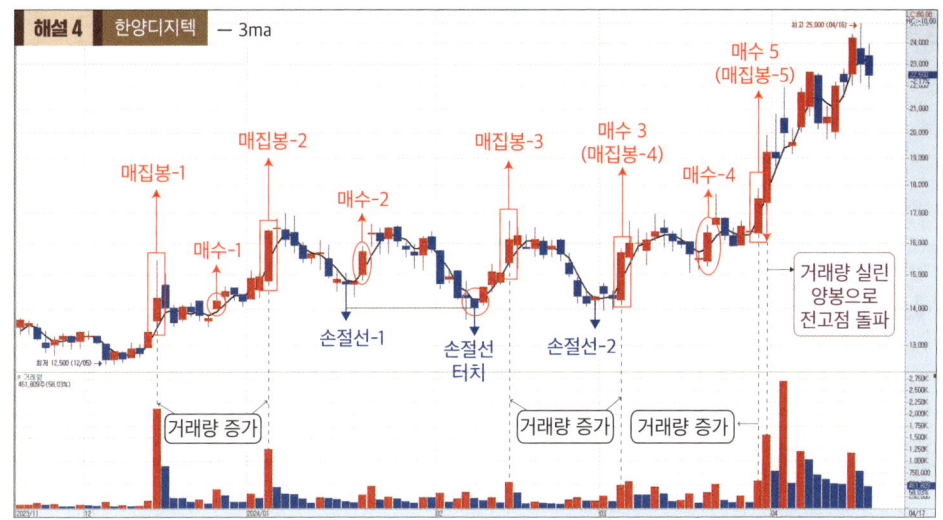

종목명 한양디지텍에 대한 해설입니다.

매집봉-1이 출현한 이후 뒤에 이어지는 3일선 안착(매수-1) 그리고 이어지는 2번 매집봉-2의 출현으로 매집봉-1이 진짜 매집봉임을 알 수가 있습니다. 만약 매수-2 에서 매수한 투자자는 손절 라인을 손절선-1로 정했다면 이후 조정에서 손절선을 터치해서 매도 처리가 되었을 것입니다.

이런 경우가 가장 난감합니다. 이후 매집봉-3이 나왔지만, 매수하기가 두렵습니다. 손절의 경험이 있기 때문에 선뜻 손이 가지 않는 것입니다. 확률적으로만 접근하면 손이 가지 않는 것이 당연합니다.

이후 매집봉-4(매수-3)가 출현했습니다. 이 책에서 말하는 '진짜 매집봉은 뒤에 한 번 더 매집봉이 출현한다'라는 명제를 매뉴얼로 사용한다면 매집봉-4 에서는 매수를 해야 합니다.(앞산 거래량, 뒷산 거래량)

이후 박스권을 돌파하는 거래량 실린 양봉이 나오게 되는데 이때 비로소 앞서 터진 매집봉들이 똑같은 세력이 만든 작품이란 것을 알 수 있습니다. 그리고 또 하나 반드시 머릿속에 이해하고 대응해야 할 것은, 횡보구간에 출현하는 매집봉들은 한데 묶어서 앞산 거래량이라 이해하면 되고 박스권을 돌파하는 거래량을 뒷산 거래량이라고 이해하면 됩니다.

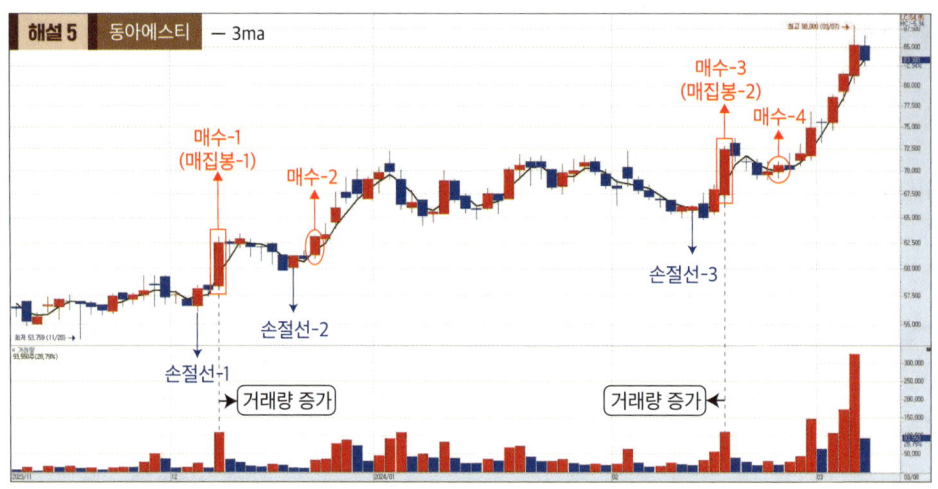

종목명 동아에스티에 대한 해설입니다. 전형적인 진짜 매집봉 가짜 매집봉에 대한 예시를 보여주는 종목입니다. 첫 번째 매집봉이 출현한 이후에 조정을 거친 후, 3일선에 안착(매수2)하는 모습을 보입니다. 이는 앞서 터진 매집봉이 진짜 매집봉임을 우리에게 알려주는 강력한 시그널입니다. 이후 주가는 손절선-2를 훼손하지 않고 두 달가량 상승합니다.

이후 매집봉이 한 번 더 출현하는데, 이때는 거래량이 꽤 증가하며 박스권 돌파를 시도하는 모습을 보이고 있습니다. 박스권 돌파를 예상했다면 매수하는 것이 맞고 손절선은 3일선 변곡점 전후에 최저점(손절선-3)으로 잡으면 됩니다.

이후 주가는 조정이 오는데 5거래일 만에 3일선 안착을 하며 두 번째 매집봉이 진짜 매집봉임을 알려줍니다. 이후 거래량이 폭발하는 모습을 보이는데 이는 매수 타이밍이기도 하며 앞산 거래량과 뒷산 거래량을 완성해 주는 매집봉이기도 합니다.

여기서 제가 차트를 분석하고 매수 관점에 대한 논리 전개를 하면서 보조지표를 사용하지 않고 있습니다. 여기서 보조지표를 사용하면 도움이 될 때도 있지만 헷갈릴 때도 있고 개인적인 경험이지만 도움이 안 될 때가 더 많았습니다.

차트를 바라볼 때 가져야 할 첫 번째 기준은 거래량이며 거래량이 세력이 만든 것인지 개인이 만든 것인지 파악을 하는 것이 기회비용을 줄이고 재산의 손실을 막는 가장 빠른 지름길이라 생각합니다. 만약에 지금 보조지표를 수년째 공부하고 계신 독자가 계신다면 공부를 멈추고 다시 차트의 기본인 캔들과 거래량에 집중하시기를 바랍니다. 그리고 세력이 만든 캔들인지 개인이 만든 캔들인지를 구별하는 관점으로 보시길 바랍니다.

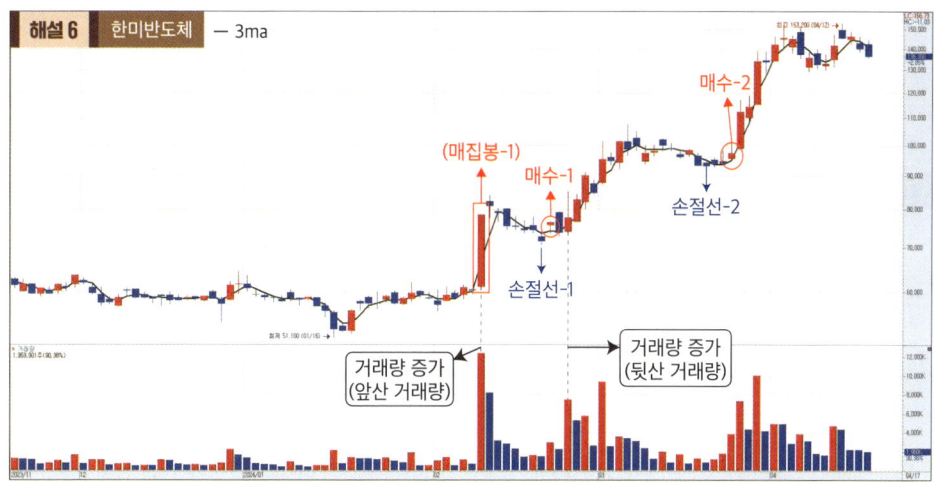

종목명 한미반도체에 대한 해설입니다.

전형적인 앞산 거래량과 뒷산 거래량에 해당하는 종목입니다. 개인적으로는 앞산 거래량이 터진 이후 매수를 하는 것에 대해서는 부정적인 견해입니다.

이유는 거래량이 터진 캔들이 매집봉인데 이때 진짜 매집봉인지 가짜 매집봉인지 알 수 없기 때문입니다. 진짜 매집봉이라면 조정을 거친 이후 3일선 안착을 해야 한다고 수차례 강조했습니다. 이후 한미반도체는 거래량이 폭발하면서 상승을 하게 되는데 이 모습이 앞에서 수차례 강조한 앞산 거래량과 뒷산 거래량의 전형적인 모습입니다.

뒷산 거래량이 터졌을 때 매수를 하면 이미 주가가 많이 오른 상태이기 때문에 되도록 뒷산 거래량이 터지기 전의 전저점을 손절 라인으로 정하는 것이 좋습니다. 이유는 앞산 거래량과 뒷산 거래량이 무조건적인 상승을 보장하지 않기 때문입니다.

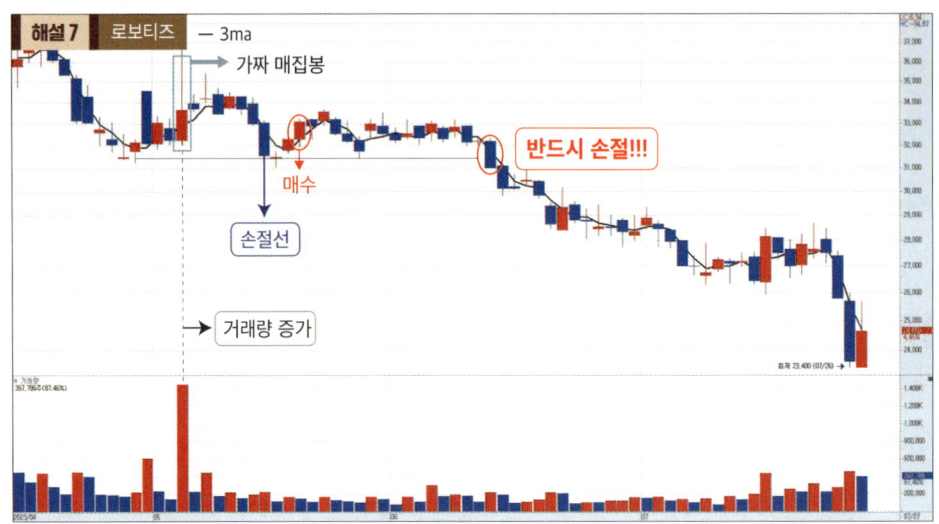

종목명 로보티즈에 대한 해설입니다.

로보티즈는 가짜 매집봉의 전형적인 모습을 보여주는 차트입니다. 첫 번째 매집봉으로 추정되는 거래량이 실린 양봉이 나옵니다. 거듭 강조하지만, 거래량이 실린 양봉이 반드시 매집봉은 아닙니다. 전저점을 지켜주고 3일선에 안착을 해야 거래량이 실린 양봉이 비로소 세력이 만든 매집봉이 되는 것입니다. 그런데 첫 번째 매집봉으로 추정되는 캔들은 긴 위 꼬리까지 있어 장중에 누가 매도하고 나간 흔적까지 있기 때문에 더욱 조심해야 합니다.

긴 위 꼬리가 있지만 일단 3일선에 안착한다면 매수 관점에서 바라봅니다. 그런데 3일선에 안착한 날의 거래량을 보면 거래량이 없음을 알 수가 있습니다. 앞산 거래량, 뒷산 거래량 관점으로 봤을 때 뒷산 거래량이 나타나지 않았습니다. 3일선 안착으로도 매수 매뉴얼을 쓸 수 있지만 긴 위 꼬리 때문에 잠깐 보류합니다.

이후 주가의 흐름은 두세 번 더 3일선 안착을 했지만, 거래량의 커다란 증가가 눈에 띄지 않습니다. 앞서 문제 [1]부터 문제 [6]번까지의 차트를 보면 거래량이 증가하는 모습을 보였는데 로보티즈는 거래량 증가의 모습이 보이지 않는 채 횡보하는 모습을 보입니다.

　주가상승의 에너지는 거래량입니다. 거래량이 실린 긴 위 꼬리 캔들이 나온 이후 주가가 상승하려면 추가적인 거래량이 나와 긴 위 꼬리가 매도가 아닌 변동성을 이용해 매집했다는 것을 보여줘야 하는데 실종된 거래량은 긴 위 꼬리를 가진 거래량이 실린 양봉이 매집이 아니라 매도 쪽에 가깝다는 것을 알려주고 있습니다.

　재료 없이 상승하는 종목은 없습니다. 그리고 재료가 유효하다면 유효한 기간만큼 주가는 저점을 올리면서 상승하며 저점을 올리는 과정에서 거래량의 증가도 동반한다고 설명하였습니다.

　이후 매집봉이 나타나기 전에 전저점과 3일선 변곡점의 최저점 가격대를 잇는 지지라인을 붕괴하는 캔들이 나오게 되면 이때는 반드시 손절해야 합니다. 이유는 매집봉으로 추정되었던 거래량이 실린 양봉이 진짜 매집봉이 아니라 가짜 매집봉이 되는 순간이기 때문입니다. 그리고 긴 위 꼬리를 가진 거래량이 실린 양봉은 매집이 아니라 누군가 매도하고 빠져나간 흔적이라는 것을 우리에게 강력하게 알려주는 자리이기도 합니다.

　보이느냐 안 보이느냐 관점에서 차트를 바라봤을 때 긴 위 꼬리를 가진 거래량이 실린 양봉은 후속 거래량이 생기기 전까지는 매집이 안 보이는 차트이기 때문에 조심해야 합니다. 그리고 손절선을 붕괴하는 모습이 나올 때 절대로 매수하면 안 됩니다. 세력이 팔고 나온 자리에는 개인들의 물량만 쌓여 있으며 추가적인 재료가 없다면 끝없이 하락할 수 있기 때문입니다.

　　종목명 YBM넷에 대한 해설입니다.

　　거래량이 실린 긴 위 꼬리 캔들이 나옵니다. 이때는 매집인지 매도인지 알 수 없다고 설명하였습니다. 특히 거래량이 실린 긴 위 꼬리 캔들은 더 조심해야 합니다.

　　첫 번째 매집봉이 출현한 후 또 한 번 거래량이 실린 양봉이 나오면서 앞산 거래량과 뒷산 거래량이 완성됩니다. 그런데 이후 주가 상승은 나왔지만, 상승의 폭은 크지 않았습니다. 급등을 기대했던 투자자들이 실망하게 되면서 더 이상 매수하지 않고 그 결과 거래량이 급감하게 됩니다.

　　앞서 우리가 매수/매도 매뉴얼에 관해서 공부를 했는데 긴 위 꼬리를 만들면서 상승하는 주가는 장중에 누가 팔고 매도를 했다는 증거이기 때문에 이후 거래량이 급감하면서 3일선을 이탈하는 자리에서는 매도하여야 하는 것이 원칙입니다.

　　이후 YBM넷은 거래량이 실종되면서 저점을 낮추며 하락하는 모습을 보입니다. 이후 한 번 더 거래량이 실린 긴 위 꼬리 양봉이 나왔지만, 손절선을 붕괴하는 캔들이 나오면서 가짜 매집봉임을 알려줍니다.

　　거래량이 급감하면서 3일선을 이탈하는 자리에서 왜 매도해야 하는지 추가적으로 설명을 하면, 거래량이 없다는 것은 '세력이 없다'는 것입니다. 특히

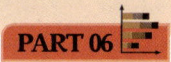

전일 혹은 2-3일 전까지는 거래량이 많았는데 지금 내가 거래하고 있는 시점에 거래량이 급감했다는 것은 일단 '세력이 없다'라고 보는 것이 맞습니다.

거래량 증가(변동성 공급)는 오로지 세력만이 할 수 있으며 거래량 증가 속에는 세력이 그들의 목적에 따라 무엇인가를 하고 있음을 나타냅니다. 그것이 매집 아니면 매도 둘 중 하나라고 봤을 때 며칠 전까지는 거래량이 많았고 오늘 거래량이 없다면 일단 오늘은 세력이 없다고 보는 것이 맞으며 며칠 전에 세력이 털고 나갔을 확률에 대해서도 염두에 두어야 합니다. 그리고 동시에 나타난 3일선 이탈은 오늘부터 3일 전까지 매도한 사람들이 만든 결과물이기 때문에 매수세보다는 매도세가 힘이 세다는 것을 인지하고 관망해야 합니다.

종목명 컴투스홀딩스에 대한 해설입니다.

개인투자자들이 흔히 속는 것이 쐐기형 추세에서 거래량이 실린 양봉에 매수하려고 하는 것입니다. 만약에 차트에 표시한 거래량이 실린 긴 위 꼬리 캔들 당일에 해당 종목을 발견했다면 매수하는 것이 맞습니다. 단 손절선은 3일선 변곡점 부근에 캔들의 최저점으로 잡는 것이 맞습니다.

하지만 그날이 아닌 다음 날 혹은 며칠 후에 해당 종목을 발견한 투자자라면 반드시 3일선에 안착하는 모습을 확인해야 합니다. 여러 번 강조했지만 거래량이 실린 긴 위 꼬리 캔들은 매집과 동시에 매도의 가능성도 있기에 이후의 주가 흐름을 면밀히 관찰하여야 합니다. 이후 컴투스홀딩스는 손절선을 붕괴하는 음봉이 나왔기 때문에 앞에서 만든 거래량이 실린 긴 위 꼬리 캔들이 가짜 매집봉이라는 것을 알려주고 있습니다.

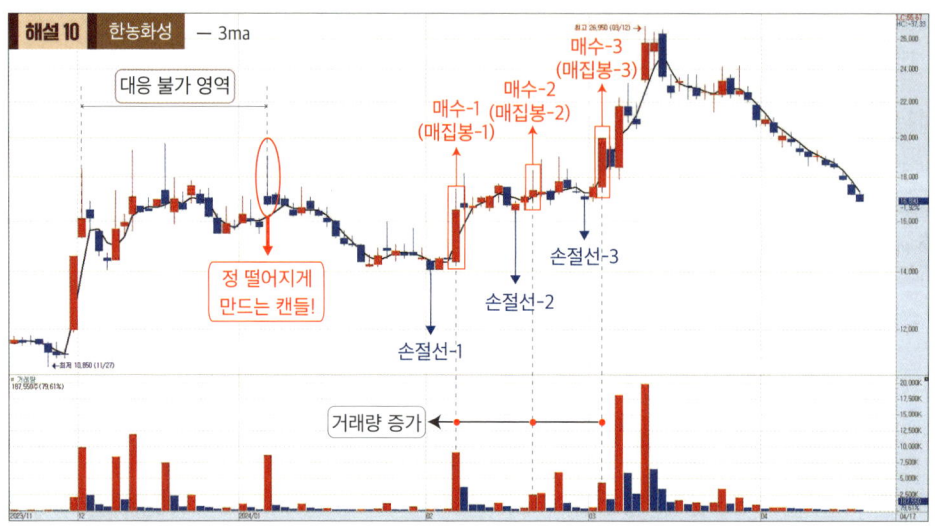

종목명 한농화성에 대한 해설입니다.

초보투자자들이 고점 매수하고 저점 매도를 할 수밖에 없는 차트입니다. 캔들은 오후 2시 30분에 만들어지기 시작합니다. 대응 불가 영역이라고 표시한 기간에 긴 위 꼬리 캔들이 말해주는 것은, 장 막바지에 매수를 하지 않고 장 초반이나 장 중반에 매수를 했다면 대부분이 물려 있다는 뜻입니다. 특히 대응 불가 영역에서 마지막 4번째 캔들(긴 위 꼬리 음봉)에서 매수를 한 투자자들은 해당 종목에 대해 정이 떨어질 대로 떨어진 상태일 것입니다.

이러한 주가의 흐름 속에서는 누구라도 고점에 매수하고 저점에 매도할 수밖에 없을 것입니다. 장 중에 해당 종목이 매집봉인지 아닌지 판단하는 방법은 개미대학 책 1권 (세력의 매집 원가 구하기) 거래량 편에 자세히 나와 있습니

다. P.153~P.164까지를 부록으로 설명하였으니 꼭 읽어 보시기 바랍니다.

개인투자자들을 그렇게 괴롭히면 한농화성도 주가를 끌어 올릴 때는 우리가 공부했던 매뉴얼대로 움직이는 것을 볼 수 있습니다. '대응 불가' 영역이라고 표시한 곳을 보면 대응 매뉴얼이 보이기도 합니다. '대응 가능'이라고 했던 곳에서도 대응 매뉴얼이 보입니다.

지나고 나서 차트를 설명하면 누구나 설명할 수 있다고 말합니다. 맞습니다. 지나고 나면 보입니다. 지나고 나서 보면 다 보이는데 우리가 매수 못 하는 것은 확률적인 접근으로 차트를 바라봤기 때문입니다. 대응 불가 영역이라고 표시한 곳에서 매뉴얼대로 접근해서 매수했다면 실패했을 것이고 대응 가능 영역이라고 한 자리에서 매수했다면 성공했을 것입니다.

어느 자리가 성공할 자리인지 어느 자리가 실패할 자리인지는 아무도 모릅니다. 확률적인 시각으로 차트를 분석하면 실패했던 경험 때문에 크게 갈 자리에서 오히려 매수를 하지 못합니다. 매뉴얼적인 관점에서 차트를 바라보면 대응 불가 영역에서 손실을 봤지만 대응 가능 영역에서는 수익을 냅니다.

주식공부를 하면서 수만 번 경험하는 것이 '아 저 때 내가 매수를 했어야 했는데'라는 후회입니다. 지나고 나서 보면 매수해야 하는 자리가 잘 보이지만 당시로 돌아가면 선뜻 매수를 못하는 것은 생각대로 움직이지 않는 주가의 흐름 그리고 계좌의 손실 때문입니다.

생각대로 움직이지 않는 것에 대한 가장 큰 트라우마는 다음에도 똑같은 자리에 매수하지 못하게 방해합니다. 트라우마가 생기는 여러 가지 요인이 있겠지만 가장 큰 것은 자기 자신에 대한 믿음이 부족하고 확률적인 접근 때문입니다. 자기 자신에 대한 믿음은 오랜 기간 동안 쌓은 경험이 채워줍니다. 그러나 아무리 오랜 시간이 흘러도 차트를 확률적으로만 접근한다면 몇 번의 실패로 인하여 자기 자신에 대한 믿음은 사라지고 어느새 주식투자는 도박으로 변합니다.

마지막 문제로 한농화성을 넣은 것은 차트를 바라볼 때 확률적인 관점보다 매뉴얼적인 관점이 중요하다는 것을 한 번 더 강조하고 싶었기 때문입니다. 보이느냐 안 보이느냐의 관점을 잊지 마시기 바랍니다.

끝까지 완독하느라 수고하셨습니다. 이 책이 여러분들의 주식 투자에 도움이 되길 바라며 건승을 기원합니다.

 세력의 매집금액 구하기(매집비) **큐알코드 바로가기**

세력의 민낯 - 매집봉

매집봉

저는 이 개념을 정립하고 실전에 적용하기까지 많은 시간을 낭비했습니다. 누구에게 배우지 못하고 독학을 해야 했기 때문에(돈 주고 주식을 배울만한 형편이 되지 않아서) 개념을 잡고 검증을 하고 또 실전에 적용하기까지 많은 시행착오가 있었습니다.

거래량의 핵심인 매집봉을 알기 전에 보조지표들이 주식의 마법지팡이인 줄 알고 많은 시간을 할애했습니다. 책 몇 권 사서 보조지표를 열심히 공부해 봤던 투자자라면 제 말을 이해할 것입니다. 여러분과 마찬가지로 저도 실패를 경험했습니다.

보조지표로 망한 이후 제가 공부를 하지 못한 것이 거래량임을 알게 되었습니다. 이후 차트분석을 세력이 만드는 것과 개인이 만드는 것으로 구분지어 분석하는 개념을 정립하게 되었습니다. 그리고 세력만이 만들 수 있는 그들의 입출금내역(거래량)에 관해 공부를 한 이후에는 차트 보는 눈이 매우 객관적이고 합리적으로 변했습니다.

차트를 만드는 것은 결국 세력이다

주식도 사람이 하는 일이라 반드시 흔적을 남기게 됩니다. 세력도 차트에서 속이지 못하고 분명하게 티가 나는 모습 중 하나가 바로 매집봉입니다.

세력은 두 가지 경우에 자기들의 민낯을 보입니다. 본격적인 주가 상승을 시키기 전에 뜀틀 앞에 놓인 발판처럼 탄력적인 상승을 위해 미리 상승초입 구간을 만들어 놓습니다. 이런 발판 역할을 하는 구간에 세력의 민낯이 살짝 보입니다. 그리고 또 하나는 큰 폭의 상승 이후 차익 실현 할 때가 오면 개인투자자에게 물량을 팔아넘길 곳에서 세력의 민낯이 아주 크고 확실하게 보입니다. 개인투자자가 주식을 공부하면서 아마 제일 궁금해 하는 것들이 바로 매집 거래량과 터는 거래량입니다.

그러나 매집의 형태는 여러 개가 있습니다. 만약 매집의 형태가 한 가지 패턴만 있다고 하면 이것만 달달 외우고 대응하면 참 편하고 좋겠지만 쉽지 않고 편하지 않은 것이 주식이 가지고 있는 특성 중 하나입니다. 대형주, 중형주, 소형주, 실적주, 성장주, 자산가치주 테마주 등등 종목이 여러 개로 분류되듯 그에 따라 종목을 지배하는 세력의 모습과 그들의 매집 방법에는 여러 가지 경우의 수가 있습니다. 그 중에서 세력이 들어온 것으로 가장 유력하게 추정되고 합리적으로 의심되는 구간이 있는데 이 책을 통해 그 구간에 대한 내용을 공유하려고 합니다.

주식을 하면서 반드시 나타나는 게 매집인데 이는 세력이 하는 일입니다. 세력은 '나 이제 돈 법니다.' 라고 동네방네 홍보하고 매집하지는 않습니다. 즉 매집이란 단어는 주식투자에서 비밀스럽고 은밀함을 내포하고 있습니다. 세력은 관심을 싫어합니다.

앞에서 말했듯 종목에 관심이 증가되면 돈의 유입이 많아지고 돈의 유입이 많아지면 가격 변동폭은 커집니다. 그에 따라 거래량은 증가되며 장대양봉이 나옵니다. 그런데 거래량이 증가하면 그 증가폭에 비례하는 가격 변동폭이 큰 장대양봉이 나와야 하는 게 정상인데, 상승률이 크지 않고 다소 몸통이 작은 양봉이 나오면 이는 무엇을 의미할까요?

가격 변동폭의 증가는 관심의 양에 비례합니다. 그리고 커다란 가격 변동폭은 여러 투자 부류에게 수익을 낼 수 있는 기회를 줍니다. 당일 2% 정도의 변동폭을 보이는 종목보다 20%를 넘나드는 종목에 시선이 많아지는 것이 당연한 일입니다. 변동폭이 평소보다 커진 날에는 평소 거래하는 투자자들의 종류도 장기 투자자뿐만 아니라 데이트레이더 그리고 스켈퍼(초단위 단타매매자)까지 다양하게 증가합니다. 그리고 이런 다양한 시선들이 거래량 증가로 이어지고 이는 다시 가격의 변동폭을 확대 시킵니다.

세력은 관심을 받는 것을 싫어한다

거래량의 증가는 중장기 투자자부터 데이트레이더까지 다양한 투자자들이 참여할 수 있는 여건을 만들어 줍니다. 그리고 해당 종목을 매수한 사람들은 커다란 변동성을 기대하고 있는데 바람과 달리 가격의 변동폭이 커지지 않았다는 것은 누군가 가격을 제어하고 있기 때문입니다. 종목에 쏠리는 시선을 없애고 방해꾼 없이 원하는 물량을 매집하기 위해 누군가 가격 변동폭을 제어한 것입니다. 이런 가격 변동폭을 제어할 수 있는 조건은 두 가지입니다.

주식을 많이 보유한 상태이고 또 주식을 살 수 있는 현금이 많아야 합니다. 매수세가 쏠려 주식이 올라갈 때 매도물량을 폭탄처럼 던짐으로써 개인투자자의 접근을 방해하는 방법이 대표적인 상승폭을 제어하는 방법입니다. 혹은 충분한 현금으로 주가가 내려올 때 가격 방어를 하며 매집을 동행합니다. 이 많은 주식을 보유하고 있고, 또 많은 자본을 가지고 있는 두 가지 조건을 갖춘 자는 바로 세력입니다.

매집봉의 정의

거래량은 어제 혹은 그저께 아니면 며칠 전보다 두세 배, 많게는 다섯 배 이상 늘어났는데 캔들의 몸통이 짧은 것을 매집봉이라고 합니다. 이때 매집봉은 몸통의 크기가 작을수록 신뢰도가 높습니다. '캔들의 몸통이 짧다는 기준'을 절대적 수치나 크기로 정의할 수는 없지만 제가 선호하는 캔들은 시가와 종가의 가격차이가 최대 8%가 넘지 않는 캔들입니다. (상한가 제도가 15%일 때는 4%미만의 캔들) 8%가 넘는 매집봉이 나오면 당일 매수하기보다는 다음 날부터 분할매수를 하는 걸 선호합니다.

매집봉은 장대양봉처럼 눈에 잘 띄지 않기 때문에 실전에서 매집봉의 발견은 쉽지 않습니다.

매집봉의 판단은 3시 이후에!

매집봉에 대한 최종 판단은 당일 캔들이 완성되는 장 마감 30분 전에 추적합니다. 30분 전이면 당일 캔들의 색깔이 거의 결정이 됩니다. 보통 거래가 활발한 때는 오전 9시부터 11시까지입니다. 일반적으로 하루 중 변동성이 제일 큰 시간대인데 이때 이 변동성을 타고 세력이 빠져 나가는 경우가 종종 있습니다.

세력이 빠져나간 것은 그 다음날 거래량을 통해 선명하게 알 수 있습니다. 30분봉에서 거래량이 급증을 한 후 급감하는 모습이 일봉에서 똑같이 재현됩니다. 거래량 급증 후 다음 날 거래량 급감. 이런 모습은 큰 폭의 시세를 이루고 난 후 세력이 다 빠져 나가고 없을 때 생기는 거래량 패턴이기도 합니다. 뒤에 (상투거래량) 공식에서 다시 한 번 배우게 됩니다

거래량 급증 후 급감하게 되면 주가는 횡보나 하락을 하게 됩니다. 장 중에 종목에 빨간불이 들어와서 흥분하고 매수하게 되면 고가에 물릴 위험이 많기 때문에, 매집봉 확인 후 매수를 하고자 한다면 반드시 장 마감 30분 전에 당일 거래량의 모습을 체크해야 합니다.

부록   301

라온시큐어처럼 5월 15일 오전에 매집봉인 줄 알고 덜컥 매수했다고 본다면, 최고가 3,575원에 매수한 투자자들은 6월 13일 가격 3,170원에 대비 -11.3% 손실 중이며 최저가 2,985원 기준으로는 -16.5%의 손실을 4일 만에 기록하게 됩니다. 만약 비중을 실은 상태라면 스트레스 또한 많이 받고 있을 겁니다.

장 중에 매집봉을 판단하는 방법―30분봉 활용

앞에서 세력이 만드는 아홉 개의 캔들 - 장대양봉에서 진짜 세력이 만든 장대양봉을 구분하는 법을 배웠습니다. 똑같은 개념이 매집봉에도 적용됩니다. 앞에서 배운 내용을 다시 복습을 하겠습니다.

> **30분봉에서 연속적으로 터지는 거래량은 세력의 입금내역**
> 30분봉에서 연속된 거래량이 터지면서 올리는 모습을 세력의 입금내역이라고 생각하면 됩니다. 연속적으로 터지는 거래량의 의미를 세력 입장에서 생각해 보면 확실하게 수익을 낼 수 있는 주식을 많이 확보하면 할수록 좋겠죠. 작전을 위한 총알이 충분하다면 세력은 가능한 많은 주식을 매집하려고 할 것이며 이는 30분봉에서 연속된 거래량의 출현으로 구현됩니다.
> 만약 매력적인 종목이 아니라 오히려 팔고 도망가야 할 주식이라면 거래량이 잠깐 늘었다가 거래량이 급감하게 됩니다. 매집이 아니라 팔고 도망을 갔기 때문에 연속된 매수세가 없고 보유 주식을 다 매도 하게 되어 거래량이 30분봉 상에서 급감하게 됩니다. 그리고 긴 위꼬리가 달린 캔들이 장 마감 시간 내에 나오게 됩니다.
> 이런 모습은 SNS가 발달하고 SNS를 통해 주식정보가 빠르게 공유되면서 자주 나타나는 일입니다.

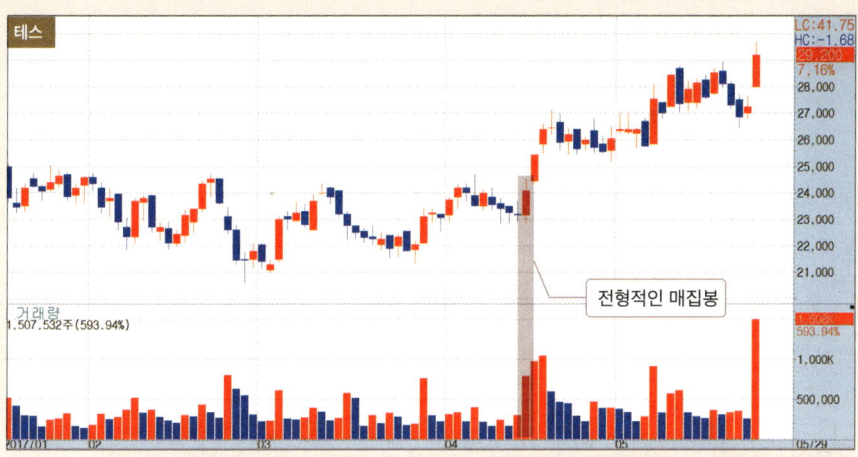

테스 차트로 보면, 4월 14일 매집봉 이후 주가가 탄력적으로 올라가는 모습을 보이고 있습니다. 어제 혹은 그저께보다 거래량은 급증했는데도 캔들 크기가 작습니다. 이는 매집봉의 정의를 그대로 보여주는 캔들입니다. 중요한 것은 저 캔들은 종가에 완성되었다는 점입니다. 매수타이밍을 종가에 잡으면 되는데 장 중에 매수를 하고 싶다면 그 전에 세력의 매집을 확인해야 합니다. 세력의 매집은 30분봉에서 연속된 거래량 증가로 나타납니다.

세력이 매집봉을 만드는 이유

❶ 말 그대로 매집을 위해

세력이 매집봉을 만드는 목적은 말 그대로 은밀히 주식을 모아가기 위함입니다. 횡보구간에서 거래량이 뜬금없이 많아졌지만 다음날 연속된 시세를 내지 못하고 이후 전저점을 훼손하지 않으면서 다시 횡보하는 모습이 바로 매집의 모습입니다. 횡보구간 및 상승삼각형 구간에서 자주 볼 수 있습니다. 크리스탈 차트에서 보듯이 매집이 잘 된 주식은 이후 급등세를 보이며 탄력적으로 상승합니다.

■ 상승삼각형 패턴으로 매집하는 차트 예시 ■

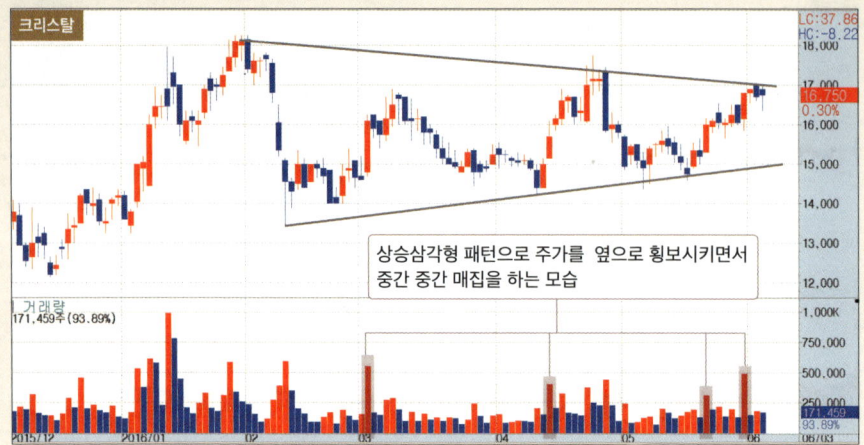

■ 매집이 끝난 후 시세가 폭발하는 모습 ■

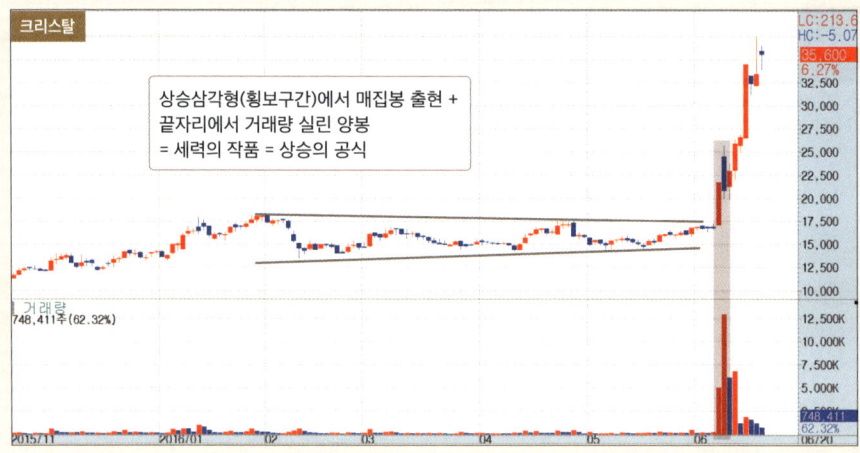

❷ 악성매도 대기 물량 테스트

　급등하기 전에 매집봉이 종종 나오는데 이는 위에 물려 있는 개인투자자들의 양을 가늠하기 위해서입니다. 개인투자자들이 얼마만큼 물려 있는지 알아보기 위해 살짝 주가를 띄워봅니다. 많이 물려 있으면 위꼬리가 긴 매집봉이 나옵니다. 개인투자자를 떼어내기 위해 바로 상승시키지 않고 조금 더 횡보시킵니다. 혹은 계획된 플랜까지 기간이 많이 남아 있으면 세력은 횡보를 시킵니다. 박스권과 상승삼각형 패턴에서 상단추세선을 돌파하는 척하다가 밀린 긴 위꼬리 캔들도 물량 테스트의 결과이기도 합니다.

■ 악성매도 대기 매물 테스트 예시 ■

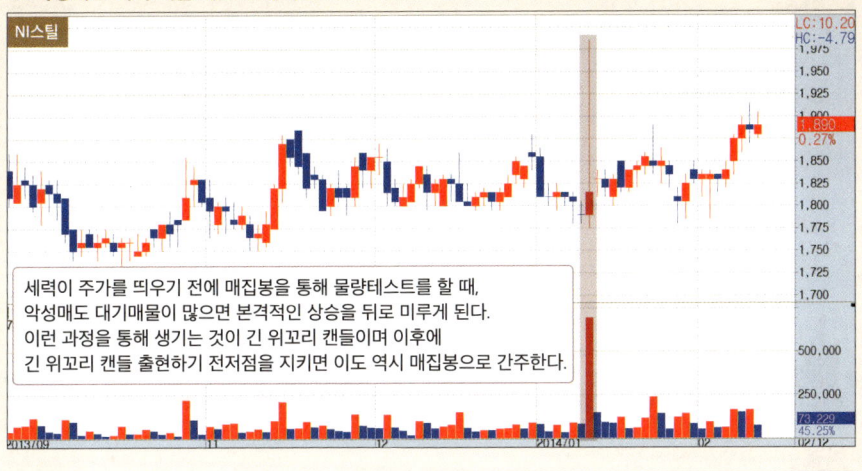

　물려 있는 개인투자자가 없다고 판단되면 세력은 기습적으로 주가를 띄웁니다. 거래량은 증가하지만 주가 상승의 폭은 크지 않은 매집봉의 기능은 이처럼 세력에게 아주 유용한 도구이지만 숨길 수 없는 지표입니다.

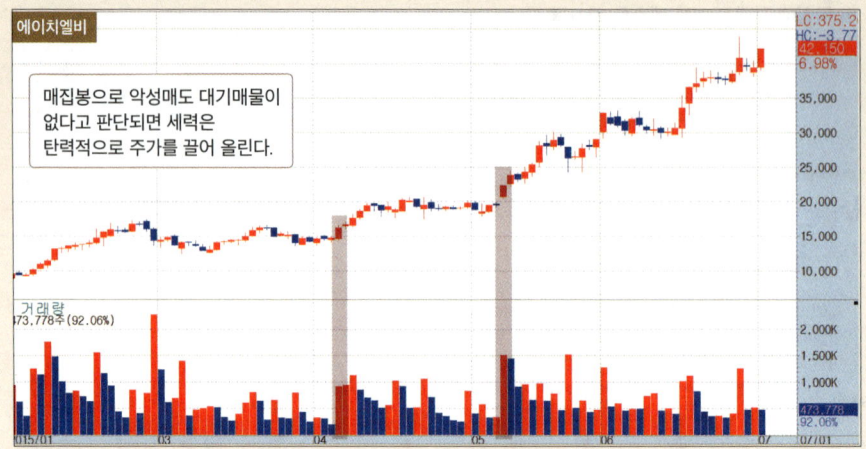

세력의 매집금액 구하기(매집비) 큐알코드 바로가기

에필로그

2024년 2월 13일에 3권 집필을 시작하고 지금 에필로그를 쓰는 2024년 6월 8일까지 약 4개월의 시간이 흘렀습니다. 4개월 집필 기간의 여정은 개인적인 사정으로 나름대로 시작부터 고되고 힘든 여정이었습니다. 1권과 2권을 집필하고 난 후, 독자분들이 저에게 해준 피드백 중 가장 좋은 피드백은 책을 1회 독뿐만 아니라 다독을 한 독자분들이 많다는 것입니다.

보통 주식 책을 1회 독 하기가 쉽지 않습니다. 내용이 주식을 다루다 보니 어렵고 지루할 수밖에 없기 때문입니다. 특히 차트에 관한 책은 1회 독을 하기가 정말 힘이 듭니다. 필자도 주식 책을 여러 권 사 봤지만, 완독한 책은 한 권도 없습니다. 읽어도 잘 모르겠기도 하고 재미도 없어서입니다. 주식 책을 여러 권 읽어본 독자분들은 제 말과 경험에 많이 공감할 것입니다.

'읽어도 도움이 안 되고 재미없는 책이 아니라
1회 독이 가능하고 재미난 주식 책'

3권에서도 이런 개미대학의 주식 도서의 전통(?)을 이어 나가기 위해 많은 노력을 했습니다.

주식 책은 일반 책과는 달리 차트에 대해 논리로 독자들에게 잘 설명이 되어야 하므로 글을 써 내려가는 데 있어 많이 고민해야 합니다. 고민의 시간이 길면 길수록 독자분들이 책을 쉽게 이해하고 다음 페이지로 넘어갈 수 있기 때문입니다.

'어떻게 하면 쉽게 내용을 이해시킬 수 있을까?' 이런 고민으로 어떤 날은 A4 용지 한 페이지 분량의 글을 쓰는 데 4시간 걸린 적도 있습니다. 썼다가 지우고 썼다가 지우고 하면서 어느 세월에 300페이지 가까운 내용의 책을 쓸지 고민도 많이 했었습니다.

주식 책에는 반드시 삽화도 들어가야 하는데 이 또한 쉬운 작업이 아녔습니다.
내용의 이해를 돕기 위해 삽화는 꼭 필요한데, 잘 사용하면 독자분들이 마치 일대일 주식 과외 수업을 받는 느낌을 받을 정도로 효과적이지만 잘못 사용하면 본문의 설명까지 헷갈리게 만들어 버립니다. 주식 책은 삽화에서 설명에 실패하면 그 책을 더 이상 읽기 싫어집니다.
이런 걸 너무 잘 알고 있기 때문에 삽화에 대해 특별히 신경을 많이 써야 했습니다. 마치 책을 읽으면 옆에서 제가 1:1 방식으로 기법마다 설명해 준다는 느낌을 받을 수 있도록 삽화를 만들었습니다.

이렇게 어렵게 한 페이지 한 페이지를 집필하면서 두 가지 마음을 가지게 되었습니다.

첫 번째는 이렇게 고생하면서 쓰는데 정말 개인투자자분들에게 도움이 되는 책을 쓰자.
두 번째는 책 쓰는 과정이 너무 힘들다. 이제 더 이상 책은 쓰지 말자.

첫 번째 마음은 개미대학 세력의 매집 원가 구하기(1권), 주식 초보 졸업하고 진짜 수익내자(2권)를 집필할 때도 품었던 마음이었습니다.

1권과 2권을 읽었던 분들은 이번 개미대학 세력의 매집 원가 구하기-완결판을 통해서 차트를 보는 눈이 더욱더 업그레이드될 것이라고 확신합니다.

특히 매수한 종목이 상승할 때 매도하는 법과 특히 급등주 경우에 세력의 흔들기에 당하지 않고 버티는 기술을 이번 3권에서 자세하게 설명했는데 공부하고 조금만 경험을 쌓으면 좋은 결과가 있을 것이라 확신합니다.

두 번째 마음은 당분간 변할 일이 없을 것 같습니다. 책을 쓰면서 고생을 너무 많이 해서 이제 더 이상 책을 쓸 용기가 나지 않습니다. 싫습니다. 그냥 싫습니다. 책 쓰는 거 그냥 싫습니다. 안 쓰려고 합니다.

역설적으로 이제 더 이상 안 쓰겠다는 마음가짐으로 3권에 아주 좋은 내용을 담았습니다.

매도하는 법, 매물대 차트를 활용하는 법, 차트에 점수를 매겨 활용하는 법, 20일선 눌림목보다 빠르게 매수하는 법, 대시세 초입을 파동과 거래량으로 알아보는 법까지 개인투자자들이 혼자서 공부하면 아주 오래 걸리거나 평생을 가도 모를만한 내용을 담았습니다.

항상 강조하는 '3회 독하고 남에게 설명할 수 있을 때 배운 것을 적용하자'라는 잔소리는 에필로그에서도 강조할 만큼 중요합니다. 그리고 주식은 기능이라는 제 철학도 독자분들에게 다시 한번 말씀드립니다.

이 책을 읽는 모든 분이 기능을 익혀 능력 있는 가장, 효도하는 자녀가 되시길 바랍니다.

마지막으로 책을 처음 집필할 때 원동력을 주신 1111님과 집필이 힘들 때 중간중간 격려를 해 주신 로버트 박님에게 감사 인사를 드립니다.

2024년 6월 12일

전석 드림

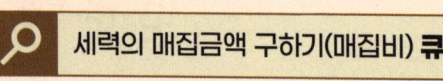
세력의 매집금액 구하기(매집비) 큐알코드 바로가기